Diarmaid Ó Tuama   Aoibhín

Graiméar Meánscoile

Cúrsa Gramadaí do Mheánscoileanna

CJFallon

Foilsithe ag
CJ Fallon
An Bun-Urlár
Bloc B
Campas Oifigí Ghleann na Life
Baile Átha Cliath 22

ISBN 978-0-7144-1689-2

An Chéad Eagrán Márta 2009

An tEagrán seo Eanáir 2019

© Diarmaid Ó Tuama

Gach ceart ar cosaint. Tá cosc ar aon chuid den fhoilseachán seo a atáirgeadh nó a tharchur, ar chuma ar bith nó trí mheán ar bith, pé acu trí mheán leictreonach nó meicniúil nó fótachóipeála nó trí mheán ar bith eile, gan cead an fhoilsitheora a fháil roimh ré.

Printed in Ireland by
W & G Baird
Caulside Drive, Antrim BT41 2RS

Clár

	Leathanach
Aonad 1 – Na Ranna Cainte	1
Aonad 2 – An Aidiacht Shealbhach	3
Aonad 3 – 'Bí' san Aimsir Láithreach	7
Aonad 4 – An Aimsir Chaite	8
Aonad 5 – An Aimsir Ghnáthláithreach	28
Aonad 6 – An Aimsir Ghnáthchaite	48
Aonad 7 – An Aimsir Fháistineach	69
Aonad 8 – An Modh Coinníollach	90
Aonad 9 – 'Má', 'Dá' agus 'Mura' (le briathra)	112
Aonad 10 – An Réamhfhocal Simplí	125
Aonad 11 – An Forainm Réamhfhoclach	131
Aonad 12 – An Modh Ordaitheach	135
Aonad 13 – An Fhoirm Ghuí	143
Aonad 14 – Na Bunuimhreacha	149
Aonad 15 – Na hUimhreacha Pearsanta	152
Aonad 16 – Na hOrduimhreacha	155
Aonad 17 – Claoninsint – Ráiteas Indíreach	157
Aonad 18 – Claoninsint – Ceist Indíreach	165
Aonad 19 – An tAinm Briathartha	169
Aonad 20 – Claoninsint – Ordú Indíreach	171

Aonad 21 – Claoninsint – Guí Indíreach	178
Aonad 22 – An Chopail 'Is' – Aimsir Láithreach	180
Aonad 23 – An Chopail 'Is' – Aimsir Chaite agus Modh Coinníollach	189
Aonad 24 – Inscne agus Tuisil	196
Aonad 25 – An tAinmfhocal sa Chéad Díochlaonadh	202
Aonad 26 – An tAinmfhocal sa Dara Díochlaonadh	205
Aonad 27 – An tAinmfhocal sa Tríú Díochlaonadh	208
Aonad 28 – An tAinmfhocal sa Cheathrú Díochlaonadh	211
Aonad 29 – An tAinmfhocal sa Chúigiú Díochlaonadh	213
Aonad 30 – Ainmfhocail Neamhrialta	216
Aonad 31 – Díochlaontaí na nAidiachtaí	218
Aonad 32 – An Aidiacht Bhriathartha	226
Aonad 33 – An Forainm Coibhneasta	228
Aonad 34 – Forainm Coibhneasta an Méid	235
Aonad 35 – Céimeanna Comparáide na nAidiachtaí	236
Aonad 36 – Nótaí Tábhachtacha ar an Ainm Teibí	239

Na Ranna Cainte
The Parts of Speech

Aonad 1

Na Ranna Cainte

1. **An tAlt** *The Article*
   Níl ach alt amháin sa Ghaeilge, i.e. **an** ('an' san uimhir uatha; 'na' san uimhir Iolra; 'na' sa tuiseal ginideach baininscneach).

2. **An Cónasc** *The Conjunction*
   Rann Cainte is ea an Cónasc a cheanglaíonn dhá abairt nó dhá abairtín nó dhá fhocal le chéile → e.g. **agus** nó **ach**.

3. **An Dobhriathar** *The Adverb*
   Rann Cainte is ea an Dobhriathar a úsáidtear chun an cheist 'conas' a fhreagairt → e.g. Conas tá tú? **Go maith/go dona/go breá**.

4. **An Intriacht** *The Interjection* → e.g. Ó! Och! A dhiabhail!

5. **An Briathar** *The Verb*
   Úsáidtear an Briathar chun **gníomh** *(action)* a chur in iúl → e.g. tóg, cuir, dún.

6. **An tAinmfhocal** *The Noun*
   Úsáidtear an tAinmfhocal chun **an t-ainm** atá ar <u>dhuine</u> nó ar <u>áit</u> nó ar <u>rud</u> a chur in iúl → e.g. Seán, Gaillimh, carr.

7. **An Aidiacht** *The Adjective*
   Cuirtear Aidiacht le hAinmfhocal chun cáilíocht a bhaineann leis an Ainmfhocal a chur in iúl → e.g. cóta **dearg**, cailín **deas**, aimsir **mhaith**.

8. **An Réamhfhocal** *The Preposition*
   Úsáidtear an Réamhfhocal chun an bhaint atá ag rud le rud eile a chur in iúl → e.g. Tá Seán **ag** an gcluiche; tá an leabhar **ar** an mbord; thóg sé an t-airgead **as** a phóca.

9. **An Forainm** *The Pronoun*
   Déanann an Forainm tagairt do dhuine nó do rud gan an rud nó an duine sin a ainmniú → e.g. mé/tú/sé/sí.

Séimhiú
Is iad seo a leanas na consain ar féidir séimhiú (**h**) a chur orthu:
b, c, d, f, g, m, p, s, t.

Urú
Is iad seo a leanas na consain ar féidir urú a chur orthu:
mb, gc, nd, bhf, ng, bp, dt – agus '**n-**' roimh ghuta.

Cúrsa Gramadaí do Mheánscoileanna

Roinnt Oibre Duit!

Léigh an sliocht seo thíos agus líon isteach an t-eolas atá á lorg thíos faoi.

Cúrsa a rinne mé sa Ghaeltacht

Ó mo mhúinteoir a chuala mé faoin gcúrsa sa Ghaeltacht. Thug sí an bróisiúr dom.

"Ó, a dhiabhail!" arsa mise liom féin. "Ba bhreá liom dul go dtí an Ghaeltacht!"

Rith mé abhaile go tapa agus thug mé an bróisiúr do mo mháthair. Cheap mé nach dtabharfadh sí cead dom, ach thug! Bhí mé sa dara bliain agus bhí mé trí bliana déag d'aois. Bhí an aimsir go hálainn an samhradh sin.

Chuamar go dtí an Ghaeltacht ar an mbus. Chuir an t-ardmháistir agus na múinteoirí eile fáilte mhór romhainn. Bhí mé ag fanacht le cúigear cailíní eile i dteach álainn. Bhí bean an tí go deas agus thug sí bia blasta dúinn. Bhí a lán rudaí ar siúl sa Ghaeltacht – ranganna, ceol, cluichí, snámh, tráth na gceist, dioscónna, drámaíocht agus céilithe. Bhain mé an-taitneamh as an tréimhse a chaith mé sa Ghaeltacht agus d'fhoghlaim mé roinnt Gaeilge freisin! Bhí na céilithe go hiontach!

Anois tabhair roinnt samplaí de na ranna cainte a aithníonn tú sa sliocht thuas.

An tAlt: _____
An Cónasc: _____
An Dobhriathar: _____
An Intriacht: _____
An Briathar: _____
An tAinmfhocal: _____
An Aidiacht: _____
An Réamhfhocal: _____
An Forainm: _____

An Aidiacht Shealbhach
The Possessive Adjective

Le Foghlaim

Roimh chonsan

Uimhir Uatha – Séimhiú	**Uimhir Iolra – Urú**
mo chóta *my coat*	ár gcótaí *our coats*
do chóta *your coat*	bhur gcótaí *your coats*
a chóta *his coat*	a gcótaí *their coats*
a cóta *her coat*	

Roimh ghuta

Uimhir Uatha	**Uimhir Iolra – Urú**
m'uncail *my uncle*	ár n-uncail *our uncle*
d'uncail *your uncle*	bhur n-uncail *your uncle*
a uncail *his uncle*	a n-uncail *their uncle*
a huncail *her uncle*	

Roinnt Oibre Duit!

A Athscríobh na habairtí seo a leanas agus bain amach na lúibíní.

1. Bhuail mé le mo (cara) _____ sa chlós.
2. D'oscail Seán a (mála) _____.
3. Rinne Síle a (cuid) _____ ceachtanna.
4. Scríobh mé (mo : aiste) _____ aréir.
5. D'itheamar ár (dinnéar) _____ inné.
6. Níor ith sibh bhur (bricfeasta) _____.
7. An bhfaca tú do (deirfiúr) _____?
8. Cá bhfuil bhur (cóipleabhair) _____?
9. Rinne siad a (cuid) _____ oibre.
10. An bhfaca tú (mo : athair) _____ áit ar bith?
11. Bhí mé ag caint le (do : aintín) _____ inné.
12. Scríobh sí a (ainm) _____ ar an liosta.
13. Scríobh siad a (ainmneacha) _____.

14. Chonaiceamar ár (cairde) _____ inné.
15. Is tusa mo (cara) _____.
16. An bhfuair Seán a (peann) _____?
17. An bhfuair Síle a (gúna) _____?
18. Chonaic mé do (deartháir) _____ sa chlós.
19. Shuigh mé síos ar mo (cathaoir) _____.
20. D'itheamar ár (béile) _____ go fonnmhar.

B Scríobh amach na leaganacha seo a leanas i nGaeilge:

1. Their bread
2. My coat
3. Your (singular) father
4. His brother
5. Her sister
6. My uncle
7. Her mother
8. Her aunt
9. Their pen
10. My dog
11. Their uncle
12. Our father
13. My sweet
14. Our food
15. Your (singular) donkey
16. Your (singular) horse
17. Your (plural) horse
18. His copybook
19. Her copybook
20. My daughter

Aonad 2

Réamhfhocal agus Aidiacht Shealbhach le chéile

Le Foghlaim

de + a = **dá**; de + ár = **dár**;
do + a = **dá**; do + ár = **dár**;
i + a = **ina**; i + ár = **inár**;
le + a = **lena**; le + ár = **lenár**;
ó + a = **óna**; ó + ár = **ónár**;
trí + a = **trína**; trí + ár = **trínár**.

A Athscríobh na habairtí seo a leanas agus bain amach na lúibíní.

1. Bhuail Síle (le : a : cara) _____ sa chlós.
2. Thug Seán an leabhar (do : a : máthair) _____.
3. Táimid (i : ár : cónaí) _____ i Luimneach.
4. Thit Bríd (de : a : capall) _____.
5. Chuir sé a lámh (trí : a : cóta) _____, mar bhí poll ann.
6. Thugamar bronntanais (do : ár : cairde) _____.
7. Tá Liam (i : a : cónaí) _____ i nGaillimh.
8. Tá Máire (i : a : cónaí) _____ i Muineachán.
9. Bhí Brian ag caint (le : a : athair) _____.
10. Bhíomar ag obair (le : ár : uncail) _____.
11. Fuair Rachael bronntanas (ó : a : aintín) _____.
12. Fuair Risteard airgead (ó : athair) _____.
13. Thugamar bia (do : ár : cairde) _____.
14. Thug Pól peann ar iasacht (do : a : deirfiúr) _____.
15. Fuaireamar airgead (ó : ár : tuismitheoirí) _____.

B Aistrigh na habairtí seo a leanas go Gaeilge:

1. Seán got a book from his brother.
2. Mary got a present from her aunt.
3. We got money from our uncle.
4. Peadar was talking to *(ag caint le + a)* his sister.
5. Bríd was talking to her friend.
6. We were talking to our friends.
7. Séamas fell off his horse.

Cúrsa Gramadaí do Mheánscoileanna

8. Aifric fell off her chair.
9. We fell off our bicycles.
10. He gave a book to his sister.
11. She bought a book for *(do)* her sister.
12. We gave sweets to our friends.
13. He put the money in his pocket.
14. She put the money in her bag.
15. We put the sweets in our pockets.
16. He put the pin *(biorán)* through his coat.
17. Síle lives in Dublin.
18. Tomás lives in Donegal.
19. We live in Limerick.
20. He took the money from his friend.

'Bí' san Aimsir Láithreach

Le Foghlaim

An Fhoirm Dhearfach	An Fhoirm Dhiúltach	An Fhoirm Cheisteach
Tá mé (Táim)	Níl mé (Nílim)	An bhfuil mé? (an bhfuilim?)
Tá tú/sé/sí	Níl tú/sé/sí	An bhfuil tú/sé/sí?
Táimid	Nílimid	An bhfuilimid?
Tá sibh/siad	Níl sibh/siad	An bhfuil sibh/siad?
(Táthar)	(Níltear)	(An bhfuiltear?)

A Aistrigh na habairtí seo a leanas go Gaeilge:

1. Are you (singular) going out?
2. We are going home.
3. Seán is working.
4. Is Mary at home?
5. We are not late.
6. You (plural) are late.
7. They are playing football.
8. Are they working?
9. You (singular) are not sick.
10. I am tired.
11. I am not writing.
12. Is Peadar at school?
13. We are not reading.
14. We are at school.
15. Is he going to the shop?
16. You (singular) are not well.
17. Are you (singular) coming to school?
18. They are not working.
19. Are they working?
20. Pól is not coming to school.

An Aimsir Chaite
Action in the past

Le Foghlaim

Tá trí chineál briathair sa Ghaeilge:
1. An Chéad Réimniú.
2. An Dara Réimniú.
3. Na Briathra Neamhrialta.

An Chéad Réimniú

- Briathra le siolla amháin iontu:
  e.g. tóg, cuir, dún, ól, fág, suigh, léigh.

- Briathra le dhá shiolla a chríochnaíonn ar **-áil** nó ar **-áin**:
  e.g. sábháil, cniotáil; taispeáin; tiomáin.

- Roinnt bheag briathra eile a mbíonn dhá shiolla iontu **agus** a mbíonn síneadh fada ar an siolla deireanach iontu:
  e.g. tionóil, úsáid, gearán.

An Dara Réimniú – Briathra le dhá shiolla iontu

- Briathra le dhá shiolla iontu a chríochnaíonn ar **-(a)igh**:
  e.g. ceannaigh; imigh; brostaigh.

- Briathra le dhá shiolla iontu a chríochnaíonn ar **-il**; **-in**; **-ir**; **-is**.
  e.g. oscail, cosain, imir, inis.

- Roinnt bheag briathra eile a mbíonn dhá shiolla iontu:
  e.g. foghlaim, freastail, tuirling.

Rialacha don Aimsir Chaite

1. **Séimhiú ar thúschonsan** san aimsir chaite: e.g. chuir; dhún; bhailigh.
   '**Níor**' san fhoirm dhiúltach: e.g. níor chuir; níor dhún; níor bhailigh.
   '**Ar**' san fhoirm cheisteach: e.g. ar chuir? ar dhún? ar bhailigh?

2. **D'** roimh ghuta: e.g. d'ól; d'iarr; d'éirigh;
   (níor/ar ól; níor/ar iarr; níor/ar éirigh).

3. **D' + séimhiú** nuair a thosaíonn an briathar ar **f**:
   e.g. d'fhan; d'fhág; d'fhiafraigh
   (níor/ar fhan; níor/ar fhág; níor/ar fhiafraigh).

Briathra sa Chéad Réimniú – Aimsir Chaite

(ag críochnú ar chonsan leathan)

Dún	Ól	Fág
Dhún mé	D'ól mé	D'fhág mé
Dhún tú	D'ól tú	D'fhág tú
Dhún sé/sí	D'ól sé/sí	D'fhág sé/sí
Dhúnamar	D'ólamar	D'fhágamar
Dhún sibh	D'ól sibh	D'fhág sibh
Dhún siad	D'ól siad	D'fhág siad
Níor dhún mé	Níor ól mé	Níor fhág mé
Ar dhún tú?	Ar ól tú?	Ar fhág tú?

An Saorbhriathar

Dúnadh	Óladh	Fágadh
Níor dúnadh	Níor óladh	Níor fágadh
Ar dúnadh?	Ar óladh?	Ar fágadh?

Le Foghlaim

An Saorbhriathar

Úsáidtear an Saorbhriathar nuair nach mbíonn a fhios againn cé hé/hí a dhéanann an gníomh.

Dúnadh an doras = The door **was closed**.
Óladh an tae = The tea **was drunk**.
Fágadh an leabhar = The book **was left**.

A Athscríobh na habairtí seo a leanas agus bain amach na lúibíní.

1. (Fág : sinn) _____ an t-ollmhargadh ar a trí a chlog inné.
2. (Fág) _____ Máire an siopa tamall ó shin.
3. (An : fág : siad) _____ aon bhia dúinn aréir?
4. (Ní: fág : mé) _____ an leabhar sa charr inné.
5. (Ól : mé) _____ an tae maidin inniu.
6. (Dún : mé) _____ an doras inné.
7. (Ní : fág : sinn) _____ aon bhia ar an bpláta aréir.
8. (Ní : tóg : mé) _____ aon airgead as an sparán inné.
9. (Ní : scríobh : tú) _____ ach dhá aiste an tseachtain seo caite.
10. (An : tóg) _____ Seán an leabhar as a mhála aréir?

11. (Can) _____ Bríd amhrán deas ag an gcéilí aréir.
12. (An : can : tú) _____ amhrán ar an ardán riamh?
13. (Ní : can : mé) _____ amhrán ar bith inné.
14. (Fan : sinn) _____ sa bhaile inné.
15. (Ní : fan : sé) _____ sa bhaile an tseachtain seo caite.
16. (Glan : mé) _____ an teach ó bhun go barr ar maidin.
17. (An : glan : tú) _____ do sheomra aréir?
18. (Ní : glan : sinn) _____ na bróga ar maidin.
19. (Íoc : mé) _____ cúig euro as an leabhar.
20. (Ní : íoc : sibh) _____ an táille.

B Aistrigh na habairtí seo a leanas go Gaeilge:
1. I watched *(féach + ar)* the game.
2. We did not watch *(féach + ar)* the film.
3. Did you (singular) follow *(lean)* the boys?
4. The boys were followed *(lean)*.
5. The fare *(táille)* was paid *(íoc)*.
6. We did not pay for *(íoc + as)* the books.
7. He did not pay for *(íoc + as)* the books.
8. I paid for *(íoc + as)* the books.
9. Were the books paid for *(íoc + as)*?
10. I cleaned *(glan)* the table.
11. The table was not cleaned *(glan)*.
12. She did not clean *(glan)* the room.
13. Did the boys clean *(glan)* the garden?
14. They cleaned *(glan)* the shop.
15. I stayed *(fan)* at home.
16. Did you (singular) wait *(fan)* in the room?
17. We did not stay *(fan)* in the field.
18. You (singular) sang *(can)* two songs.
19. Two songs were sung *(can)*.
20. Did you (singular) sing *(can)* a song?
21. I picked up *(tóg)* the bag.
22. We did not take *(tóg)* the money.
23. The money was not taken *(tóg)*.
24. You (singular) lifted *(tóg)* the ball.
25. I did not leave *(fág)* the house.

Briathra sa Chéad Réimniú – Aimsir Chaite
(ag críochnú ar chonsan caol)

Cuir	Éist	Fill
Chuir mé	D'éist mé	D'fhill mé
Chuir tú	D'éist tú	D'fhill tú
Chuir sé/sí	D'éist sé/sí	D'fhill sé/sí
Chuireamar	D'éisteamar	D'fhilleamar
Chuir sibh	D'éist sibh	D'fhill sibh
Chuir siad	D'éist siad	D'fhill siad
Níor chuir mé	Níor éist mé	Níor fhill mé
Ar chuir tú?	Ar éist tú?	Ar fhill tú?

An Saorbhriathar

Cuireadh	Éisteadh	Filleadh
Níor cuireadh	Níor éisteadh	Níor filleadh
Ar cuireadh?	Ar éisteadh?	Ar filleadh?

Le Foghlaim

Siúil
Shiúil mé, shiúil tú, shiúil sé/sí, shi**úla**mar, shiúil sibh, shiúil siad
Níor shiúil mé/Ar shiúil tú?
Saorbhriathar: Siúladh

A Athscríobh na habairtí seo a leanas agus bain amach na lúibíní.
(Bíodh na briathra go léir san aimsir chaite agat.)

1. (Cuir) _____ Máire dhá spúnóg siúcra sa chupán.
2. (Ní : cuir : sinn) _____ uisce sa chiteal.
3. (An : cuir : tú) _____ im ar an arán?
4. (Siúil : sí) _____ ar scoil.
5. (Ní : siúil : sinn) _____ go dtí an siopa.
6. (Éist : sé) _____ leis an gclár ar an raidió.
7. (Ní : éist: siad) _____ leis an múinteoir.
8. (An : éist : tú) _____ leis an scéal?
9. (Fill : Seán) _____ a chuid éadaigh go cúramach.
10. (An : fill) _____ na daoine ón gcluiche go fóill?
11. (Ní : fill : sé) _____ ón gcluiche go fóill.
12. (Ní : buail : sé) _____ an buachaill beag.

13. (Buail : sinn) _____ le chéile tar éis an chluiche.
14. (An : buail : siad) _____ an madra bocht?
15. (Léim : Pádraig) _____ thar an ngeata mór.
16. (Léim : sinn) _____ in airde ar an mbord.
17. (Séid) _____ an ghaoth go láidir inné.
18. (Ní : séid) _____ an ghaoth go láidir aréir.
19. (Seinn) _____ Liam an fheadóg stáin ar scoil inné.
20. (Ní : seinn : sinn) _____ ceol ar an ardán aréir.
21. (Sroich : mé) _____ an scoil ar a ceathrú chun a naoi.
22. (Ní : sroich : mé) _____ an stáisiún in am.
23. (Tit : Síle) _____ den rothar.

B Aistrigh na habairtí seo a leanas go Gaeilge:
1. I put *(cuir)* sugar in the tea.
2. Sugar was put *(cuir)* in the cup.
3. We did not put *(cuir)* the book in the bag.
4. Did you (singular) put *(cuir)* sugar in the tea?
5. He did not listen to *(éist + le)* the news.
6. We listened to *(éist + le)* the teacher.
7. I did not hit *(buail)* the boy.
8. Did you (singular) meet *(buail + le)* Seán?
9. We spent *(caith)* the money.
10. The ball was thrown *(caith)*.
11. We returned *(fill)* at six o'clock.
12. I folded *(fill)* the page.
13. Did they return *(fill)* yet?
14. She ran *(rith)* home.
15. The race was run *(rith)*.
16. We reached *(sroich)* the station early.
17. We played *(seinn)* music on the tin whistle.
18. Did you (singular) play *(seinn)* that song?
19. I fell off *(tit + de)* the bicycle.
20. We did not fall *(tit)*.
21. Did you (singular) fall *(tit)*?
22. I jumped *(léim)* over the gate.
23. We jumped *(léim)* over the gate.
24. I understood *(tuig)* the question.
25. I did not understand *(tuig)* the teacher.

Briathra sa Chéad Réimniú – Aimsir Chaite
(ag críochnú ar -igh)

Glaoigh	Léigh	Suigh	Buaigh
Ghlaoigh mé	Léigh mé	Shuigh mé	Bhuaigh mé
Ghlaoigh tú	Léigh tú	Shuigh tú	Bhuaigh tú
Ghlaoigh sé/sí	Léigh sé/sí	Shuigh sé/sí	Bhuaigh sé/sí
Ghlaomar	Léamar	Shuíomar	Bhuamar
Ghlaoigh sibh	Léigh sibh	Shuigh sibh	Bhuaigh sibh
Ghlaoigh siad	Léigh siad	Shuigh siad	Bhuaigh siad
Níor ghlaoigh mé	Níor léigh mé	Níor shuigh mé	Níor bhuaigh mé
Ar ghlaoigh tú?	Ar léigh tú?	Ar shuigh tú?	Ar bhuaigh tú?

An Saorbhriathar

Glaodh	Léadh	Suíodh	Buadh
Níor glaodh	Níor léadh	Níor suíodh	Níor buadh
Ar glaodh?	Ar léadh?	Ar suíodh?	Ar buadh?

A Athscríobh na habairtí seo a leanas agus bain amach na lúibíní.
(Bíodh na briathra go léir san aimsir chaite agat.)

1. (Glaoigh : mé) _____ ar na Gardaí.
2. (An : glaoigh) _____ Muireann ar a máthair?
3. (Ní : glaoigh : sinn) _____ amach os ard.
4. (Léigh : sí) _____ an leabhar ó thús go deireadh.
5. (Léigh : sinn) _____ an leabhar.
6. (Ní : léigh : mé) _____ an nuachtán.
7. (Suigh : sinn) _____ síos ar an tolg.
8. (Ní : suigh) _____ Séamas ar an gcathaoir.
9. (An : suigh) _____ na buachaillí síos?
10. (Buaigh : mé) _____ an cluiche.
11. (Ní : buaigh) _____ Éire an cluiche.
12. (An : buaigh : tú) _____ an cluiche?

B Aistrigh na habairtí seo a leanas go Gaeilge:

1. The roll was called *(glaoigh)*.
2. The book was read *(léigh)*.
3. The prize was won *(buaigh)*.

Briathra sa Chéad Réimniú – Aimsir Chaite

(Briathra le dhá shiolla a chríochnaíonn ar -áil nó ar -áin)

Sábháil	Taispeáin	Cniotáil
Shábháil mé	Thaispeáin mé	Chniotáil mé
Shábháil tú	Thaispeáin tú	Chniotáil tú
Shábháil sé/sí	Thaispeáin sé/sí	Chniotáil sé/sí
Shábhálamar	Thaispeánamar	Chniotálamar
Shábháil sibh	Thaispeáin sibh	Chniotáil sibh
Shábháil siad	Thaispeáin siad	Chniotáil siad
Níor shábháil mé	Níor thaispeáin mé	Níor chniotáil mé
Ar shábháil tú?	Ar thaispeáin tú?	Ar chniotáil tú?

An Saorbhriathar

Sábháladh	Taispeánadh	Cniotáladh
Níor sábháladh	Níor taispeánadh	Níor cniotáladh
Ar sábháladh?	Ar taispeánadh?	Ar cniotáladh?

Le Foghlaim

Tiomáin
Thiomáin mé, thiomáin tú, thiomáin sé/sí, thiomáineamar, thiomáin sibh, thiomáin siad

Níor thiomáin mé/Ar thiomáin tú?
Saorbhriathar: Tiomáineadh

A Athscríobh na habairtí seo a leanas agus bain amach na lúibíní.
(Bíodh na briathra go léir san aimsir chaite agat.)

1. (Sábháil : mé) _____ an buachaill a thit isteach san abhainn.
2. (Ní : sábháil : sinn) _____ airgead ar bith.
3. (An : sábháil : sibh) _____ an cailín a bhí sa timpiste?
4. (Ní : cniotáil : mé) _____ geansaí riamh.
5. (Cniotáil : sinn) _____ a lán geansaithe.
6. (An : cniotáil : tú) _____ geansaí riamh?
7. (Taispeáin : mé) _____ an peann do Sheán.
8. (Taispeáin : sinn) _____ an teach do na buachaillí.
9. (An taispeáin : tú) _____ an leabhar sin don mhúinteoir?
10. (Taispeáin : Máire) _____ an bronntanas dá tuismitheoirí.

11. (Tiomáin : sé) _____ ó Luimneach go Corcaigh.
12. (Ní : tiomáin : mé) _____ carr riamh.
13. (Tiomáin : sinn) _____ abhaile.
14. (An : tiomáin : sibh) _____ go dtí an cluiche?
15. (Tiomáin : mé) _____ ó Luimneach go Leitir Ceanainn.

B Aistrigh na habairtí seo a leanas go Gaeilge:
1. We saved *(sábháil)* the boy.
2. I did not save *(sábháil)* any money.
3. Did you (singular) save *(sábháil)* the girl?
4. The boy was saved *(sábháil)*.
5. We did not knit *(cniotáil)* a jumper.
6. I knitted *(cniotáil)* socks.
7. Did you (plural) ever knit *(cniotáil)* anything?
8. She knitted *(cniotáil)* a scarf.
9. We showed *(taispeáin)* the books to the boys.
10. I showed *(taispeáin)* the pen to Máire.
11. The book was shown *(taispeáin)* to me.
12. Did you (plural) show *(taispeáin)* the homework to the teacher?
13. The room was not shown *(taispeáin)* to us.
14. They drove *(tiomáin)* from Galway to Dublin.
15. We did not drive *(tiomáin)* home.
16. The car was driven *(tiomáin)* very fast.
17. Did you (singular) drive *(tiomáin)* the car?
18. We drove *(tiomáin)* the car.
19. I drove *(tiomáin)* the bus.
20. I did not drive *(tiomáin)* the bus.

Briathra sa Dara Réimniú – Aimsir Chaite
(ag críochnú ar -aigh)

Ceannaigh	Athraigh	Fiafraigh
Cheannaigh mé	D'athraigh mé	D'fhiafraigh mé
Cheannaigh tú	D'athraigh tú	D'fhiafraigh tú
Cheannaigh sé/sí	D'athraigh sé/sí	D'fhiafraigh sé/sí
Cheannaíomar	D'athraíomar	D'fhiafraíomar
Cheannaigh sibh	D'athraigh sibh	D'fhiafraigh sibh
Cheannaigh siad	D'athraigh siad	D'fhiafraigh siad
Níor cheannaigh mé	Níor athraigh mé	Níor fhiafraigh mé
Ar cheannaigh tú?	Ar athraigh tú?	Ar fhiafraigh tú?

An Saorbhriathar

Ceannaíodh	Athraíodh	Fiafraíodh
Níor ceannaíodh	Níor athraíodh	Níor fiafraíodh
Ar ceannaíodh?	Ar athraíodh?	Ar fiafraíodh?

A Athscríobh na habairtí seo a leanas agus bain amach na lúibíní. (Bíodh na briathra go léir san aimsir chaite agat.)

1. (Ceannaigh : mé) _____ an leabhar sa siopa.
2. (Ní : ceannaigh : sinn) _____ rud ar bith.
3. (An : ceannaigh : sibh) _____ na bróga?
4. (Athraigh : mé) _____ an dáta ar an litir.
5. (An : athraigh) _____ an múinteoir teideal an cheachta?
6. (Ní : admhaigh : sé) _____ go raibh an ceart agam.
7. (Admhaigh : sinn) _____ go ndearnamar botún mór.
8. (An : admhaigh : sé) _____ gur ghoid sé an t-airgead?
9. (Fiafraigh : mé) _____ de Bhríd an raibh an leabhar aici.
10. (Fiafraigh : sé) _____ den mhúinteoir cén ceacht a bhí againn.
11. (Ní : fiafraigh : sinn) _____ de Bhríd cá raibh sí inné.
12. (Cuardaigh : sí) _____ a mála, ach ní bhfuair sí a peann.
13. (An : cuardaigh : tú) _____ an seomra suí?
14. (Diúltaigh : mé) _____ an obair a dhéanamh.
15. (Diúltaigh : sinn) _____ an obair a dhéanamh.
16. (Breathnaigh : Síle) _____ ar an scannán aréir.

17. (Ní : breathnaigh : sinn) _____ ar an scannán aréir.
18. (An : breathnaigh : tú) _____ ar an gclár sin inné?
19. (Ní : mothaigh : mé) _____ go maith tar éis an chluiche.
20. (Mothaigh : sinn) _____ go maith aréir.
21. (Ní : tosaigh) _____ na ranganna ar a naoi a chlog inné.
22. (An : tosaigh) _____ an cluiche ar a trí a chlog inné?
23. (Tosaigh : mé) _____ ag obair ar a naoi a chlog ar maidin.
24. (Ordaigh : mé) _____ béile blasta inné.
25. (Ní : ordaigh : Seán) _____ bia ar bith.

B **Aistrigh na habairtí seo a leanas go Gaeilge:**
1. Seán bought *(ceannaigh)* the books.
2. I did not buy *(ceannaigh)* sweets.
3. Did you (singular) buy *(ceannaigh)* a car?
4. The books were not bought *(ceannaigh)*.
5. Máire changed *(athraigh)* the date on the letter.
6. Did the author change *(athraigh)* the title?
7. The title was changed *(athraigh)*.
8. We did not change *(athraigh)* anything.
9. She did not admit *(admhaigh)* the mistake.
10. I admitted *(admhaigh)* the truth.
11. I enquired of *(fiafraigh + de)* the teacher…
12. We enquired *(fiafraigh)*…
13. The teacher was asked *(fiafraigh + de)*…
14. I searched *(cuardaigh)* my pockets.
15. We did not search *(cuardaigh)* the field.
16. The girl was searched *(cuardaigh)*.
17. I did not refuse *(diúltaigh)* to do the work.
18. We refused *(diúltaigh)* to do the work.
19. Seán watched *(breathnaigh + ar)* a film.
20. I did not watch *(breathnaigh + ar)* the game.
21. We watched *(breathnaigh + ar)* the programme.
22. I felt *(mothaigh)* good.
23. She did not feel *(mothaigh)* well.
24. The game began *(tosaigh)* at six o'clock.
25. Did the film begin *(tosaigh)* yet?

Briathra sa Dara Réimniú – Aimsir Chaite
(ag críochnú ar -igh)

Éirigh	Imigh	Bailigh
D'éirigh mé	D'imigh mé	Bhailigh mé
D'éirigh tú	D'imigh tú	Bhailigh tú
D'éirigh sé/sí	D'imigh sé/sí	Bhailigh sé/sí
D'éiríomar	D'imíomar	Bhailíomar
D'éirigh sibh	D'imigh sibh	Bhailigh sibh
D'éirigh siad	D'imigh siad	Bhailigh siad
Níor éirigh mé	Níor imigh mé	Níor bhailigh mé
Ar éirigh tú?	Ar imigh tú?	Ar bhailigh tú?

An Saorbhriathar

Éiríodh	Imíodh	Bailíodh
Níor éiríodh	Níor imíodh	Níor bailíodh
Ar éiríodh?	Ar imíodh?	Ar bailíodh?

A Athscríobh na habairtí seo a leanas agus bain amach na lúibíní. (Bíodh na briathra go léir san aimsir chaite agat.)

1. (Éirigh : mé) _____ ar a hocht a chlog maidin inné.
2. (Ní : éirigh : sinn) _____ in aon chor.
3. (An : éirigh) _____ Seán go fóill?
4. (An : imigh) _____ na buachaillí fós?
5. (Imigh : sinn) _____ go luath ar maidin.
6. (Ní : imigh) _____ na cailíní fós.
7. (Coinnigh : mé) _____ greim ar an liathróid.
8. (Aistrigh) _____ Seán an leabhar iomlán go Béarla.
9. (An : aistrigh : sibh) _____ an leabhar iomlán go Gaeilge?
10. (Ní : aistrigh : mé) _____ oiread is focal amháin den sliocht.
11. (Aistrigh : sinn) _____ an leabhar go Gaeilge.
12. (Oibrigh : sinn) _____ go dian.
13. (Oibrigh : mé) _____ go dian don scrúdú.
14. (Ní : oibrigh : tú) _____ go dian in aon chor.
15. (An : oibrigh : tú) _____ go dian?
16. (Bailigh : sí) _____ na cóipleabhair don mhúinteoir.
17. (Ní : bailigh : sinn) _____ na cóipleabhair.
18. (An : bailigh : siad) _____ na pinn?

Aonad 4

B Aistrigh na habairtí seo a leanas go Gaeilge:
1. We got up *(éirigh)* at eight o'clock.
2. I did not get up *(éirigh)* at all.
3. Did Peadar get up *(éirigh)* yet?
4. They got up *(éirigh)* at seven o'clock.
5. We got up *(éirigh)* early.
6. Did the boy go away *(imigh)* yet?
7. She went away *(imigh)* early this morning.
8. We left *(imigh)* before breakfast.
9. The boys did not leave *(imigh)* yet.
10. Did you (singular) go *(imigh)* out early?
11. I kept a grip *(coinnigh + greim)* on the ball.
12. We kept a grip *(coinnigh + greim)* on the rope.
13. Síle translated *(aistrigh)* the book to English.
14. Did you (singular) translate *(aistrigh)* the book?
15. We did not transfer *(aistrigh)* the money.
16. I transferred *(aistrigh)* the money.
17. The money was transferred *(aistrigh)*.
18. Was the book translated *(aistrigh)*?
19. I worked *(oibrigh)* hard.
20. Did you (plural) work *(oibrigh)* hard?
21. We worked *(oibrigh)* hard for the examination.
22. You (singular) did not work *(oibrigh)* hard.
23. They worked *(oibrigh)* hard.
24. She did not work *(oibrigh)* hard.
25. The teacher collected *(bailigh)* the books.
26. The books were not collected *(bailigh)*.
27. We collected *(bailigh)* the money.
28. I did not collect *(bailigh)* the money.
29. Did they collect *(bailigh)* the pens?
30. The money was collected *(bailigh)*.

Briathra sa Dara Réimniú – Aimsir Chaite

(ag críochnú ar -il; -in; -ir; -is)

Codail	Oscail	Imir	Inis
Chodail mé	D'oscail mé	D'imir mé	D'inis mé
Chodail tú	D'oscail tú	D'imir tú	D'inis tú
Chodail sé/sí	D'oscail sé/sí	D'imir sé/sí	D'inis sé/sí
Chodlaíomar	D'osclaíomar	D'imríomar	D'insíomar
Chodail sibh	D'oscail sibh	D'imir sibh	D'inis sibh
Chodail siad	D'oscail siad	D'imir siad	D'inis siad
Níor chodail mé	Níor oscail mé	Níor imir mé	Níor inis mé
Ar chodail tú?	Ar oscail tú?	Ar imir tú?	Ar inis tú?

An Saorbhriathar

Codlaíodh	Osclaíodh	Imríodh	Insíodh
Níor codlaíodh	Níor osclaíodh	Níor imríodh	Níor insíodh
Ar codlaíodh?	Ar osclaíodh?	Ar imríodh?	Ar insíodh?

Cúpla Ceann eile le Foghlaim!

Foghlaim	Tuirling	Freastail
D'fhoghlaim mé	Thuirling mé	D'fhreastail mé
D'fhoghlaim tú	Thuirling tú	D'fhreastail tú
D'fhoghlaim sé/sí	Thuirling sé/sí	D'fhreastail sé/sí
D'fhoghlaimíomar	Thuirlingíomar	D'fhreastalaíomar
D'fhoghlaim sibh	Thuirling sibh	D'fhreastail sibh
D'fhoghlaim siad	Thuirling siad	D'fhreastail siad
Níor fhoghlaim mé	Níor thuirling mé	Níor fhreastail mé
Ar fhoghlaim tú?	Ar thuirling tú?	Ar fhreastail tú?

An Saorbhriathar

Foghlaimíodh	Tuirlingíodh	Freastalaíodh
Níor foghlaimíodh	Níor tuirlingíodh	Níor freastalaíodh
Ar foghlaimíodh?	Ar tuirlingíodh?	Ar freastalaíodh?

Aonad 4

A Athscríobh na habairtí seo a leanas agus bain amach na lúibíní. (Bíodh na briatha go léir san aimsir chaite agat.)

1. (Codail : mé) _____ go sámh.
2. (Ní : codail : sí) _____ sa bhaile aréir.
3. (Codail) _____ Rachael ar an tolg.
4. (An : codail : siad) _____ go sámh?
5. (Codail : sinn) _____ go sámh.
6. (Ní : oscail : mé) _____ an doras go fóill.
7. (An : oscail) _____ Seán an doras?
8. (Ní : oscail : sinn) _____ an geata.
9. (An : oscail : siad) _____ leabhar ar bith aréir?
10. (Oscail : mé) _____ an geata.
11. (Imir) _____ na buachaillí cluiche peile inné.
12. (Ní : imir : mé) _____ galf riamh.
13. (An : imir : sibh) _____ cispheil riamh?
14. (Imir : mé) _____ cluiche snúcair aréir.
15. (Imir: sinn) _____ peil inné.
16. (Inis) _____ Séamas scéal greannmhar dom.
17. (Ní : inis : sinn) _____ scéal ar bith.
18. (An : inis : tú) _____ an scéal don mhúinteoir?
19. (Inis : sí) _____ bréag don mhúinteoir.
20. (Inis : sinn) _____ bréaga do na Gardaí.
21. (Tuirling : mé) _____ den traein ag an stáisiún.
22. (Tuirling : sinn) _____ den bhus.
23. (Ní : tuirling) _____ Siobhán den rothar, ach thit sí de!
24. (An : tuirling) _____ an t-eitleán ag an aerfort?
25. (Freastail : mé) _____ ar na ranganna go léir.
26. (Ní : freastail : sinn) _____ ar na boird sa bhialann.
27. (An : freastail : sibh) _____ ar na ranganna go léir?
28. (Foghlaim : sinn) _____ a lán Gaeilge inniu.
29. (Ní : foghlaim : mé) _____ rud ar bith.
30. (An : foghlaim : tú) _____ na rialacha gramadaí?

Cúrsa Gramadaí do Mheánscoileanna

B   Aistrigh na habairtí seo a leanas go Gaeilge:
1. We slept *(codail)* soundly *(go sámh)*.
2. They did not sleep *(codail)* at all.
3. The girls slept *(codail)* in the sitting room.
4. Did he sleep *(codail)* soundly?
5. I slept *(codail)* soundly.
6. The bed was not slept *(codail)* in.
7. We did not open *(oscail)* the gate yet.
8. Did the men open *(oscail)* the gates?
9. I did not open *(oscail)* the door.
10. Did he open *(oscail)* the bag?
11. I opened *(oscail)* the gate this morning.
12. The books were not opened *(oscail)* at all.
13. Pól played *(imir)* football yesterday.
14. We did not play *(imir)* cards.
15. Did you (singular) ever play *(imir)* tennis?
16. We played *(imir)* snooker last night.
17. She did not play *(imir)* football.
18. The game was played *(imir)* in Croke Park.
19. The story was told *(inis)* to my parents.
20. I did not tell *(inis)* any stories.
21. Did you (plural) tell *(inis)* the news to Seán?
22. We told *(inis)* a lie.
23. Did you (singular) tell *(inis)* a lie?
24. The plane landed *(tuirling + de)* in the field.
25. We got off *(tuirling + de)* the train.
26. The plane did not land *(tuirling)*.
27. I attended *(freastail + ar)* all the classes.
28. We did not serve at *(freastail + ar)* the table.
29. Did Síle attend *(freastail + ar)* the class?
30. They attended *(freastail + ar)* the class.
31. I learned *(foghlaim)* the verbs.
32. Did they learn *(foghlaim)* the lesson?
33. Did you (singular) learn *(foghlaim)* anything?
34. We learned *(foghlaim)* all the rules.
35. Was the lesson learned *(foghlaim)*?

Aonad 4

Na Briathra Neamhrialta – Aimsir Chaite

Bí	Abair	Téigh	Faigh	Déan	Feic
Bhí mé	Dúirt mé	Chuaigh mé	Fuair mé	Rinne mé	Chonaic mé
Bhí tú	Dúirt tú	Chuaigh tú	Fuair tú	Rinne tú	Chonaic tú
Bhí sé/sí	Dúirt sé/sí	Chuaigh sé/sí	Fuair sé/sí	Rinne sé/sí	Chonaic sé/sí
Bhíomar	Dúramar	Chuamar	Fuaireamar	Rinneamar	Chonaiceamar
Bhí sibh	Dúirt sibh	Chuaigh sibh	Fuair sibh	Rinne sibh	Chonaic sibh
Bhí siad	Dúirt siad	Chuaigh siad	Fuair siad	Rinne siad	Chonaic siad
Ní raibh	Ní dúirt	Ní dheachaigh	Ní bhfuair	Ní dhearna	Ní fhaca
An raibh?	An ndúirt?	An ndeachaigh?	An bhfuair?	An ndearna?	An bhfaca?

An Saorbhriathar

Bhíothas	Dúradh	Chuathas	Fuarthas	Rinneadh	Chonacthas
Ní rabhthas	Ní dúradh	Ní dheachthas	Ní bhfuarthas	Ní dhearnadh	Ní fhacthas
An rabhthas?	An ndúradh?	An ndeachthas?	An bhfuarthas?	An ndearnadh?	An bhfacthas?

Le Foghlaim

Úsáidtear 'ní' agus 'an' (in ionad 'níor' agus 'ar') leis na briathra thuas san Aimsir Chaite. Cabhróidh na focail seo a leanas leat iad a chur de ghlanmheabhair: *Barney Drinks Coke, Frank Reads Comics* (Bhí, Dúirt, Chuaigh, Fuair, Rinne, Chonaic).

Abair, Beir, Bí, Clios, Deán, Faigh, Feic, ith, tabhair, tar, téigh

Beir	Clois	Ith	Tabhair	Tar
Rug mé	Chuala mé	D'ith mé	Thug mé	Tháinig mé
Rug tú	Chuala tú	D'ith tú	Thug tú	Tháinig tú
Rug sé/sí	Chuala sé/sí	D'ith sé/sí	Thug sé/sí	Tháinig sé/sí
Rugamar	Chualamar	D'itheamar	Thugamar	Thángamar
Rug sibh	Chuala sibh	D'ith sibh	Thug sibh	Tháinig sibh
Rug siad	Chuala siad	D'ith siad	Thug siad	Tháinig siad
Níor rug	Níor chuala	Níor ith	Níor thug	Níor tháinig
Ar rug?	Ar chuala?	Ar ith?	Ar thug?	Ar tháinig?

An Saorbhriathar

Rugadh	Chualathas	Itheadh	Tugadh	Thángthas
Níor rugadh	Níor chualathas	Níor itheadh	Níor tugadh	Níor thángthas
Ar rugadh?	Ar chualathas?	Ar itheadh?	Ar tugadh?	Ar thángthas?

Cúrsa Gramadaí do Mheánscoileanna

A Athscríobh na habairtí seo a leanas agus bain amach na lúibíní. (Bíodh na briathra go léir san aimsir chaite agat.)

1. (Bí : mé) _____ ag imirt peile.
2. (Bí : mé) _____ ag ól tae.
3. (An : bí : tú) _____ amuigh aréir?
4. (Bí : sinn) _____ ag scríobh aiste.
5. (Ní : bí : sinn) _____ ag obair.
6. (Abair + le) _____ Seán go raibh an ceart agam.
7. (Ní : abair) _____ Siobhán é sin.
8. (An : abair : siad) _____ leat go raibh mise amuigh aréir?
9. (Abair : sinn) _____ go raibh an ceart ag Síle.
10. (Téigh : mé) _____ go dtí an siopa ar maidin.
11. (An : téigh : sibh) _____ go Páirc an Chrócaigh inné?
12. (Ní : téigh) _____ duine ar bith amach aréir.
13. (Téigh : sinn) _____ go dtí an pháirc ar maidin.
14. (Ní : téigh : sinn) _____ go Gaillimh inné.
15. (Faigh : mé) _____ marc maith sa stair.
16. (Faigh : sinn) _____ an leabhar sa leabharlann.
17. (Ní : faigh) _____ Pádraig a mhála.
18. (An : faigh : tú) _____ do pheann?
19. (Déan : mé) _____ an obair bhaile go léir.
20. (Ní : déan : sí) _____ obair ar bith don scrúdú.
21. (An : déan : sibh) _____ an obair sin?
22. (Déan : sinn) _____ a lán oibre.
23. (Ní : déan : sinn) _____ an ceacht gramadaí go fóill.
24. (Feic : mé) _____ scannán maith aréir.
25. (An : feic : tú) _____ an cluiche ar an teilifís?
26. (Ní : feic) _____ na buachaillí an cluiche.
27. (Feic : sinn) _____ na fir ag troid.
28. (Beir) _____ na Gardaí ar an ngadaí inné.
29. (An : beir : tú) _____ ar an liathróid?
30. (Ní : beir : sinn) _____ ar an ngadaí.
31. (Clois : mé) _____ an clog ag bualadh.
32. (An : clois : siad) _____ an t-aláram?
33. (Clois : sinn) _____ na cailíní ag canadh.
34. (Ith : siad) _____ na milseáin go léir.

35. (An : ith : tú) _____ do dhinnéar?
36. (Ní : ith : mé) _____ rud ar bith.
37. (Ní : ith : sinn) _____ bia ar bith ar maidin.
38. (Tabhair : mé) _____ bronntanas do Bhríd.
39. (Tabhair : sinn) _____ na cóipleabhair don mhúinteoir.
40. (An : tabhair) _____ do mháthair airgead ar bith duit?
41. (Tar : mé) _____ amach as an siopa.
42. (An : tar) _____ Seán abhaile fós?
43. (Ní : tar : siad) _____ ar ais go fóill.
44. (An : tar) _____ Fearghal isteach fós?
45. (Tar : sinn) _____ go léir abhaile go luath.

B Aistrigh na habairtí seo a leanas go Gaeilge:
1. I was *(bí)* working hard yesterday.
2. They were not *(bí)* at school.
3. Were you (plural – *bí*) writing notes last night?
4. We were *(bí)* very sick after the meal.
5. We were not *(bí)* at the shops this morning.
6. He said *(abair)* his prayers this morning.
7. Rebecca did not say *(abair)* that I was late.
8. Did he say *(abair)* that I was sick?
9. We said *(abair)* our prayers.
10. The prayers were said *(abair)* yesterday.
11. I went *(téigh)* home after the game.
12. Did you (singular) go *(téigh)* out last night?
13. Éamann did not go *(téigh)* home yet.
14. We went *(téigh)* to school at nine o'clock.
15. We did not go *(téigh)* to Limerick last week.
16. I got *(faigh)* a present from my mother.
17. We got *(faigh)* sweets from our parents.
18. Peadar did not get *(faigh)* any money.
19. Did you (plural) get *(faigh)* the books?
20. The books were got *(faigh)* in the library.
21. I did *(déan)* all the work.
22. They did not do *(déan)* the homework.
23. Did you (singular) make *(déan)* that noise?
24. We did *(déan)* the work in the garden.

25. We did not do *(déan)* the homework yet.
26. The work was done *(déan)*.
27. The work was not done *(déan)*.
28. Was the work done *(déan)*?
29. I saw *(feic)* the boys.
30. Did you (plural) see *(feic)* the man?
31. The men did not see *(feic)* the thief.
32. We saw *(feic)* the girls.
33. The boys were seen *(feic)* at the cinema.
34. The girls were not seen *(feic)* at school.
35. Were the women seen *(feic)* last night?
36. Siobhán caught *(beir + ar)* the ball.
37. Did you (plural) catch *(beir + ar)* the thief?
38. We did not catch *(beir + ar)* the ball.
39. The thief was caught *(beir + ar)* in Monaghan.
40. Máire was born *(beir)* in Dublin.
41. I heard *(clois)* the boys.
42. Did Peadar hear *(clois)* the bell?
43. We heard *(clois)* the postman coming.
44. The teacher did not hear *(clois)* me.
45. The news was heard *(clois)* at nine o'clock.
46. I ate *(ith)* all the dinner.
47. He did not eat *(ith)* the sweets.
48. Did you (singular) eat *(ith)* the dinner?
49. We did not eat *(ith)* any breakfast.
50. I gave *(tabhair + do)* money to the boy.
51. We did not give *(tabhair + do)* any money to the man.
52. Did you (singular) give *(tabhair + do)* the essay to the teacher?
53. You (plural) gave *(tabhair + do)* the books to the teacher.
54. I did not give *(tabhair + do)* the ball to the boy.
55. The money was given *(tabhair + do)* to Liam.
56. I came *(tar)* home late last night.
57. Did Sorcha come *(tar)* in yet?
58. They did not come *(tar)* to the game.
59. Did Proinsias come *(tar)* home yet?
60. We came *(tar)* home at six o'clock.

B Aistrigh an sliocht seo a leanas go Gaeilge:

Yesterday morning I heard *(clois)* the clock at a quarter past six. I was *(bí)* tired, but I jumped *(léim)* out of bed immediately. I went *(téigh)* into the bathroom and I washed *(nigh)* myself. I came *(tar)* out of the bathroom and went *(téigh)* down to the kitchen. I got *(faigh)* cornflakes and I ate *(ith)* them. I drank *(ól)* a cup of coffee too. I took hold of *(beir + ar)* my schoolbag, said *(abair)* 'goodbye' to my parents and left *(fág)* the house. I took *(tóg)* the second turn on the right *(an dara casadh ar dheis)* and reached *(sroich)* the school at a quarter to nine. I spent *(caith)* a while talking with my friends in the yard. At nine o'clock the classes began *(tosaigh)*. When the break was on *(bí + ar siúl)*, I bought *(ceannaigh)* two bars of chocolate and I gave *(tabhair)* one to my friend. After that, I played *(imir)* football for a while. At four o'clock I hurried *(brostaigh)* home and did *(déan)* my homework immediately. I watched *(féach + ar)* television for a while and saw *(feic)* a good film. I listened to *(éist + le)* music too.

An Aimsir Ghnáthláithreach
The Habitual Present Tense

Rialacha don Aimsir Ghnáthláithreach

1. Ní bhíonn séimhiú ná urú ar an túschonsan (san fhoirm dhearfach):
   e.g. cuirim; dúnaim; bailím.
2. 'Ní' + Séimhiú san fhoirm dhiúltach:
   e.g. ní chuirim; ní dhúnaim; ní bhailím.
3. 'An' + úrú san fhoirm cheisteach:
   e.g. an gcuireann tú? an ndúnann tú? an mbailíonn tú?

   (**Nóta:** Ní chuirtear urú ar ghuta sa chás seo –
   e.g. an ólann tú? an éisteann tú? an éiríonn tú?)

Briathra sa Chéad Réimniú – Aimsir Ghnáthláithreach
(ag críochnú ar chonsan leathan)

Dún	Ól	Fág
Dúnaim	Ólaim	Fágaim
Dúnann tú	Ólann tú	Fágann tú
Dúnann sé/sí	Ólann sé/sí	Fágann sé/sí
Dúnaimid	Ólaimid	Fágaimid
Dúnann sibh	Ólann sibh	Fágann sibh
Dúnann siad	Ólann siad	Fágann siad
Ní dhúnaim	Ní ólaim	Ní fhágaim
An ndúnann tú?	An ólann tú?	An bhfágann tú?

An Saorbhriathar

Dúntar	Óltar	Fágtar
Ní dhúntar	Ní óltar	Ní fhágtar
An ndúntar?	An óltar?	An bhfágtar?

A Athscríobh na habairtí seo a leanas agus bain amach na lúibíní.
(Bíodh na briathra go léir san aimsir ghnáthláithreach agat.)

1. (Fág : sinn) _____ an scoil ar a trí a chlog gach lá.
2. (Fág) _____ Máire a mála sa chlós gach lá.
3. (An : fág : siad) _____ an teach ag an am céanna gach lá?

Aonad 5

4. (Ní: fág : mé) _____ na leabhair sa chófra.
5. (Ól : mé) _____ gloine oráiste gach lá.
6. (Dún : mé) _____ an doras ar a sé a chlog gach tráthnóna.
7. (Ní : fág : sinn) _____ aon bhia ar an bpláta, mar bíonn ocras orainn.
8. (Ní : tóg : mé) _____ aon airgead as an sparán, mar is duine macánta mé!
9. (Ní : scríobh : tú) _____ ach dhá aiste in aghaidh na míosa!
10. (An : tóg) _____ Seán an t-airgead go minic?
11. (Can) _____ Eilís amhrán ar scoil gach lá.
12. (An : can : tú) _____ amhráin go minic?
13. (Ní : can : mé) _____ ar an ardán, mar tá mé cúthail!
14. (Fan : sinn) _____ sa bhaile gach lá.
15. (Ní : fan) _____ Seán sa bhaile, mar is maith leis dul amach.
16. (Glan : mé) _____ an teach ó bhun go barr gach Satharn.
17. (An : glan : tú) _____ do sheomra gach lá?
18. (Ní : glan : sinn) _____ an teach ar an Domhnach.
19. (Íoc : mé) _____ cúig euro as an lón gach lá.
20. (Ní : íoc : sibh) _____ mórán as an dinnéar.
21. (An : íoc : siad) _____ an táille ag an doras gach maidin?
22. (Lean : mé) _____ na buachaillí gach lá.
23. (An : lean : tú) _____ na treoracha sin gach lá?
24. (Féach : mé) _____ ar scannán gach Satharn.
25. (Ní : féach : mé) _____ ar an teilifís roimh am tae.

B **Aistrigh na habairtí seo a leanas go Gaeilge:**
1. I watch *(féach + ar)* television often.
2. We do not watch *(féach + ar)* films.
3. Do you (singular) follow *(lean)* the boys every day?
4. The boys are often followed *(lean)*.
5. The fare *(táille)* is usually paid *(íoc)* after the meal.
6. We do not pay for *(íoc + as)* books.
7. He does not pay for *(íoc + as)* the books.
8. I pay for *(íoc + as)* my lunch every day.
9. I clean *(glan)* the house often.
10. The table is cleaned *(glan)* after every meal.

11. She does not clean *(glan)* her room.
12. Do the boys clean *(glan)* their room?
13. Do you (singular) wait *(fan)* at the bus stop every morning?
14. We do not stay *(fan)* at home during the holidays.
15. You (singular) sing *(can)* two songs every evening.
16. Do you (singular) sing *(can)* with a group?
17. I pick up *(tóg)* the bag each morning.
18. We do not pick up *(tóg)* the bags.
19. You (singular) lifted *(tóg)* the ball.
20. I do not leave *(fág)* the house at the weekend.
21. The books are left *(fág)* on the table every morning.
22. Do they leave *(fág)* the house at half past eight?
23. We often write *(scríobh)* letters.
24. Letters are written *(scríobh)* every week.
25. The doors are closed *(dún)* at six o'clock every evening.

Briathra sa Chéad Réimniú – Aimsir Ghnáthláithreach

(ag críochnú ar chonsan caol)

Cuir	Éist	Fill
Cuirim	Éistim	Fillim
Cuireann tú	Éisteann tú	Filleann tú
Cuireann sé/sí	Éisteann sé/sí	Filleann sé/sí
Cuirimid	Éistimid	Fillimid
Cuireann sibh	Éisteann sibh	Filleann sibh
Cuireann siad	Éisteann siad	Filleann siad
Ní chuirim	Ní éistim	Ní fhillim
An gcuireann tú?	An éisteann tú?	An bhfilleann tú?

An Saorbhriathar

Cuirtear	Éistear	Filltear
Ní chuirtear	Ní éistear	Ní fhilltear
An gcuirtear?	An éistear?	An bhfilltear?

Aonad 5

Le Foghlaim

Siúil
Siúlaim, siúlann tú, siúlann sé/sí, siúlaimid, siúlann sibh, siúlann siad
Ní shiúlaim/An siúlann tú?
Saorbhriathar: Siúltar

Caith
Caithim, caitheann tú, caitheann sé/sí, caithimid, caitheann sibh, caitheann siad
Ní chaithim/An gcaitheann tú?
Saorbhriathar: Caitear

A Athscríobh na habairtí seo a leanas agus bain amach na lúibíní. (Bíodh na briathra go léir san aimsir ghnáthláithreach agat.)

1. (Cuir) _____ Máire dhá spúnóg siúcra sa tae.
2. (Ní : cuir : sinn) _____ siúcra ar bith sa tae.
3. (An : cuir : tú) _____ im ar do chuid aráin?
4. (Siúil : sí) _____ ar scoil gach maidin.
5. (Ní : siúil : sinn) _____ ar scoil, mar tá rothair againn.
6. (An: siúil : siad) _____ abhaile gach lá?
7. (Éist : sé) _____ leis an nuacht gach maidin.
8. (Ní : éist: siad) _____ leis an múinteoir nuair a bhíonn sí ag caint.
9. (An : éist : tú) _____ leis na scéalta nuachta gach lá?
10. (Fill) _____ Seán a chuid éadaigh go cúramach gach lá.
11. (An : fill) _____ na daoine ar an teach gach lá?
12. (Ní : fill : sé) _____ díreach ar an teach nuair a bhíonn sé ag dul abhaile.
13. (Ní : buail : sé) _____ lena chairde gach lá.
14. (Buail : sinn) _____ le chéile tar éis am scoile gach lá.
15. (An : buail : siad) _____ ainmhithe?
16. (Léim) _____ Pádraig thar an ngeata gach maidin.
17. (Léim : sinn) _____ thar an ngeata gach maidin.
18. (Séid) _____ an ghaoth go láidir nuair a bhíonn an aimsir stoirmiúil.
19. (Ní : séid) _____ an ghaoth rómhinic le linn an tsamhraidh.
20. (Seinn : Liam) _____ an fheadóg stáin.
21. (Ní : seinn : sinn) _____ ceol, mar nílimid ábalta!

Cúrsa Gramadaí do Mheánscoileanna

22. (An : seinn : tú) _____ gléas ceoil ar bith?
23. (Sroich : mé) _____ an scoil ar a ceathrú chun a naoi gach maidin.
24. (Ní : sroich : mé) _____ an teach ar a ceathair a chlog.
25. (Tit: Síle) _____ den rothar go minic!
26. (Tit : sinn) _____ den bhalla nuair a bhímid ag súgradh.

B Aistrigh na habairtí seo a leanas go Gaeilge:
1. I always put *(cuir)* sugar in the tea.
2. Sugar is put *(cuir)* in the tea.
3. We do not put *(cuir)* the books in the bags.
4. Do you (singular) put *(cuir)* salt on the potatoes?
5. He does not listen to *(éist + le)* the news.
6. We always listen to *(éist + le)* the teacher.
7. She often hits *(buail)* me.
8. I do not hit *(buail)* other people.
9. Do you (singular) often meet *(buail + le)* Seán?
10. We spend *(caith)* the money at lunchtime.
11. The ball is thrown *(caith)* from person to person.
12. We return *(fill)* at six o'clock every evening.
13. I fold *(fill)* my clothes every night.
14. She runs *(rith)* home every day.
15. Do you (plural) run *(rith)* home every evening?
16. The races are run *(rith)* every Sunday.
17. We reach *(sroich)* the school at a quarter to nine every morning.
18. We play *(seinn)* music on the tin whistle.
19. He does not play *(seinn)* any music.
20. I sometimes fall off *(tit + de)* the bicycle.
21. We do not fall *(tit)*.
22. I jump *(léim)* over the gate very often.
23. We jump *(léim)* over the gate every day.
24. I understand *(tuig)* the question.
25. I do not understand *(tuig)* the teacher.

Aonad 5

Briathra sa Chéad Réimniú – Aimsir Ghnáthláithreach
(ag críochnú ar -igh)

Glaoigh	Léigh	Suigh	Buaigh
Glaoim	Léim	Suím	Buaim
Glaonn tú	Léann tú	Suíonn tú	Buann tú
Glaonn sé/sí	Léann sé/sí	Suíonn sé/sí	Buann sé/sí
Glaoimid	Léimid	Suímid	Buaimid
Glaonn sibh	Léann sibh	Suíonn sibh	Buann sibh
Glaonn siad	Léann siad	Suíonn siad	Buann siad
Ní ghlaoim	Ní léim	Ní shuím	Ní bhuaim
An nglaonn tú?	An léann tú?	An suíonn tú?	An mbuann tú?

An Saorbhriathar

Glaoitear	Léitear	Suítear	Buaitear
Ní ghlaoitear	Ní léitear	Ní shuítear	Ní bhuaitear
An nglaoitear?	An léitear?	An suítear?	An mbuaitear?

A Athscríobh na habairtí seo a leanas agus bain amach na lúibíní.
(Bíodh na briathra go léir san aimsir ghnáthláithreach agat.)

1. (Glaoigh : mé) _____ ar m'aintín gach lá.
2. (An : glaoigh) _____ Máirín ar a máthair?
3. (Ní : glaoigh : sinn) _____ amach os ard.
4. (Léigh : sí) _____ leabhar iomlán gach lá.
5. (Léigh : sinn) _____ scéalta go minic.
6. (Ní : léigh : mé) _____ an nuachtán gach lá.
7. (Suigh : sinn) _____ síos ar na cathaoireacha.
8. (Ní : suigh) _____ Séamas ar an gcathaoir.
9. (An : suigh) _____ na buachaillí síos gach lá?
10. (Buaigh : mé) _____ a lán cluichí.
11. (Ní : buaigh) _____ na buachaillí rómhinic.
12. (An : buaigh : tú) _____ mórán cluichí?

B Aistrigh na habairtí seo a leanas go Gaeilge:

1. The roll is called *(glaoigh)* every morning.
2. The books are read *(léigh)* every day.
3. Prizes are often won *(buaigh)*.

Briathra sa Chéad Réimniú – Aimsir Ghnáthláithreach

(Briathra le dhá shiolla a chríochnaíonn ar -áil nó ar -áin)

Sábháil	Taispeáin	Cniotáil
Sábhálaim	Taispeánaim	Cniotálaim
Sábhálann tú	Taispeánann tú	Cniotálann tú
Sábhálann sé/sí	Taispeánann sé/sí	Cniotálann sé/sí
Sábhálaimid	Taispeánaimid	Cniotálaimid
Sábhálann sibh	Taispeánann sibh	Cniotálann sibh
Sábhálann siad	Taispeánann siad	Cniotálann siad
Ní shábhálaim	Ní thaispeánaim	Ní chniotálaim
An sábhálann tú?	An dtaispeánann tú?	An gcniotálann tú?

An Saorbhriathar

Sábháiltear	Taispeántar	Cniotáiltear
Ní shábháiltear	Ní thaispeántar	Ní chniotáiltear
An sábháiltear?	An dtaispeántar?	An gcniotáiltear?

Le Foghlaim

Tiomáin
Tiomáinim, tiomáineann tú, sé/sí, tiomáinimid, tiomáineann sibh, siad
Ní thiomáinim/An dtiomáineann tú?
Saorbhriathar: Tiomáintear

A Athscríobh na habairtí seo a leanas agus bain amach na lúibíní.
(Bíodh na briathra go léir san aimsir ghnáthláithreach agat.)

1. (Sábháil : mé) _____ a lán airgid i rith an tsamhraidh.
2. (Ní : sábháil : sinn) _____ mórán airgid.
3. (An : sábháil : sibh) _____ mórán airgid?
4. (Ní : cniotáil : mé) _____ geansaithe, mar níl mé ábalta é sin a dhéanamh!
5. (Cniotáil : sinn) _____ geansaithe sa bhaile.
6. (An : cniotáil : tú) _____ earraí olla?
7. (Taispeáin : mé) _____ an obair bhaile do m'athair.
8. (Taispeáin : sinn) _____ an obair bhaile don mhúinteoir.

Aonad 5

9. (An taispeáin : tú) _____ do chuid oibre don mhúinteoir?
10. (Taispeáin : Máire) _____ a cuid nótaí dom go minic.
11. (Tiomáin : sé) _____ ó Luimneach go Corcaigh gach lá.
12. (Ní : tiomáin : mé) _____ an carr, mar níl mé ábalta tiomáint.
13. (Tiomáin : sinn) _____ abhaile gach lá.
14. (An : tiomáin : sibh) _____ go dtí na cluichí?
15. (Tiomáin : mé) _____ an carr gach lá.

B   Aistrigh na habairtí seo a leanas go Gaeilge:
1. We save *(sábháil)* money.
2. I do not save *(sábháil)* money.
3. Do you (singular) save *(sábháil)* money?
4. A lot of people are saved *(sábháil)* every year.
5. We do not knit *(cniotáil)* jumpers.
6. I often knit *(cniotáil)* socks.
7. Do you (plural) ever knit *(cniotáil)* anything?
8. She knits *(cniotáil)* scarves.
9. We show *(taispeáin)* the books to the boys.
10. I show *(taispeáin)* my homework to Máire.
11. The films are often shown *(taispeáin)* to the children.
12. Do you (plural) show *(taispeáin)* the homework to the teacher?
13. The work is not shown *(taispeáin)* to us.
14. They drive *(tiomáin)* from Galway to Dublin every day.
15. We do not drive *(tiomáin)* home.
16. The car is driven *(tiomáin)* very fast.
17. Do you (singular) drive *(tiomáin)* the car?
18. We drive *(tiomáin)* the car.
19. I drive *(tiomáin)* the bus.
20. I do not drive *(tiomáin)* the bus.

Briathra sa Dara Réimniú – Aimsir Ghnáthláithreach

(ag críochnú ar -aigh)

Ceannaigh	Athraigh	Fiafraigh
Ceannaím	Athraím	Fiafraím
Ceannaíonn tú	Athraíonn tú	Fiafraíonn tú
Ceannaíonn sé/sí	Athraíonn sé/sí	Fiafraíonn sé/sí
Ceannaímid	Athraímid	Fiafraímid
Ceannaíonn sibh	Athraíonn sibh	Fiafraíonn sibh
Ceannaíonn siad	Athraíonn siad	Fiafraíonn siad
Ní cheannaím	Ní athraím	Ní fhiafraím
An gceannaíonn tú?	An athraíonn tú?	An bhfiafraíonn tú?

An Saorbhriathar

Ceannaítear	Athraítear	Fiafraítear
Ní cheannaítear	Ní athraítear	Ní fhiafraítear
An gceannaítear?	An athraítear?	An bhfiafraítear?

A Athscríobh na habairtí seo a leanas agus bain amach na lúibíní. (Bíodh na briathra go léir san aimsir ghnáthláithreach agat.)

1. (Ceannaigh : mé) _____ milseáin gach lá.
2. (Ní : ceannaigh : sinn) _____ nuachtán gach lá.
3. (An : ceannaigh : sibh) _____ bróga go minic?
4. (Athraigh : mé) _____ mo chuid éadaigh go minic.
5. (An : athraigh : tú) _____ do chuid éadaigh gach lá?
6. (Ní : admhaigh : sé) _____ riamh go mbíonn an ceart agam.
7. (Admhaigh : sinn) _____ go bhfuil an ceart agat.
8. (An : admhaigh : sé) _____ anois gur ghoid sé an t-airgead?
9. (Fiafraigh : mé) _____ den mhúinteoir an bhfuil cead agam dul amach.
10. (Fiafraigh : sé) _____ den mhúinteoir cén ceacht a bhíonn le déanamh.
11. (Ní : fiafraigh : sinn) _____ de Bhríd cá mbíonn sí.
12. (Cuardaigh : sí) _____ a mála, nuair a chailleann sí rudaí.
13. (An : cuardaigh : tú) _____ do phóca nuair a bhíonn airgead uait?
14. (Diúltaigh : mé) _____ obair ar bith a dhéanamh.
15. (Diúltaigh : sinn) _____ obair ar bith a dhéanamh.
16. (An : diúltaigh : tú) _____ airgead a thabhairt do dhaoine bochta?

Aonad 5

17. (Breathnaigh) _____ Sandra ar a lán scannán.
18. (Ní : breathnaigh : sinn) _____ rómhinic ar an teilifís.
19. (An : breathnaigh : tú) _____ ar an nuacht gach lá?
20. (Ní : mothaigh : mé) _____ go maith. Tá mé tinn.
21. (Mothaigh : sinn) _____ go maith. Nílimid tinn.
22. (Ní : tosaigh) _____ na ranganna go dtí a naoi a chlog.
23. (An : tosaigh) _____ na cluichí ar a trí a chlog gach lá?
24. (Tosaigh : mé) _____ ag obair ar a naoi a chlog gach maidin.
25. (Ordaigh : mé) _____ béile blasta go minic.
26. (Ní : ordaigh) _____ Seán bia ar bith.
27. (Ardaigh : mé) _____ mo lámh chun an cheist a fhreagairt.

B   Aistrigh na habairtí seo a leanas go Gaeilge:

1. Seán buys *(ceannaigh)* books every Saturday.
2. I do not buy *(ceannaigh)* sweets.
3. Do you (singular) buy *(ceannaigh)* a newspaper every day?
4. He buys *(ceannaigh)* presents for his parents.
5. The books are not bought *(ceannaigh)* in the local shop.
6. Máire changes *(athraigh)* her clothes every morning.
7. The rules are often changed *(athraigh)*.
8. She does not admit *(admhaigh)* the mistake.
9. I always admit *(admhaigh)* the truth.
10. I enquire of *(fiafraigh + de)* the teacher…
11. We enquire *(fiafraigh)*…
12. The teacher is often asked *(fiafraigh + de)*…
13. I search *(cuardaigh)* my pockets when I need my pen.
14. We do not search *(cuardaigh)* our pockets.
15. The house is searched *(cuardaigh)*.
16. I do not refuse *(diúltaigh)* to do the work.
17. We refuse *(diúltaigh)* to do the work.
18. Micheál watches *(breathnaigh + ar)* television very often.
19. I do not watch *(breathnaigh + ar)* television.
20. We watch *(breathnaigh + ar)* the programme every Saturday.
21. The programme is watched *(breathnaigh + ar)* every day.
22. I feel *(mothaigh)* good.
23. She does not feel *(mothaigh)* well.
24. The games begin *(tosaigh)* at three o'clock every Saturday.
25. Does the programme begin *(tosaigh)* at four o'clock?

Briathra sa Dara Réimniú – Aimsir Ghnáthláithreach

(ag críochnú ar -igh)

Éirigh	Imigh	Bailigh
Éirím	Imím	Bailím
Éiríonn tú	Imíonn tú	Bailíonn tú
Éiríonn sé/sí	Imíonn sé/sí	Bailíonn sé/sí
Éirímid	Imímid	Bailímid
Éiríonn sibh	Imíonn sibh	Bailíonn sibh
Éiríonn siad	Imíonn siad	Bailíonn siad
Ní éirím	Ní imím	Ní bhailím
An éiríonn tú?	An imíonn tú?	An mbailíonn tú?

An Saorbhriathar

Éirítear	Imítear	Bailítear
Ní éirítear	Ní imítear	Ní bhailítear
An éirítear?	An imítear?	An mbailítear?

A Athscríobh na habairtí seo a leanas agus bain amach na lúibíní.
(Bíodh na briathra go léir san aimsir ghnáthláithreach agat.)

1. (Éirigh : mé) _____ ar a hocht a chlog gach maidin.
2. (Ní : éirigh : sinn) _____ roimh a seacht a chlog.
3. (An : éirigh) _____ Seán go luath gach maidin?
4. (An : imigh) _____ na buachaillí amach gach lá?
5. (Imigh : sinn) _____ go luath gach maidin.
6. (Ní : imigh) _____ na cailíní go dtí a dó a chlog de ghnáth.
7. (Coinnigh : mé) _____ greim ar an liathróid nuair a bhím ag imirt.
8. (Aistrigh) _____ Seán aistí ó Bhéarla go Gaeilge.
9. (An : aistrigh : sibh) _____ mórán scéalta?
10. (Ní : aistrigh : mé) _____ sliocht ar bith go Gaeilge.
11. (Aistrigh : sinn) _____ píosa próis go Gaeilge gach lá.
12. (Oibrigh : sinn) _____ go dian gach lá.
13. (Oibrigh : mé) _____ go dian gach lá.
14. (Ní : oibrigh : tusa) _____ go dian in aon chor.
15. (An : oibrigh : tú) _____ go dian de ghnáth?

16. (Bailigh : sí) _____ na cóipleabhair don mhúinteoir gach lá.
17. (Ní : bailigh : sinn) _____ na cóipleabhair de ghnáth.
18. (An : bailigh : siad) _____ na pinn gach lá?
19. (An : bailigh : tú) _____ na pinn de ghnáth?

B Aistrigh na habairtí seo a leanas go Gaeilge:
1. We get up *(éirigh)* at eight o'clock every morning.
2. I do not get up *(éirigh)* until half past eight.
3. Does Peadar get up *(éirigh)* early?
4. They get up *(éirigh)* at seven o'clock every morning.
5. We get up *(éirigh)* early every day.
6. Does the boy go away *(imigh)* every evening?
7. She goes away *(imigh)* early every morning.
8. We depart *(imigh)* before breakfast.
9. The boys do not depart *(imigh)* until nine o'clock.
10. I keep a grip *(coinnigh + greim)* on the ball.
11. We keep a grip *(coinnigh + greim)* on the rope.
12. Sorcha translates *(aistrigh)* books to English.
13. Do you (singular) translate *(aistrigh)* books?
14. We do not transfer *(aistrigh)* money to the bank.
15. I transfer *(aistrigh)* the money to the bank every Friday.
16. The money is transferred *(aistrigh)* every Friday.
17. Are books translated *(aistrigh)* often?
18. I work *(oibrigh)* hard.
19. Do you (plural) work *(oibrigh)* hard?
20. We work *(oibrigh)* hard every day.
21. You (singular) do not work *(oibrigh)* hard.
22. They work *(oibrigh)* hard.
23. She does not work *(oibrigh)* hard.
24. The teacher collects *(bailigh)* the books.
25. The books are not collected *(bailigh)*.
26. We collect *(bailigh)* money every Tuesday.
27. I do not collect *(bailigh)* money.
28. Do they collect *(bailigh)* money frequently?
29. The money is collected *(bailigh)* every Saturday.

Briathra sa Dara Réimniú – Aimsir Ghnáthláithreach

(ag críochnú ar -il; -in; -ir; -is)

Codail	Oscail	Imir	Inis
Codlaím	Osclaím	Imrím	Insím
Codlaíonn tú	Osclaíonn tú	Imríonn tú	Insíonn tú
Codlaíonn sé/sí	Osclaíonn sé/sí	Imríonn sé/sí	Insíonn sé/sí
Codlaímid	Osclaímid	Imrímid	Insímid
Codlaíonn sibh	Osclaíonn sibh	Imríonn sibh	Insíonn sibh
Codlaíonn siad	Osclaíonn siad	Imríonn siad	Insíonn siad
Ní chodlaím	Ní osclaím	Ní imrím	Ní insím
An gcodlaíonn tú?	An osclaíonn tú?	An imríonn tú?	An insíonn tú?

An Saorbhriathar

Codlaítear	Osclaítear	Imrítear	Insítear
Ní chodlaítear	Ní osclaítear	Ní imrítear	Ní insítear
An gcodlaítear?	An osclaítear?	An imrítear?	An insítear?

Cúpla Ceann eile le Foghlaim!

Foghlaim	Tuirling	Freastail
Foghlaimím	Tuirlingím	Freastalaím
Foghlaimíonn tú	Tuirlingíonn tú	Freastalaíonn tú
Foghlaimíonn sé/sí	Tuirlingíonn sé/sí	Freastalaíonn sé/sí
Foghlaimímid	Tuirlingímid	Freastalaímid
Foghlaimíonn sibh	Tuirlingíonn sibh	Freastalaíonn sibh
Foghlaimíonn siad	Tuirlingíonn siad	Freastalaíonn siad
Ní fhoghlaimím	Ní thuirlingím	Ní fhreastalaím
An bhfoghlaimíonn tú?	An dtuirlingíonn tú?	An bhfreastalaíonn tú?

An Saorbhriathar

Foghlaimítear	Tuirlingítear	Freastalaítear
Ní fhoghlaimítear	Ní thuirlingítear	Ní fhreastalaítear
An bhfoghlaimítear?	An dtuirlingítear?	An bhfreastalaítear?

Aonad 5

A Athscríobh na habairtí seo a leanas agus bain amach na lúibíní. (Bíodh na briathra go léir san aimsir ghnáthláithreach agat.)

1. (Codail : mé) _____ go sámh de ghnáth.
2. (Ní : codail : sí) _____ sa bhaile rómhinic.
3. (Codail) _____ Rachael ar an tolg de ghnáth.
4. (An : codail : siad) _____ go sámh de ghnáth?
5. (Codail : sinn) _____ go sámh anois is arís.
6. (Ní : oscail : mé) _____ an doras gach maidin.
7. (An : oscail) _____ Seán an doras gach lá?
8. (Ní : oscail : sinn) _____ an geata de ghnáth.
9. (An : oscail : siad) _____ na leabhair gach maidin?
10. (Oscail : mé) _____ an geata go luath gach maidin.
11. (Imir) _____ na buachaillí peil gach lá.
12. (Ní : imir : mé) _____ galf gach lá.
13. (An : imir : sibh) _____ cispheil gach lá?
14. (Imir : mé) _____ cluiche snúcair anois is arís.
15. (Imir : sinn) _____ peil uaireanta.
16. (Inis) _____ Séamas scéalta greannmhara dom ó am go chéile.
17. (Ní : inis : sinn) _____ scéalta rómhinic.
18. (An : inis : tú) _____ scéalta don mhúinteoir?
19. (Inis : sí) _____ bréaga don mhúinteoir anois is arís.
20. (Ní : inis : sinn) _____ bréaga.
21. (Tuirling : mé) _____ den traein ag an stáisiún gach maidin.
22. (Tuirling : sinn) _____ den bhus ar an bpríomhshráid gach lá.
23. (Ní : tuirling) _____ Siobhán den bhus go dtí go mbíonn sí ag an scoil.
24. (An : tuirling) _____ an t-eitleán ag an aerfort gach maidin?
25. (Freastail : mé) _____ ar na ranganna go léir gach lá.
26. (Ní : freastail : sinn) _____ ar na boird sa bhialann.
27. (An : freastail : sibh) _____ ar na ranganna go léir gach lá?
28. (Foghlaim : sinn) _____ a lán Gaeilge gach lá.
29. (Ní : foghlaim : mé) _____ Gaeilge ar bith ar an Satharn, mar ní bhím ar scoil!
30. (An : foghlaim : tú) _____ gramadach gach lá?

Cúrsa Gramadaí do Mheánscoileanna

B Aistrigh na habairtí seo a leanas go Gaeilge:

1. We sleep *(codail)* soundly every night.
2. They do not sleep *(codail)* at all.
3. The girls sleep *(codail)* in the sitting room.
4. Does he sleep *(codail)* in the dining room?
5. The bed is not slept *(codail)* in at the weekend.
6. We do not open *(oscail)* the gates until ten o'clock.
7. Do the men open *(oscail)* the gates every morning?
8. I do not open *(oscail)* the door until eight o'clock.
9. Does he open *(oscail)* the bag every day?
10. I open *(oscail)* the gate every morning.
11. The books are not opened *(oscail)* too often.
12. Pól plays *(imir)* football every evening.
13. We do not play *(imir)* cards.
14. Do you (singular) play *(imir)* tennis?
15. She does not play *(imir)* football.
16. The games are played *(imir)* in Croke Park.
17. The stories are told *(inis)* on the radio.
18. I do not tell *(inis)* stories.
19. Do you (plural) tell *(inis)* stories?
20. We sometimes tell *(inis)* lies.
21. Do you (singular) sometimes tell *(inis)* lies?
22. The plane lands *(tuirling)* at the airport.
23. We get off *(tuirling)* the train at the station.
24. Does the plane land *(tuirling)* at nine o'clock each day?
25. The plane does not land *(tuirling)* at seven o'clock.
26. I attend *(freastail + ar)* the classes every day.
27. We do not serve at *(freastail + ar)* the table.
28. The tables are attended to *(freastail + ar)*.
29. Does Síle attend *(freastail + ar)* the classes?
30. They attend *(freastail + ar)* all the classes.
31. We attend *(freastail + ar)* all the classes.
32. I learn *(foghlaim)* verbs every day.
33. Do they learn *(foghlaim)* grammar often?
34. Do you (singular) learn *(foghlaim)* French every day?
35. The verbs are learned *(foghlaim)* frequently.
36. Are the lessons learned *(foghlaim)*?

Na Briathra Neamhrialta – Aimsir Ghnáthláithreach

Bí	Abair	Téigh	Faigh
Bím	Deirim	Téim	Faighim
Bíonn tú	Deir(eann) tú	Téann tú	Faigheann tú
Bíonn sé/sí	Deir(eann) sé/sí	Téann sé/sí	Faigheann sé/sí
Bímid	Deirimid	Téimid	Faighimid
Bíonn sibh	Deir(eann) sibh	Téann sibh	Faigheann sibh
Bíonn siad	Deir(eann) siad	Téann siad	Faigheann siad
Ní bhím	Ní deirim	Ní théim	Ní fhaighim
An mbíonn tú?	An ndeir(eann) tú?	An dtéann tú?	An bhfaigheann tú?

An Saorbhriathar

Bítear	Deirtear	Téitear	Faightear
Ní bhítear	Ní deirtear	Ní théitear	Ní fhaightear
An mbítear?	An ndeirtear?	An dtéitear?	An bhfaightear?

Déan	Feic	Beir	Clois
Déanaim	Feicim	Beirim	Cloisim
Déanann tú	Feiceann tú	Beireann tú	Cloiseann tú
Déanann sé/sí	Feiceann sé/sí	Beireann sé/sí	Cloiseann sé/sí
Déanaimid	Feicimid	Beirimid	Cloisimid
Déanann sibh	Feiceann sibh	Beireann sibh	Cloiseann sibh
Déanann siad	Feiceann siad	Beireann siad	Cloiseann siad
Ní dhéanaim	Ní fheicim	Ní bheirim	Ní chloisim
An ndéanann tú?	An bhfeiceann tú?	An mbeireann tú?	An gcloiseann tú?

An Saorbhriathar

Déantar	Feictear	Beirtear	Cloistear
Ní dhéantar	Ní fheictear	Ní bheirtear	Ní chloistear
An ndéantar?	An bhfeictear?	An mbeirtear?	An gcloistear?

Cúrsa Gramadaí do Mheánscoileanna

Ith	Tabhair	Tar
Ithim	Tugaim	Tagaim
Itheann tú	Tugann tú	Tagann tú
Itheann sé/sí	Tugann sé/sí	Tagann sé/sí
Ithimid	Tugaimid	Tagaimid
Itheann sibh	Tugann sibh	Tagann sibh
Itheann siad	Tugann siad	Tagann siad
Ní ithim	Ní thugaim	Ní thagaim
An itheann tú?	An dtugann tú?	An dtagann tú?

An Saorbhriathar

Itear	Tugtar	Tagtar
Ní itear	Ní thugtar	Ní thagtar
An itear?	An dtugtar?	An dtagtar?

Le Foghlaim

Ní chuirtear séimhiú ar bith ar 'abair' –
e.g. **ní deirim**.

A Athscríobh na habairtí seo a leanas agus bain amach na lúibíní.
(Bíodh na briathra go léir san aimsir ghnáthláithreach agat.)

1. (Bí : mé) _____ ag imirt peile gach lá.
2. (Ní : bí : siad) _____ ag imirt snúcair gach lá.
3. (An : bí : tú) _____ amuigh san oíche?
4. (Bí : sinn) _____ ag scríobh aiste amháin in aghaidh na míosa.
5. (Ní : bí : sinn) _____ ag obair ar an Domhnach.
6. (Abair) _____ Seán 'slán' lena thuismitheoirí gach maidin.
7. (Ní : abair) _____ Siobhán rudaí mar sin.
8. (An : abair : siad) _____ leat go mbíonn Liam amuigh go minic?
9. (Abair : sinn) _____ paidreacha roimh dhul a luí.
10. (Téigh : mé) _____ go dtí an siopa gach lá.
11. (An : téigh : sibh) _____ go Páirc an Chrócaigh go minic?
12. (Ní : téigh) _____ duine ar bith amach i lár na hoíche.
13. (Téigh : sinn) _____ ag siúl sa pháirc nuair a bhíonn an aimsir go deas.

Aonad 5

14. (Ní : téigh : sinn) _____ go Gaillimh rómhinic.
15. (Faigh : mé) _____ marcanna maithe de ghnáth.
16. (Faigh : sinn) _____ a lán leabhar sa leabharlann.
17. (Ní : faigh) _____ Pádraig mórán airgid ag an deireadh seachtaine.
18. (An : faigh : tú) _____ marcanna maithe sa Mhatamaitic?
19. (Déan : mé) _____ an obair bhaile go léir gach lá.
20. (Ní : déan : sí) _____ obair ar bith.
21. (An : déan : sibh) _____ a lán oibre?
22. (Déan : sinn) _____ staidéar ar na hábhair go léir.
23. (Ní : déan : sinn) _____ mórán oibre.
24. (Feic : mé) _____ na cailíní gach lá.
25. (An : feic : tú) _____ d'uncail go minic?
26. (Ní : feic : sinn) _____ Máire rómhinic.
27. (Feic : sinn) _____ Éamann go minic.
28. (Beir) _____ na Gardaí ar a lán gadaithe.
29. (An : beir : tú) _____ ar an liathróid go minic?
30. (Ní : beir : sinn) _____ ar an liathróid.
31. (Clois : mé) _____ an clog ag bualadh gach maidin.
32. (An : clois : siad) _____ an clog ag bualadh?
33. (Clois : sinn) _____ na cailíní ag canadh gach lá.
34. (Ith : siad) _____ na milseáin go léir gach lá.
35. (An : ith : tú) _____ do dhinnéar gach lá?
36. (Ní : ith : mé) _____ rud ar bith don bhricfeasta de ghnáth.
37. (Ní : ith : sinn) _____ bia roimh dhul a luí.
38. (Tabhair : mé) _____ bronntanas do Bhríd um Nollaig.
39. (Tabhair : sinn) _____ na cóipleabhair don mhúinteoir gach lá.
40. (An : tabhair) _____ do mháthair airgead ar bith duit?
41. (Tar : mé) _____ ar scoil ar mo rothar gach lá.
42. (An : tar) _____ Seán ar scoil gach lá?
43. (Ní : tar : siad) _____ isteach ar a naoi a chlog.
44. (An : tar : sibh) _____ ar scoil gach lá?
45. (Tar : sinn) _____ go léir isteach go luath.

B   Aistrigh na habairtí seo a leanas go Gaeilge:

1. I am ('do be' - *bí*) working hard every day.
2. They are not *(bí)* at school very often.

Cúrsa Gramadaí do Mheánscoileanna

3. Do you be (plural - *bí*) writing notes every night?
4. We are *('do be' - bí)* sick sometimes.
5. We are not *('do not be' - bí)* at the shops every morning.
6. He says *(abair)* his prayers every morning.
7. Rebecca does not say *(abair)* anything.
8. Does he say *(abair)* things like that?
9. We say *(abair)* our prayers.
10. The prayers are said *(abair)* every morning.
11. I go *(téigh)* home every evening.
12. Do you (singular) go *(téigh)* out every night?
13. Éamann does not go *(téigh)* home before six o'clock.
14. We go *(téigh)* to school at half past eight.
15. We do not go *(téigh)* to Cork every week.
16. I get *(faigh)* a present from my mother on my birthday.
17. We get *(faigh)* sweets from our parents.
18. Peadar does not get *(faigh)* any money.
19. Do you (plural) get *(faigh)* books in the library?
20. The books are got *(faigh)* in the library every Tuesday.
21. I do *(déan)* all the work.
22. They do not do *(déan)* the homework.
23. Do you (singular) make *(déan)* furniture *(troscán)*?
24. We do *(déan)* the work in the garden.
25. We do not do *(déan)* the homework before five o'clock.
26. The work is done *(déan)* every day.
27. The work is not done *(déan)* every day.
28. Is the work often done *(déan)*?
29. I see *(feic)* the boys playing every day.
30. Do you (plural) see *(feic)* the man every day?
31. The men do not see *(feic)* the girls.
32. We often see *(feic)* the girls working.
33. The boys are often seen *(feic)* at the cinema.
34. The girls are not often seen *(feic)* at school.
35. Are the women often seen *(feic)* at the shops?
36. Siobhán catches *(beir + ar)* the ball.
37. Do you (plural) catch *(beir + ar)* the ball?
38. We do not catch *(beir + ar)* the ball.
39. The ball is often caught *(beir + ar)* during the game.

40. Many children are born *(beir)* in Dublin.
41. I hear *(clois)* the boys coming in every morning.
42. Does Peadar always hear *(clois)* the bell?
43. We hear *(clois)* the postman coming every day.
44. The teacher often does not hear *(clois)* me.
45. The news is heard *(clois)* every morning at nine o'clock.
46. I eat *(ith)* my dinner every day.
47. He does not eat *(ith)* sweets.
48. Do you (singular) eat *(ith)* apples?
49. We do not eat *(ith)* good food.
50. I give *(tabhair + do)* money to the priest sometimes.
51. We do not give *(tabhair + do)* flowers to the teacher!
52. Do you (singular) give *(tabhair + do)* flowers to the teacher?
53. You (plural) give the books to the teacher.
54. I do not give *(tabhair + do)* sweets to the boy.
55. The money is given *(tabhair + do)* to Liam.
56. I come *(tar)* home early every night.
57. Does Sorcha come *(tar)* home early?
58. They do not come *(tar)* to school.
59. Does Proinsias come *(tar)* to school every day?
60. We come *(tar)* home at six o'clock every evening.

B   Aistrigh an sliocht seo a leanas go Gaeilge:

> Every morning I hear *(clois)* the clock at a quarter past six. I am ('do be' – *bí*) tired, but I jump *(léim)* out of bed immediately. I go *(téigh)* into the bathroom and I wash *(nigh)* myself. I come *(tar)* out of the bathroom and go *(téigh)* down to the kitchen. I get *(faigh)* cornflakes and I eat *(ith)* them. I drink *(ól)* a cup of coffee too. I take hold of *(beir + ar)* my schoolbag, say *(abair)* 'goodbye' to my parents and leave *(fág)* the house. I take *(tóg)* the second turn on the right *(an dara casadh ar dheis)* and reach *(sroich)* the school at a quarter to nine. I spend *(caith)* a while talking with my friends in the yard. At nine o'clock the classes begin *(tosaigh)*. When the break is ('does be') on *(bí + ar siúl)*, I buy *(ceannaigh)* two bars of chocolate and I give *(tabhair)* one to my friend. After that, I play *(imir)* football for a while. At four o'clock I hurry *(brostaigh)* home and do *(déan)* my homework immediately. I watch *(féach + ar)* television for a while and see *(feic)* a good film. I listen to *(éist + le)* music too.

An Aimsir Ghnáthchaite

Aonad 6

The Habitual Past Tense – action which <u>used to</u> happen

Le Foghlaim

Treoracha don Aimsir Ghnáthchaite

1. **Séimhiú ar thúschonsan** san aimsir ghnáthchaite:
   e.g. chuirinn; dhúnainn; bhailínn.
   '**Ní**' san fhoirm dhiúltach: e.g. ní chuirinn; ní dhúnainn; ní bhailínn.
   '**An**' san fhoirm cheisteach: e.g. an gcuirteá? an ndúntá? an mbailíteá?
2. **D'** roimh ghuta: e.g. d'ólainn; d'iarrainn; d'éirínn
   (ní/an óltá; ní/an iarrtá; ní/an éiríteá).
3. **D' + séimhiú** nuair a thosaíonn an briathar ar **f**: e.g. d'fhanainn;
   d'fhágainn; d'fhiafraínn (ní fhanainn/an bhfantá;
   ní fhágainn/an bhfágtá; ní fhiafraínn/an bhfiafraíteá).
4. Tá an Aimsir Ghnáthláithreach agus an Aimsir Ghnáthchaite
   an-chosúil le chéile. Féach ar na samplaí seo a leanas:

   dúnaim → dhúnainn
   dúnann sé → dhúnadh sé
   dúnaimid → dhúnaimis
   dúntar → dhúntaí

Briathra sa Chéad Réimniú – Aimsir Ghnáthchaite
(ag críochnú ar chonsan leathan)

Dún	Ól	Fág
Dhúnainn	D'ólainn	D'fhágainn
Dhúntá	D'óltá	D'fhágtá
Dhúnadh sé/sí	D'óladh sé/sí	D'fhágadh sé/sí
Dhúnaimis	D'ólaimis	D'fhágaimis
Dhúnadh sibh	D'óladh sibh	D'fhágadh sibh
Dhúnaidís	D'ólaidís	D'fhágaidís
(Dhúnadh siad)	(D'óladh siad)	(D'fhágadh siad)
Ní dhúnainn	Ní ólainn	Ní fhágainn
An ndúntá?	An óltá?	An bhfágtá?

An Saorbhriathar

Dhúntaí	D'óltaí	D'fhágtaí
Ní dhúntaí	Ní óltaí	Ní fhágtaí
An ndúntaí?	An óltaí?	An bhfágtaí?

Aonad 6

A Athscríobh na habairtí seo a leanas agus bain amach na lúibíní.
(Bíodh na briathra go léir san aimsir ghnáthchaite agat.)

1. (Fág : sinn) _____ an scoil ar a trí a chlog gach lá.
2. (Fág) _____ Máire a mála sa chlós gach lá.
3. (An : fág : siad) _____ an teach ag an am céanna gach lá?
4. (Ní: fág : mé) _____ na leabhair sa chófra.
5. (Ól : mé) _____ gloine oráiste gach lá.
6. (Dún : mé) _____ an doras ar a sé a chlog.
7. (Ní : fág : sinn) _____ aon bhia ar an bpláta, mar bhíodh ocras orainn.
8. (Ní : tóg : mé) _____ aon airgead as an sparán.
9. (Ní : scríobh : tú) _____ ach dhá aiste in aghaidh na míosa.
10. (An : tóg) _____ Seán airgead go minic?
11. (Can) _____ Eilís amhrán ar scoil gach lá.
12. (An : can : tú) _____ amhráin go minic?
13. (Ní : can : mé) _____ ar an ardán, mar bhí mé cúthail!
14. (Fan : sinn) _____ sa bhaile gach lá.
15. (Ní : fan) _____ Seán sa bhaile.
16. (Glan : mé) _____ an teach ó bhun go barr gach Satharn.
17. (An : glan : tú) _____ do sheomra gach lá?
18. (Ní : glan : sinn) _____ an teach ar an Domhnach.
19. (Íoc : mé) _____ cúig euro as an lón gach lá.
20. (Ní : íoc : sibh) _____ mórán as an dinnéar.
21. (An : íoc : siad) _____ an táille ag an doras gach maidin?
22. (Lean : mé) _____ na buachaillí gach lá.
23. (An : lean : tú) _____ na treoracha sin gach lá?
24. (Féach : mé) _____ ar scannán gach Satharn.
25. (Ní : féach : mé) _____ ar an teilifís roimh am tae.

B Aistrigh na habairtí seo a leanas go Gaeilge:

1. I used to watch *(féach + ar)* television often.
2. We used not watch *(féach + ar)* films.
3. Used you (singular) follow *(lean)* the boys every day?
4. The boys were often followed *(lean)*.
5. The fare *(táille)* was usually paid *(íoc)* after the meal.
6. We used not pay for *(íoc + as)* books.
7. He used not pay for *(íoc + as)* the books.
8. I used to pay for *(íoc + as)* my lunch every day.
9. Was the breakfast paid for *(íoc)* every morning?
10. I used to clean *(glan)* the house often.
11. The table used to be cleaned *(glan)* after every meal.
12. She used not clean *(glan)* her room.
13. Used the boys clean *(glan)* their room?
14. They used to clean *(glan)* the shoes every night.
15. I used to stay *(fan)* at home every weekend.
16. Did you (singular) wait *(fan)* at the bus stop every morning?
17. We used not stay *(fan)* at home during the holidays.
18. You (singular) used to sing *(can)* two songs every evening.
19. Two songs used to be sung *(can)* every night.
20. Used you (singular) sing *(can)* with a group?
21. I used to pick up *(tóg)* the bag each morning.
22. We used not pick up *(tóg)* the bags.
23. The money used to be picked up *(tóg)*.
24. You (singular) used to lift *(tóg)* the ball.
25. I used not leave *(fág)* the house at the weekend.
26. The books used to be left *(fág)* on the table every morning.
27. Used they leave *(fág)* the house at half past eight?
28. We used to write *(scríobh)* letters.
29. Letters used to be written *(scríobh)* every week.
30. The doors used to be closed *(dún)* at six o'clock.

Briathra sa Chéad Réimniú – Aimsir Ghnáthchaite
(ag críochnú ar chonsan caol)

Cuir	Éist	Fill
Chuirinn	D'éistinn	D'fhillinn
Chuirteá	D'éisteá	D'fhillteá
Chuireadh sé/sí	D'éisteadh sé/sí	D'fhilleadh sé/sí
Chuirimis	D'éistimis	D'fhillimis
Chuireadh sibh	D'éisteadh sibh	D'fhilleadh sibh
Chuiridís	D'éistidís	D'fhillidís
(Chuireadh siad)	(D'éisteadh siad)	(D'fhilleadh siad)
Ní chuirinn	Ní éistinn	Ní fhillinn
An gcuirteá?	An éisteá?	An bhfillteá?

An Saorbhriathar

Chuirtí	D'éistí	D'fhilltí
Ní chuirtí	Ní éistí	Ní fhilltí
An gcuirtí?	An éistí?	An bhfilltí?

Le Foghlaim

Siúil
Shiúlainn, shiúltá, shiúladh sé/sí, shiúlaimis, shiúladh sibh, shiúlaidís
Ní shiúlainn/An siúltá?
Saorbhriathar: Shiúltaí

Caith
Chaithinn, chaiteá, chaitheadh sé/sí, chaithimis, chaitheadh sibh, chaithidís
Ní chaithinn/An gcaiteá?
Saorbhriathar: Chaití

A   Athscríobh na habairtí seo a leanas agus bain amach na lúibíní.
(Bíodh na briathra go léir san aimsir ghnáthchaite agat.)

1. (Cuir) _____ Máire dhá spúnóg siúcra sa tae.
2. (Ní : cuir : sinn) _____ siúcra ar bith sa tae.
3. (An : cuir : tú) _____ im ar do chuid aráin?
4. (Siúil : sí) _____ ar scoil gach maidin.
5. (Ní : siúil : sinn) _____ ar scoil, mar bhíodh rothair againn.
6. (An: siúil : siad) _____ abhaile gach lá?

7. (Éist : sé) _____ leis an nuacht gach maidin.
8. (Ní : éist : siad) _____ leis an múinteoir nuair a bhíodh sí ag caint.
9. (An : éist : tú) _____ leis na scéalta nuachta gach lá?
10. (Fill) _____ Seán a chuid éadaigh go cúramach gach lá.
11. (An : fill) _____ na daoine ón gcluiche láithreach?
12. (Ní : fill : sé) _____ díreach ar an teach nuair a bhíodh sé ag dul abhaile.
13. (Ní : buail : sé) _____ lena chairde gach lá.
14. (Buail : sinn) _____ le chéile tar éis am scoile gach lá.
15. (An : buail : siad) _____ ainmhithe?
16. (Léim) _____ Pádraig thar an ngeata gach maidin.
17. (Léim : sinn) _____ thar an ngeata gach maidin.
18. (Séid) _____ an ghaoth go láidir nuair a bhíodh an aimsir stoirmiúil.
19. (Ní : séid) _____ an ghaoth rómhinic fadó.
20. (Seinn) _____ Liam an fheadóg stáin.
21. (Ní : seinn : sinn) _____ ceol, mar ní bhímis ábalta!
22. (An : seinn : tú) _____ gléas ceoil ar bith?
23. (Sroich : mé) _____ an scoil ar a ceathrú chun a naoi gach maidin.
24. (Ní : sroich : mé) _____ an teach ar a ceathair a chlog.
25. (Tit) _____ Síle den rothar go minic!
26. (Tit : sinn) _____ den bhalla nuair a bhímis ag súgradh.

B Aistrigh na habairtí seo a leanas go Gaeilge:

1. I used to put *(cuir)* sugar in the tea.
2. Sugar was sometimes put *(cuir)* in the tea.
3. We used not put *(cuir)* the books in the bags.
4. Used you (singular) put *(cuir)* salt on the potatoes?
5. He used not listen to *(éist + le)* the news.
6. We used to listen to *(éist + le)* the teacher.
7. She used to hit *(buail)* me.
8. I used not hit *(buail)* other people.
9. Did you (singular) often meet *(buail + le)* Seán?
10. We usually spent *(caith)* the money at lunchtime.

11. She used not throw *(caith)* stones.
12. The ball used to be thrown *(caith)* from person to person.
13. We used to return *(fill)* at six o'clock every evening.
14. She used to run *(rith)* home every day.
15. Used you (plural) run *(rith)* home every evening?
16. The races used to be run *(rith)* every Sunday.
17. We used to reach *(sroich)* the school at a quarter to nine.
18. We used to play *(seinn)* music on the tin whistle.
19. He used not play *(seinn)* music.
20. Used you (singular) play *(seinn)* the guitar?
21. I used to fall off *(tit + de)* the bicycle.
22. We used not fall *(tit)*.
23. Did you (singular) often fall *(tit)*?
24. I used to jump *(léim)* over the gate.
25. We jumped *(léim)* over the gate every day.
26. I used to understand *(tuig)* the questions.
27. I used not understand *(tuig)* the teacher.

Briathra sa Chéad Réimniú – Aimsir Ghnáthchaite

(ag críochnú ar -igh)

Glaoigh	Léigh	Suigh	Buaigh
Ghlaoinn	Léinn	Shuínn	Bhuainn
Ghlaoiteá	Léiteá	Shuíteá	Bhuaiteá
Ghlaodh sé/sí	Léadh sé/sí	Shuíodh sé/sí	Bhuadh sé/sí
Ghlaoimis	Léimis	Shuímis	Bhuaimis
Ghlaodh sibh	Léadh sibh	Shuíodh sibh	Bhuadh sibh
Ghlaoidís	Léidís	Shuídís	Bhuaidís
(Ghlaodh siad)	(Léadh siad)	(Shuíodh siad)	(Bhuadh siad)
Ní ghlaoinn	Ní léinn	Ní shuínn	Ní bhuainn
An nglaoiteá?	An léiteá?	An suíteá?	An mbuaiteá?

An Saorbhriathar

Ghlaoití	Léití	Shuítí	Bhuaití
Ní ghlaoití	Ní léití	Ní shuítí	Ní bhuaití
An nglaoití?	An léití?	An suítí?	An mbuaití?

Cúrsa Gramadaí do Mheánscoileanna

A Athscríobh na habairtí seo a leanas agus bain amach na lúibíní. (Bíodh na briathra go léir san aimsir ghnáthchaite agat.)

1. (Glaoigh : mé) _____ ar m'aintín gach lá.
2. (An : glaoigh) _____ Máirín ar a máthair?
3. (Ní : glaoigh : sinn) _____ amach os ard.
4. (An : glaoigh : tú) _____ ar d'athair gach lá?
5. (Léigh : sí) _____ leabhar iomlán gach lá.
6. (Léigh : sinn) _____ scéalta go minic.
7. (Ní : léigh : mé) _____ an nuachtán gach lá.
8. (Suigh : sinn) _____ síos ar na cathaoireacha gach lá.
9. (Ní : suigh) _____ Séamas ar an gcathaoir.
10. (An : suigh) _____ na buachaillí síos gach lá?
11. (Buaigh : mé) _____ a lán cluichí.
12. (Buaigh : sinn) _____ a lán comórtas.
13. (Ní : buaigh) _____ na buachaillí rómhinic.
14. (An : buaigh : tú) _____ mórán cluichí?
15. (Buaigh) _____ Siobhán cuid mhór duaiseanna.

B Aistrigh na habairtí seo a leanas go Gaeilge:

1. The roll was called *(glaoigh)* every morning.
2. The books were read *(léigh)* every day.
3. Prizes were often won *(buaigh)*.

Briathra sa Chéad Réimniú – Aimsir Ghnáthchaite

(Briathra le dhá shiolla a chríochnaíonn ar -áil nó ar -áin)

Sábháil	Taispeáin	Cniotáil
Shábhálainn	Thaispeánainn	Chniotálainn
Shábháilteá	Thaispeántá	Chniotáilteá
Shábháladh sé/sí	Thaispeánadh sé/sí	Chniotáladh sé/sí
Shábhálaimis	Thaispeánaimis	Chniotálaimis
Shábháladh sibh	Thaispeánadh sibh	Chniotáladh sibh
Shábhálaidís	Thaispeánaidís	Chniotálaidís
(Shábháladh siad)	(Thaispeánadh siad)	(Chniotáladh siad)
Ní shábhálainn	Ní thaispeánainn	Ní chniotálainn
An sábháilteá?	An dtaispeántá?	An gcniotáilteá?

An Saorbhriathar

Shábháiltí	Thaispeántaí	Chniotáiltí
Ní shábháiltí	Ní thaispeántaí	Ní chniotáiltí
An sábháiltí?	An dtaispeántaí?	An gcniotáiltí?

Le Foghlaim

Tiomáin

Thiomáininn, thiomáinteá, sé/sí, thiomáinimis, thiomáineadh sibh, thiomáinidís

Ní thiomáininn/An dtiomáinteá?

Saorbhriathar: Thiomáintí

A Athscríobh na habairtí seo a leanas agus bain amach na lúibíní.
(Bíodh na briathra go léir san aimsir ghnáthchaite agat.)

1. (Sábháil : mé) _____ a lán airgid i rith an tsamhraidh.
2. (Ní : sábháil : sinn) _____ mórán airgid.
3. (An : sábháil : sibh) _____ mórán airgid?
4. (Ní : cniotáil : mé) _____ geansaithe, mar ní bhínn ábalta a leithéid a dhéanamh!
5. (Cniotáil : sinn) _____ geansaithe sa bhaile.
6. (An : cniotáil : tú) _____ earraí olla?
7. (Taispeáin : mé) _____ an obair bhaile do m'athair.
8. (Taispeáin : sinn) _____ an obair bhaile don mhúinteoir.

9. (An taispeáin : tú) _____ do chuid oibre don mhúinteoir?
10. (Taispeáin) _____ Máire a cuid nótaí dom go minic.
11. (Tiomáin : sé) _____ ó Luimneach go Corcaigh gach lá.
12. (Ní : tiomáin : mé) _____ an carr rómhinic.
13. (Tiomáin : sinn) _____ abhaile gach lá.
14. (An : tiomáin : sibh) _____ go dtí na cluichí?
15. (Tiomáin : mé) _____ an carr gach lá.

B Aistrigh na habairtí seo a leanas go Gaeilge:
1. We used to save *(sábháil)* money.
2. I used not save *(sábháil)* money.
3. Used you (singular) save *(sábháil)* money?
4. A lot of people used to be saved *(sábháil)* every year.
5. We used not knit *(cniotáil)* jumpers.
6. I used to knit *(cniotáil)* socks.
7. Used you (plural) knit *(cniotáil)* anything?
8. She used to knit *(cniotáil)* scarves.
9. We used to show *(taispeáin)* the books to the boys.
10. I used to show *(taispeáin)* my homework to Máire.
11. The films used to be shown *(taispeáin)* to the children.
12. Used you (plural) show *(taispeáin)* the homework to the teacher?
13. The work used not be shown *(taispeáin)* to us.
14. They used to drive *(tiomáin)* from Galway to Dublin.
15. We used not drive *(tiomáin)* home.
16. The car used to be driven *(tiomáin)* very fast.
17. Used you (singular) drive *(tiomáin)* the car?
18. We used to drive *(tiomáin)* the car.
19. I used to drive *(tiomáin)* the bus.
20. I used not drive *(tiomáin)* the bus.

Briathra sa Dara Réimniú – Aimsir Ghnáthchaite
(ag críochnú ar –aigh)

Ceannaigh	Athraigh	Fiafraigh
Cheannaínn	D'athraínn	D'fhiafraínn
Cheannaíteá	D'athraíteá	D'fhiafraíteá
Cheannaíodh sé/sí	D'athraíodh sé/sí	D'fhiafraíodh sé/sí
Cheannaímis	D'athraímis	D'fhiafraímis
Cheannaíodh sibh	D'athraíodh sibh	D'fhiafraíodh sibh
Cheannaídís	D'athraídís	D'fhiafraídís
(Cheannaíodh siad)	(D'athraíodh siad)	(D'fhiafraíodh siad)
Ní cheannaínn	Ní athraínn	Ní fhiafraínn
An gceannaíteá?	An athraíteá?	An bhfiafraíteá?

An Saorbhriathar

Cheannaítí	D'athraítí	D'fhiafraítí
Ní cheannaítí	Ní athraítí	Ní fhiafraítí
An gceannaítí?	An athraítí?	An bhfiafraítí?

A Athscríobh na habairtí seo a leanas agus bain amach na lúibíní.
(Bíodh na briathra go léir san aimsir ghnáthchaite agat.)

1. (Ceannaigh : mé) _____ milseáin gach lá.
2. (Ní : ceannaigh : sinn) _____ nuachtán gach lá.
3. (An : ceannaigh : sibh) _____ bróga go minic?
4. (Ceannaigh : siad) _____ earraí san ollstór gach lá.
5. (Athraigh : mé) _____ mo chuid éadaigh go minic.
6. (An : athraigh : tú) _____ do chuid éadaigh gach lá?
7. (Ní : admhaigh : sé) _____ riamh go mbíodh an ceart agam.
8. (An : admhaigh : sé) _____ nach mbíodh an ceart aige?
9. (Fiafraigh : mé) _____ den mhúinteoir an mbíodh cead agam dul amach.
10. (Fiafraigh : sé) _____ den mhúinteoir cén ceacht a bhíodh le déanamh.
11. (Cuardaigh : sí) _____ a mála, nuair a chailleadh sí rudaí.
12. (Diúltaigh : mé) _____ obair ar bith a dhéanamh.
13. (Diúltaigh : sinn) _____ obair ar bith a dhéanamh.
14. (Breathnaigh) _____ Sandra ar a lán scannán.
15. (Ní : breathnaigh : sinn) _____ rómhinic ar an teilifís.

Cúrsa Gramadaí do Mheánscoileanna

16. (Ní : mothaigh : mé) _____ go maith nuair a bhínn tinn.
17. (Mothaigh : sinn) _____ go maith uaireanta.
18. (Ní : tosaigh) _____ na ranganna go dtí a naoi a chlog.
19. (An : tosaigh) _____ na cluichí ar a trí a chlog gach lá?
20. (Tosaigh : mé) _____ ag obair ar a naoi a chlog gach maidin.
21. (Ordaigh : mé) _____ béile blasta go minic.
22. (Ní : ordaigh) _____ Seán bia ar bith.
23. (Ardaigh : mé) _____ mo lámh chun an cheist a fhreagairt.
24. (Ardaigh : sinn) _____ ár lámha.
25. (Tosaigh : sinn) _____ ag caoineadh in am an bhróin.

B Aistrigh na habairtí seo a leanas go Gaeilge:

1. Seán used to buy *(ceannaigh)* books every Saturday.
2. I used not buy *(ceannaigh)* sweets.
3. Used you (singular) buy *(ceannaigh)* a newspaper every day?
4. Used the books be bought *(ceannaigh)* in town?
5. Máire used to change *(athraigh)* her clothes every morning.
6. Used the teacher often change *(athraigh)* the homework?
7. The rules were often changed *(athraigh)*.
8. We used not change *(athraigh)* anything.
9. She used not admit *(admhaigh)* her mistakes.
10. I always used to admit *(admhaigh)* the truth.
11. I used to enquire of *(fiafraigh + de)* the teacher…
12. We used to enquire *(fiafraigh)*…
13. I used to search *(cuardaigh)* my pockets…
14. We used not search *(cuardaigh)* our pockets…
15. Used they search *(cuardaigh)* the rooms?
16. The house was often searched *(cuardaigh)*.
17. I used not refuse *(diúltaigh)* to do the work.
18. We used to refuse *(diúltaigh)* to do the work.
19. Micheál used to watch *(breathnaigh + ar)* television.
20. I used not watch *(breathnaigh + ar)* television.
21. We used to watch *(breathnaigh + ar)* the programme every Saturday.
22. I used to feel *(mothaigh)* good.
23. She used not feel *(mothaigh)* well.
24. The games used to begin *(tosaigh)* at three o'clock every Saturday.
25. Used the programme begin *(tosaigh)* at four o'clock?

Briathra sa Dara Réimniú – Aimsir Ghnáthchaite
(ag críochnú ar –igh)

Éirigh	Imigh	Bailigh
D'éirínn	D'imínn	Bhailínn
D'éiríteá	D'imíteá	Bhailíteá
D'éiríodh sé/sí	D'imíodh sé/sí	Bhailíodh sé/sí
D'éirímis	D'imímis	Bhailímis
D'éiríodh sibh	D'imíodh sibh	Bhailíodh sibh
D'éirídís	D'imídís	Bhailídís
(D'éiríodh siad)	(D'imíodh siad)	(Bhailíodh siad)
Ní éirínn	Ní imínn	Ní bhailínn
An éiríteá?	An imíteá?	An mbailíteá?

An Saorbhriathar

D'éirítí	D'imítí	Bhailítí
Ní éirítí	Ní imítí	Ní bhailítí
An éirítí?	An imítí?	An mbailítí?

A Athscríobh na habairtí seo a leanas agus bain amach na lúibíní.
(Bíodh na briathra go léir san aimsir ghnáthchaite agat.)

1. (Éirigh : mé) _____ ar a hocht a chlog gach maidin.
2. (Ní : éirigh : sinn) _____ roimh a seacht a chlog.
3. (An : éirigh) _____ Seán go luath gach maidin?
4. (An : imigh) _____ na buachaillí amach gach lá?
5. (Imigh : sinn) _____ go luath gach maidin.
6. (Ní : imigh) _____ na cailíní go dtí a dó a chlog de ghnáth.
7. (Coinnigh : mé) _____ greim ar an liathróid nuair a bhínn ag imirt.
8. (Aistrigh) _____ Seán aistí ó Bhéarla go Gaeilge.
9. (An : aistrigh : sibh) _____ mórán scéalta?
10. (Ní : aistrigh : mé) _____ sliocht ar bith go Gaeilge.
11. (Aistrigh : sinn) _____ píosa próis go Gaeilge gach lá.
12. (Oibrigh : sinn) _____ go dian gach lá.
13. (Oibrigh : mé) _____ go dian gach lá.
14. (Ní : oibrigh : tú) _____ go dian in aon chor.
15. (An : oibrigh : sibh) _____ go dian de ghnáth?
16. (Bailigh : sí) _____ na cóipleabhair don mhúinteoir gach lá.

17. (Ní : bailigh : sinn) _____ na cóipleabhair de ghnáth.
18. (An : bailigh : siad) _____ na pinn gach lá?
19. (An : bailigh : tú) _____ na pinn de ghnáth?
20. (Oibríodh) _____ Seán sa siopa sin.

B **Aistrigh na habairtí seo a leanas go Gaeilge:**
1. We used to get up *(éirigh)* at eight o'clock every morning.
2. I used not get up *(éirigh)* until half past eight.
3. Used Peadar get up *(éirigh)* early?
4. They used to get up *(éirigh)* at seven o'clock every morning.
5. We used to get up *(éirigh)* early every day.
6. Used the boy go away *(imigh)* every evening?
7. She used to go away *(imigh)* early every morning.
8. We used to depart *(imigh)* before breakfast.
9. The boys used not depart *(imigh)* until nine o'clock.
10. I used to keep a grip *(coinnigh + greim)* on the ball.
11. We used to keep a grip *(coinnigh + greim)* on the rope.
12. Sorcha used to translate *(aistrigh)* books to English.
13. Used you (singular) translate *(aistrigh)* books?
14. We used not transfer *(aistrigh)* money to the bank.
15. I used to transfer *(aistrigh)* the money to the bank every Friday.
16. The money was transferred *(aistrigh)* every Friday.
17. Were books often translated *(aistrigh)*?
18. I used to work *(oibrigh)* hard.
19. Used you (plural) work *(oibrigh)* hard?
20. We used to work *(oibrigh)* hard every day.
21. You (singular) used not work *(oibrigh)* hard.
22. They used to work *(oibrigh)* hard.
23. She used not work *(oibrigh)* hard.
24. The teacher used to collect *(bailigh)* the books.
25. The books used not be collected *(bailigh)*.
26. We used to collect *(bailigh)* money every Tuesday.
27. I used not collect *(bailigh)* money.
28. Used they collect *(bailigh)* money frequently?
29. The money was collected *(bailigh)* every Saturday.
30. Seán used to work *(oibrigh)* in the Supermarket.

Aonad 6

Briathra sa Dara Réimniú – Aimsir Ghnáthchaite
(ag críochnú ar -il; -in; -ir; -is)

Codail	Oscail	Imir	Inis
Chodlaínn	D'osclaínn	D'imrínn	D'insínn
Chodlaíteá	D'osclaíteá	D'imríteá	D'insíteá
Chodlaíodh sé/sí	D'osclaíodh sé/sí	D'imríodh sé/sí	D'insíodh sé/sí
Chodlaímis	D'osclaímis	D'imrímis	D'insímis
Chodlaíodh sibh	D'osclaíodh sibh	D'imríodh sibh	D'insíodh sibh
Chodlaídís	D'osclaídís	D'imrídís	D'insídís
(Chodlaíodh siad)	(D'osclaíodh siad)	(D'imríodh siad)	(D'insíodh siad)
Ní chodlaínn	Ní osclaínn	Ní imrínn	Ní insínn
An gcodlaíteá?	An osclaíteá?	An imríteá?	An insíteá?

An Saorbhriathar

Chodlaítí	D'osclaítí	D'imrítí	D'insítí
Ní chodlaítí	Ní osclaítí	Ní imrítí	Ní insítí
An gcodlaítí?	An osclaítí?	An imrítí?	An insítí?

Cúpla Ceann eile le Foghlaim!

Foghlaim	Tuirling	Freastail
D'fhoghlaimínn	Thuirlingínn	D'fhreastalaínn
D'fhoghlaimíteá	Thuirlingíteá	D'fhreastalaíteá
D'fhoghlaimíodh sé/sí	Thuirlingíodh sé/sí	D'fhreastalaíodh sé/sí
D'fhoghlaimímis	Thuirlingímis	D'fhreastalaímis
D'fhoghlaimíodh sibh	Thuirlingíodh sibh	D'fhreastalaíodh sibh
D'fhoghlaimídís	Thuirlingídís	D'fhreastalaídís
(D'fhoghlaimíodh siad)	(Thuirlingíodh siad)	(D'fhreastalaíodh siad)
Ní fhoghlaimínn	Ní thuirlingínn	Ní fhreastalaínn
An bhfoghlaimíteá?	An dtuirlingíteá?	An bhfreastalaíteá?

An Saorbhriathar

D'fhoghlaimítí	Thuirlingítí	D'fhreastalaítí
Ní fhoghlaimítí	Ní thuirlingítí	Ní fhreastalaítí
An bhfoghlaimítí?	An dtuirlingítí?	An bhfreastalaítí?

Cúrsa Gramadaí do Mheánscoileanna

A Athscríobh na habairtí seo a leanas agus bain amach na lúibíní.
(Bíodh na briathra go léir san aimsir ghnáthchaite agat.)

1. (Codail : mé) _____ go sámh de ghnáth.
2. (Ní : codail : sí) _____ sa bhaile rómhinic.
3. (Codail) _____ Rachael ar an tolg de ghnáth.
4. (An : codail : siad) _____ go sámh de ghnáth?
5. (Ní : oscail : mé) _____ an doras gach maidin.
6. (An : oscail) _____ Seán an doras gach lá?
7. (Ní : oscail : sinn) _____ an geata de ghnáth.
8. (Oscail : mé) _____ an geata go luath gach maidin.
9. (Imir) _____ na buachaillí cluiche peile gach lá.
10. (Ní : imir : mé) _____ galf gach lá.
11. (An : imir : sibh) _____ cispheil gach lá?
12. (Imir : mé) _____ cluiche snúcair anois is arís.
13. (Inis) _____ Séamas scéalta greannmhara dom ó am go chéile.
14. (Ní : inis : sinn) _____ scéalta rómhinic.
15. (An : inis : tú) _____ scéalta don mhúinteoir?
16. (Ní : inis : sinn) _____ bréaga.
17. (Tuirling : mé) _____ den traein ag an stáisiún gach maidin.
18. (Tuirling : sinn) _____ den bhus ar an bpríomhshráid gach lá.
19. (An: tuirling) _____ an t-eitleán ag an aerfort gach maidin?
20. (Freastail : mé) _____ ar na ranganna go léir gach lá.
21. (Ní : freastail : sinn) _____ ar na boird sa bhialann.
22. (An : freastail : sibh) _____ ar na ranganna go léir gach lá?
23. (Foghlaim : sinn) _____ a lán Gaeilge gach lá.
24. (Ní : foghlaim : mé) _____ Gaeilge ar bith ar an Satharn, mar ní bhínn ar scoil!
25. (An : foghlaim : tú) _____ gramadach gach lá?

B Aistrigh na habairtí seo a leanas go Gaeilge:

1. We slept *(codail)* soundly *(go sámh)* every night.
2. They used not sleep *(codail)* at all.
3. The girls used to sleep *(codail)* in the sitting room.
4. Used he sleep *(codail)* in the dining room?
5. I used to sleep *(codail)* soundly every night.
6. The bed used not be slept *(codail)* in at the weekend.

Aonad 6

7. We used not open *(oscail)* the gates until ten o'clock.
8. Used the men open *(oscail)* the gates every morning?
9. I used not open *(oscail)* the door until eight o'clock.
10. Used he open *(oscail)* the bag every day?
11. I used to open *(oscail)* the gate every morning.
12. The books were not opened *(oscail)* too often.
13. Pól used to play *(imir)* football every evening.
14. We used not play *(imir)* cards.
15. Used you (singular) play *(imir)* tennis every Sunday?
16. We used to play *(imir)* snooker every night.
17. She used not play *(imir)* football.
18. The games used to be played *(imir)* in the field.
19. The stories used to be told *(inis)* on the radio.
20. I used not tell *(inis)* stories.
21. Used you (plural) tell *(inis)* stories?
22. They used not tell *(inis)* lies.
23. We sometimes used to tell *(inis)* lies.
24. Used you (singular) sometimes tell *(inis)* lies?
25. The plane used to land *(tuirling)* at the airport.
26. We used to get off *(tuirling)* the train at the station.
27. Used the plane land *(tuirling)* at nine o'clock each day?
28. The plane used not land *(tuirling)* at seven o'clock.
29. I used to attend *(freastail + ar)* the classes every day.
30. We used not serve at *(freastail + ar)* the table.
31. The tables used to be attended to *(freastail + ar)*.
32. Used Síle attend *(freastail + ar)* the classes?
33. They used to attend *(freastail + ar)* all the classes.
34. We used to attend *(freastail + ar)* all the classes.
35. I learned *(foghlaim)* verbs every day.
36. Used they learn *(foghlaim)* grammar often?
37. Used you (singular) learn *(foghlaim)* French every day?
38. We used to learn *(foghlaim)* Spanish every day.
39. The verbs were learned *(foghlaim)* frequently.
40. Used the lessons be learned *(foghlaim)*?

Na Briathra Neamhrialta – Aimsir Ghnáthchaite

Bí	Abair	Téigh	Faigh
Bhínn	Deirim	Théinn	D'fhaighinn
Bhíteá	Deirteá	Théiteá	D'fhaighteá
Bhíodh sé/sí	Deireadh sé/sí	Théadh sé/sí	D'fhaigheadh sé/sí
Bhímis	Deirimis	Théimis	D'fhaighimis
Bhíodh sibh	Deireadh sibh	Théadh sibh	D'fhaigheadh sibh
Bhídís	Deiridís	Théidís	D'fhaighidís
(Bhíodh siad)	(Deireadh siad)	(Théadh siad)	(D'fhaigheadh siad)
Ní bhínn	Ní deirinn	Ní théinn	Ní fhaighinn
An mbíteá?	An ndeirteá?	An dtéiteá?	An bhfaighteá?

An Saorbhriathar

Bhítí	Deirtí	Théití	D'fhaightí
Ní bhítí	Ní deirtí	Ní théití	Ní fhaightí
An mbítí?	An ndeirtí?	An dtéití?	An bhfaightí?

Déan	Feic	Beir	Clois
Dhéanainn	D'fheicinn	Bheirinn	Chloisinn
Dhéantá	D'fheicteá	Bheirteá	Chloisteá
Dhéanadh sé/sí	D'fheiceadh sé/sí	Bheireadh sé/sí	Chloiseadh sé/sí
Dhéanaimis	D'fheicimis	Bheirimis	Chloisimis
Dhéanadh sibh	D'fheiceadh sibh	Bheireadh sibh	Chloiseadh sibh
Dhéanaidís	D'fheicidís	Bheiridís	Chloisidís
(Dhéanadh siad)	(D'fheiceadh siad)	(Bheireadh siad)	(Chloiseadh siad)
Ní dhéanainn	Ní fheicinn	Ní bheirinn	Ní chloisinn
An ndéantá?	An bhfeicteá?	An mbeirteá?	An gcloisteá?

An Saorbhriathar

Dhéantaí	D'fheictí	Bheirtí	Chloistí
Ní dhéantaí	Ní fheictí	Ní bheirtí	Ní chloistí
An ndéantaí?	An bhfeictí?	An mbeirtí?	An gcloistí?

Aonad 6

Ith	Tabhair	Tar
D'ithinn	Thugainn	Thagainn
D'iteá	Thugtá	Thagtá
D'itheadh sé/sí	Thugadh sé/sí	Thagadh sé/sí
D'ithimis	Thugaimis	Thagaimis
D'itheadh sibh	Thugadh sibh	Thagadh sibh
D'ithidís	Thugaidís	Thagaidís
(D'itheadh siad)	(Thugadh siad)	(Thagadh siad)
Ní ithinn	Ní thugainn	Ní thagainn
An iteá?	An dtugtá?	An dtagtá?

An Saorbhriathar

D'ití	Thugtaí	Thagtaí
Ní ití	Ní thugtaí	Ní thagtaí
An ití?	An dtugtaí?	An dtagtaí?

A Athscríobh na habairtí seo a leanas agus bain amach na lúibíní. (Bíodh na briathra go léir san aimsir ghnáthchaite agat.)

1. (Bí : mé) _____ ag imirt peile gach lá.
2. (Ní : bí : siad) _____ ag imirt snúcair gach lá.
3. (An : bí : tú) _____ amuigh go minic san oíche?
4. (Bí : sinn) _____ ag scríobh aistí ag an deireadh seachtaine.
5. (Abair) _____ Seán 'slán' lena thuismitheoirí gach maidin.
6. (Ní : abair) _____ Siobhán rudaí mar sin.
7. (An : abair : siad) _____ leat go mbíodh Liam amuigh?
8. (Abair : sinn) _____ paidreacha roimh dhul a luí.
9. (Téigh : mé) _____ go dtí an siopa gach lá.
10. (An : téigh : sibh) _____ go Páirc an Chrócaigh go minic?
11. (Ní : téigh) _____ duine ar bith amach i lár na hoíche.
12. (Téigh : sinn) _____ ag siúl sa pháirc nuair a bhíodh an aimsir go deas.
13. (Faigh : mé) _____ marcanna maithe de ghnáth.
14. (Faigh : sinn) _____ a lán leabhar sa leabharlann.
15. (Ní : faigh) _____ Pádraig mórán airgid ag an deireadh seachtaine.
16. (An : faigh : tú) _____ marcanna maithe sa Mhatamaitic?

17. (Déan : mé) _____ an obair bhaile go léir gach lá.
18. (Ní : déan : sí) _____ obair ar bith.
19. (An : déan : sibh) _____ a lán oibre?
20. (Déan : sinn) _____ staidéar ar na hábhair go léir.
21. (Feic : mé) _____ na cailíní gach lá.
22. (An : feic : tú) _____ d'uncail go minic?
23. (Ní : feic : sinn) _____ Máire rómhinic.
24. (Feic : sinn) _____ Éamann go minic.
25. (Beir) _____ na Gardaí ar a lán gadaithe.
26. (An : beir : tú) _____ ar an liathróid go minic?
27. (Ní : beir : sinn) _____ ar an liathróid.
28. (Clois : mé) _____ an clog ag bualadh gach maidin.
29. (An : clois : siad) _____ an clog ag bualadh?
30. (Clois : sinn) _____ na cailíní ag canadh gach lá.
31. (Ith : siad) _____ na milseáin go léir gach lá.
32. (An : ith : tú) _____ do dhinnéar gach lá?
33. (Ní : ith : mé) _____ rud ar bith don bhricfeasta de ghnáth.
34. (Ní : ith : sinn) _____ bia roimh dhul a luí.
35. (Tabhair : mé) _____ bronntanas do Bhríd um Nollaig.
36. (Tabhair : sinn) _____ na cóipleabhair don mhúinteoir gach lá.
37. (An : tabhair) _____ do mháthair airgead ar bith duit?
38. (Tar : mé) _____ ar scoil ar mo rothar gach lá.
39. (An : tar) _____ Seán ar scoil gach lá?
40. (Tar : sinn) _____ go léir isteach go luath.

B Aistrigh na habairtí seo a leanas go Gaeilge:
1. I used to be *(bí)* working hard every day.
2. They used not be *(bí)* at school very often.
3. Used you (plural) be *(bí)* writing notes every night?
4. We used not be *(bí)* at the shops every morning.
5. He used to say *(abair)* his prayers every morning.
6. Rebecca used not say *(abair)* anything.
7. We used to say *(abair)* our prayers.
8. The prayers used to be said *(abair)* every morning.
9. I used to go *(téigh)* home every evening.
10. Used you (singular) go *(téigh)* out every night?
11. Éamann used not go *(téigh)* home before six o'clock.

Aonad 6

12. We used to go *(téigh)* to school at half past eight.
13. I used to get *(faigh)* a present from my mother on my birthday.
14. Peadar used not get *(faigh)* any money.
15. Used you (plural) get *(faigh)* books in the library?
16. The books used to be got *(faigh)* in the library every Tuesday.
17. I used to do *(déan)* all the work.
18. They used not do *(déan)* the homework.
19. Used you (singular) make *(déan)* furniture *(troscán)*?
20. We used to do *(déan)* the work in the garden.
21. The work used to be done *(déan)* every day.
22. Used the work be done often *(déan)*?
23. I used to see *(feic)* the boys playing every day.
24. Used you (plural) see *(feic)* the man every day?
25. The men used not see *(feic)* the girls.
26. We often used to see *(feic)* the girls at the games.
27. The boys were often seen *(feic)* at the cinema.
28. Were the women often seen *(feic)* at the shops?
29. Siobhán used to catch *(beir + ar)* the ball.
30. We used not catch *(beir + ar)* the ball.
31. The ball was often caught *(beir + ar)* during the game.
32. I used to hear *(clois)* the boys coming in every morning.
33. Used Peadar always hear *(clois)* the bell?
34. We used to hear *(clois)* the postman coming every day.
35. The teacher used not hear *(clois)* me.
36. The news used to be heard *(clois)* every morning at nine o'clock.
37. I used to eat *(ith)* my dinner every day.
38. He used not eat *(ith)* sweets.
39. Used you (singular) eat *(ith)* apples?
40. We used not eat *(ith)* good food.
41. I used to give *(tabhair + do)* money to the priest.
42. We used not give *(tabhair + do)* flowers to the teacher!
43. You (plural) used to give *(tabhair + do)* books to the teacher.
44. I used not give *(tabhair + do)* sweets to the boy.
45. The money used to be given to *(tabhair + do)* Liam.
46. I used to come *(tar)* home early every night.

47. Used Sorcha come *(tar)* home early?

48. They used not come *(tar)* to school.

49. Used Proinsias come *(tar)* to school every day?

50. We used to come *(tar)* home at six o'clock every evening.

B Aistrigh an sliocht seo a leanas go Gaeilge:

> Every morning I used to hear *(clois)* the clock at a quarter past six. I used to be *(bí)* tired, but I used to jump *(léim)* out of bed immediately. I used to go *(téigh)* into the bathroom and I used to wash *(nigh)* myself. I used to come *(tar)* out of the bathroom and go *(téigh)* down to the kitchen. I used to get *(faigh)* cornflakes and I used to eat *(ith)* them. I used to drink *(ól)* a cup of coffee too. I used to take hold of *(beir + ar)* my schoolbag, say *(abair)* 'goodbye' to my parents and leave *(fág)* the house. I used to take *(tóg)* the second turn on the right *(an dara casadh ar dheis)* and reach *(sroich)* the school at a quarter to nine. I used to spend *(caith)* a while talking with my friends in the yard. At nine o'clock the classes used to begin *(tosaigh)*. When the break used to be on *(bí + ar siúl)*, I used to buy *(ceannaigh)* two bars of chocolate and I used to give *(tabhair)* one to my friend. After that, I used to play *(imir)* football for a while. At four o'clock I used to hurry *(brostaigh)* home and do *(déan)* my homework immediately. I used to watch *(féach + ar)* television for a while and see *(feic)* a good film. I used to listen to *(éist + le)* music too.

An Aimsir Fháistineach
The Future Tense – action which will happen

Le Foghlaim

Treoracha don Aimsir Fháistineach
- Críochnaíonn na briathra go léir sa chéad réimniú ar **-faidh** nó ar **-fidh** san aimsir fháistineach.
  Samplaí: dún**faidh**, bris**fidh**, cuir**fidh**, fan**faidh**, suí**fidh**, ól**faidh**.

- Críochnaíonn na briathra go léir sa dara réimniú ar **-eoidh** nó ar **-óidh** san aimsir fháistineach.
  Samplaí: ceann**óidh**, éir**eoidh**, oscl**óidh**, cosn**óidh**, imr**eoidh**.

Briathra sa Chéad Réimniú – Aimsir Fháistineach
(ag críochnú ar chonsan leathan)

Dún	Ól	Fág
Dún**faidh** mé	Ól**faidh** mé	Fág**faidh** mé
Dún**faidh** tú	Ól**faidh** tú	Fág**faidh** tú
Dún**faidh** sé/sí	Ól**faidh** sé/sí	Fág**faidh** sé/sí
Dún**faimid**	Ól**faimid**	Fág**faimid**
Dún**faidh** sibh	Ól**faidh** sibh	Fág**faidh** sibh
Dún**faidh** siad	Ól**faidh** siad	Fág**faidh** siad
Ní dhúnfaidh mé	Ní ólfaidh mé	Ní fhágfaidh mé
An ndúnfaidh tú?	An ólfaidh tú?	An bhfágfaidh tú?

An Saorbhriathar

Dúnfar	Ólfar	Fágfar
Ní dhúnfar	Ní ólfar	Ní fhágtar
An ndúnfar?	An ólfar?	An bhfágfar?

A Athscríobh na habairtí seo a leanas agus bain amach na lúibíní.
(Bíodh na briathra go léir san aimsir fháistineach agat.)

1. (Fág : sinn) _____ an scoil ar a trí a chlog amárach.
2. (Fág) _____ Máire a mála sa chlós amárach.
3. (An : fág : siad) _____ an teach ar a trí a chlog amárach?

Cúrsa Gramadaí do Mheánscoileanna

4. (Ní: fág : mé) _____ na leabhair sa chófra.
5. (Ól : mé) _____ gloine oráiste maidin amárach.
6. (Dún : mé) _____ an doras ar a sé a chlog tráthnóna amárach.
7. (Ní : fág : sinn) _____ aon bhia ar an bpláta.
8. (Ní : tóg : mé) _____ aon airgead as an sparán anocht.
9. (Ní : scríobh : tú) _____ ach dhá aiste amárach.
10. (An : tóg) _____ Seán airgead as an sparán amárach?
11. (Can) _____ Éilis amhrán ar scoil maidin amárach.
12. (An : can : tú) _____ amhrán Dé Sathairn?
13. (Ní : can : mé) _____ amhrán amárach!
14. (Fan : sinn) _____ sa bhaile an tseachtain seo chugainn.
15. (Ní : fan) _____ Seán sa bhaile anocht.
16. (Glan : mé) _____ an teach ó bhun go barr amárach.
17. (An : glan : tú) _____ do sheomra anocht?
18. (Ní : glan : sinn) _____ an teach Dé Domhnaigh seo chugainn.
19. (Íoc : mé) _____ as an lón.
20. (Ní : íoc : sibh) _____ as an dinnéar.
21. (An : íoc : siad) _____ an táille ag an doras?
22. (Lean : mé) _____ na buachaillí eile.
23. (An : lean : tú) _____ na treoracha sin?
24. (Féach : mé) _____ ar scannán.
25. (Ní : féach : mé) _____ ar an teilifís roimh am tae.

B Aistrigh na habairtí seo a leanas go Gaeilge:

1. I will watch *(féach + ar)* television tonight.
2. We will watch *(féach + ar)* the game.
3. Will you (singular) follow *(lean)* the boys?
4. The boys will be followed *(lean)*.
5. The fare *(táille)* will be paid *(íoc)*.
6. We will not pay for *(íoc + as)* the books.
7. He will not pay for *(íoc + as)* the books.
8. I will pay for *(íoc + as)* my lunch.
9. Will the breakfast be paid for *(íoc + as)* every morning?
10. I will clean *(glan)* the house.
11. The table will be cleaned *(glan)*.

12. She will not clean *(glan)* her room.
13. Will the boys clean *(glan)* their room?
14. They will clean *(glan)* the shoes.
15. I will stay *(fan)* at home.
16. Will you (singular) wait *(fan)* at the bus stop?
17. We will not stay *(fan)* at home during the holidays.
18. We will sing *(can)* two songs.
19. Two songs will be sung *(can)*.
20. Will you (singular) sing *(can)*?
21. I will pick up *(tóg)* the bag.
22. We will not pick up *(tóg)* the bags.
23. The money will be picked up *(tóg)*.
24. You (singular) will lift *(tóg)* the ball.
25. I will not leave *(fág)* the house.
26. The books will be left *(fág)* on the table.
27. Will they leave *(fág)* the house at half past eight?
28. We will write *(scríobh)* letters.
29. Letters will be written *(scríobh)*.
30. The doors will be closed *(dún)* at six o'clock.

Briathra sa Chéad Réimniú – Aimsir Fháistineach
(ag críochnú ar chonsan caol)

Cuir	Éist	Fill
Cuirfidh mé	Éistfidh mé	Fillfidh mé
Cuirfidh tú	Éistfidh tú	Fillfidh tú
Cuirfidh sé/sí	Éistfidh sé/sí	Fillfidh sé/sí
Cuirfimid	Éistfimid	Fillfimid
Cuirfidh sibh	Éistfidh sibh	Fillfidh sibh
Cuirfidh siad	Éistfidh siad	Fillfidh siad
Ní chuirfidh mé	Ní éistfidh mé	Ní fhillfidh mé
An gcuirfidh tú?	An éistfidh tú?	An bhfillfidh tú?

An Saorbhriathar

Cuirfear	Éistfear	Fillfear
Ní chuirfear	Ní éistfear	Ní fhillfear
An gcuirfear?	An éistfear?	An bhfillfear?

Cúrsa Gramadaí do Mheánscoileanna

Le Foghlaim

Siúil
Siúlfaidh mé, tú, sé/sí, siúlfaimid, siúlfaidh sibh, siúlfaidh siad
Ní shiúlfaidh mé/An siúlfaidh tú?
Saorbhriathar: Siúlfar

A Athscríobh na habairtí seo a leanas agus bain amach na lúibíní. (Bíodh na briathra go léir san aimsir fháistineach agat.)

1. (Cuir) _____ Máire dhá spúnóg siúcra sa tae.
2. (Ní : cuir : sinn) _____ siúcra ar bith sa tae.
3. (An : cuir : tú) _____ im ar do chuid aráin?
4. (Siúil : sí) _____ ar scoil maidin amárach.
5. (Ní : siúil : sinn) _____ ar scoil.
6. (Éist : sé) _____ leis an nuacht maidin amárach.
7. (Ní : éist: siad) _____ leis an múinteoir amárach.
8. (An : éist : tú) _____ leis na scéalta nuachta amárach?
9. (Fill) _____ Seán a chuid éadaigh maidin amárach.
10. (An : fill) _____ na daoine ón gcluiche láithreach?
11. (Ní : fill : sé) _____ díreach ar an teach anocht.
12. (Ní : buail : sé) _____ lena chairde amárach.
13. (Buail : sinn) _____ le chéile tar éis am scoile amárach.
14. (An : buail : siad) _____ lena gcairde anocht?
15. (Léim) _____ Pádraig thar an ngeata.
16. (Léim : sinn) _____ thar an ngeata amárach.
17. (Séid) _____ an ghaoth go láidir anocht.
18. (Ní : séid) _____ an ghaoth amárach.
19. (Seinn : Liam) _____ an fheadóg stáin amárach.
20. (Ní : seinn : sinn) _____ ceol amárach.
21. (An : seinn : tú) _____ gléas ceoil ar bith anocht?
22. (Sroich : mé) _____ an scoil ar a ceathrú chun a naoi.
23. (Ní : sroich : mé) _____ an teach ar a ceathair a chlog.
24. (Tit) _____ Síle den rothar mura mbíonn sí cúramach!
25. (Tit : sinn) _____ den bhalla mura mbímid cúramach!

B   Aistrigh na habairtí seo a leanas go Gaeilge:

1. I will put *(cuir)* sugar in the tea.
2. Sugar will be put *(cuir)* in the tea.
3. We will not put *(cuir)* the books in the bags.
4. Will you (singular) put *(cuir)* salt on the potatoes?
5. He will not listen to *(éist + le)* the news.
6. We will listen to *(éist + le)* the teacher.
7. She will hit *(buail)* me.
8. I will not hit *(buail)* anybody.
9. Will you (singular) meet *(buail + le)* Seán?
10. We will spend *(caith)* the money at lunchtime.
11. She will not throw *(caith)* stones.
12. The ball will be thrown *(caith)* from person to person.
13. The ball will not be thrown *(caith)*.
14. We will return *(fill)* at six o'clock.
15. I will fold *(fill)* my clothes.
16. Will they return *(fill)* this evening?
17. She will run *(rith)* home.
18. Will you (plural) run *(rith)* home?
19. The races will be run *(rith)* on Sunday.
20. We will reach *(sroich)* the school at a quarter to nine.
21. We will play *(seinn)* music on the tin whistle.
22. He will not play *(seinn)* any music.
23. Will you (singular) play *(seinn)* the guitar?
24. I will fall off *(tit + de)* the bicycle.
25. We will not fall *(tit)*.
26. Will you (singular) fall *(tit)*?
27. I will jump *(léim)* over the gate.
28. We will jump *(léim)* over the gate.
29. I will understand *(tuig)* the question.
30. I will not understand *(tuig)* the teacher.

Briathra sa Chéad Réimniú – Aimsir Fháistineach
(ag críochnú ar -igh)

Glaoigh	Léigh	Suigh	Buaigh
Glaofaidh mé	Léifidh mé	Suífidh mé	Buafaidh mé
Glaofaidh tú	Léifidh tú	Suífidh tú	Buafaidh tú
Glaofaidh sé/sí	Léifidh sé/sí	Suífidh sé/sí	Buafaidh sé/sí
Glaofaimid	Léifimid	Suífimid	Buafaimid
Glaofaidh sibh	Léifidh sibh	Suífidh sibh	Buafaidh sibh
Glaofaidh siad	Léifidh siad	Suífidh siad	Buafaidh siad
Ní ghlaofaidh mé	Ní léifidh mé	Ní shuífidh mé	Ní bhuafaidh mé
An nglaofaidh tú?	An léifidh tú?	An suífidh tú?	An mbuafaidh tú?

An Saorbhriathar

Glaofar	Léifear	Suífear	Buafar
Ní ghlaofar	Ní léifear	Ní shuífear	Ní bhuafar
An nglaofar?	An léifear?	An suífear?	An mbuafar?

A Athscríobh na habairtí seo a leanas agus bain amach na lúibíní. (Bíodh na briathra go léir san aimsir fháistineach agat.)

1. (Glaoigh : mé) _____ ar m'aintín amárach.
2. (An : glaoigh) _____ Máirín ar a máthair?
3. (Ní : glaoigh : sinn) _____ amach os ard.
4. (Léigh : sí) _____ leabhar iomlán maidin amárach.
5. (Léigh : sinn) _____ scéalta anocht.
6. (Ní : léigh : mé) _____ an nuachtán maidin amárach.
7. (Suigh : sinn) _____ síos ar na cathaoireacha.
8. (Ní : suigh) _____ Séamas ar an gcathaoir.
9. (An : suigh) _____ na buachaillí síos amárach?
10. (Buaigh : sinn) _____ an comórtas.
11. (Ní : buaigh) _____ na buachaillí an corn.
12. (An : buaigh : tú) _____ an comórtas?

B Aistrigh na habairtí seo a leanas go Gaeilge:

1. The roll will be called *(glaoigh)* tomorrow morning.
2. The books will be read *(léigh)* next week.
3. Prizes will be won *(buaigh)* on Sunday.

Briathra sa Chéad Réimniú – Aimsir Fháistineach
(Briathra le dhá shiolla a chríochnaíonn ar -áil nó ar -áin)

Sábháil	Taispeáin	Cniotáil
Sábhálfaidh	Taispeánfaidh mé	Cniotálfaidh mé
Sábhálfaidh tú	Taispeánfaidh tú	Cniotálfaidh tú
Sábhálfaidh sé/sí	Taispeánfaidh sé/sí	Cniotálfaidh sé/sí
Sábhálfaimid	Taispeánfaimid	Cniotálfaimid
Sábhálfaidh sibh	Taispeánfaidh sibh	Cniotálfaidh sibh
Sábhálfaidh siad	Taispeánfaidh siad	Cniotálfaidh siad
Ní shábhálfaidh mé	Ní thaispeánfaidh mé	Ní chniotálfaidh mé
An sábhálfaidh tú?	An dtaispeánfaidh tú?	An gcniotálfaidh tú?

An Saorbhriathar

Sábhálfar	Taispeánfar	Cniotálfar
Ní shábhálfar	Ní thaispeánfar	Ní chniotálfar
An sábhálfar?	An dtaispeánfar?	An gcniotálfar?

Le Foghlaim

Tiomáin
Tiomáinfidh mé, tú, sé/sí, tiomáinfimid, tiomáinfidh sibh, siad
Ní thiomáinfidh mé/An dtiomáinfidh tú?
Saorbhriathar: Tiomáinfear

A Athscríobh na habairtí seo a leanas agus bain amach na lúibíní.
(Bíodh na briathra go léir san aimsir fháistineach agat.)

1. (Sábháil : mé) _____ a lán airgid an samhradh seo chugainn.
2. (Ní : sábháil : sinn) _____ mórán airgid.
3. (An : sábháil : sibh) _____ mórán airgid?
4. (Ní : cniotáil : mé) _____ geansaí go deo.
5. (Cniotáil : sinn) _____ geansaithe sa bhaile.
6. (An : cniotáil : tú) _____ earraí olla?
7. (Taispeáin : mé) _____ an obair bhaile do m'athair.
8. (Taispeáin : sinn) _____ an obair bhaile don mhúinteoir.
9. (An taispeáin : tú) _____ do chuid oibre don mhúinteoir?
10. (Taispeáin : Máire) _____ a cuid nótaí dom anocht.

11. (Tiomáin : sé) _____ ó Luimneach go Corcaigh amárach.
12. (Ní : tiomáin : mé) _____ an carr, mar níl mé ábalta tiomáint.
13. (Tiomáin : sinn) _____ abhaile amárach.
14. (An : tiomáin : sibh) _____ go dtí na cluichí amárach?
15. (Tiomáin : mé) _____ an carr amárach.

B Aistrigh na habairtí seo a leanas go Gaeilge:
1. We will save *(sábháil)* money.
2. I will not save *(sábháil)* money.
3. Will you (singular) save *(sábháil)* money?
4. A lot of people will be saved *(sábháil)*.
5. We will not knit *(cniotáil)* jumpers.
6. I will knit *(cniotáil)* socks.
7. Will you (plural) knit *(cniotáil)* anything?
8. She will knit *(cniotáil)* scarves.
9. We will show *(taispeáin)* the books to the boys.
10. I will show *(taispeáin)* my homework to Máire.
11. The films will be shown *(taispeáin)* to the children.
12. Will you (plural) show *(taispeáin)* the homework to the teacher?
13. The work will not be shown *(taispeáin)* to us.
14. They will drive *(tiomáin)* from Galway to Dublin.
15. We will not drive *(tiomáin)* home.
16. The car will be driven *(tiomáin)* very fast.
17. Will you (singular) drive *(tiomáin)* the car?
18. We will drive *(tiomáin)* the car.
19. I will drive *(tiomáin)* the bus.
20. I will not drive *(tiomáin)* the bus.

Briathra sa Dara Réimniú – Aimsir Fháistineach
(ag críochnú ar –aigh)

Ceannaigh	Athraigh	Fiafraigh
Ceannóidh mé	Athróidh mé	Fiafróidh mé
Ceannóidh tú	Athróidh tú	Fiafróidh tú
Ceannóidh sé/sí	Athróidh sé/sí	Fiafróidh sé/sí
Ceannóimid	Athróimid	Fiafróimid
Ceannóidh sibh	Athróidh sibh	Fiafróidh sibh
Ceannóidh siad	Athróidh siad	Fiafróidh siad
Ní cheannóidh mé	Ní athróidh mé	Ní fhiafróidh mé
An gceannóidh tú?	An athróidh tú?	An bhfiafróidh tú?

An Saorbhriathar

Ceannófar	Athrófar	Fiafrófar
Ní cheannófar	Ní athrófar	Ní fhiafrófar
An gceannófar?	An athrófar?	An bhfiafrófar?

A Athscríobh na habairtí seo a leanas agus bain amach na lúibíní.
(Bíodh na briathra go léir san aimsir fháistineach agat.)

1. (Ceannaigh : mé) _____ milseáin amárach.
2. (Ní : ceannaigh : sinn) _____ nuachtán amárach.
3. (An : ceannaigh : sibh) _____ bróga amárach?
4. (Athraigh : mé) _____ mo chuid éadaigh maidin amárach.
5. (An : athraigh : tú) _____ do chuid éadaigh anocht?
6. (Ní : admhaigh : sé) _____ go bhfuil an ceart agam.
7. (Admhaigh : sinn) _____ go bhfuil an ceart agat.
8. (An : admhaigh : sé) _____ gur ghoid sé an t-airgead?
9. (Fiafraigh : mé) _____ den mhúinteoir an bhfuil cead agam dul amach.
10. (Ní : fiafraigh : sinn) _____ de Bhríd cá mbeidh sí.
11. (Cuardaigh : sí) _____ a mála anocht.
12. (An : cuardaigh : tú) _____ do sheomra?
13. (Diúltaigh : mé) _____ obair ar bith a dhéanamh.
14. (An : diúltaigh : tú) _____ obair ar bith a dhéanamh?
15. (Ní : breathnaigh : sinn) _____ ar an teilifís anocht.

16. (An : breathnaigh : tú) _____ ar an nuacht anocht?
17. (Ní : mothaigh : mé) _____ go maith. Beidh mé tinn.
18. (Mothaigh : sinn) _____ go maith. Ní bheimid tinn.
19. (Ní : tosaigh) _____ na ranganna go dtí a naoi a chlog.
20. (An : tosaigh) _____ na cluichí ar a trí a chlog?
21. (Ordaigh : mé) _____ béile blasta anocht.
22. (Ní : ordaigh) _____ Seán bia ar bith.
23. (Ardaigh : mé) _____ mo lámh chun an cheist a fhreagairt.
24. (Ardaigh : sinn) _____ ár lámha.
25. (Tosaigh : sinn) _____ ag obair amárach.

B   Aistrigh na habairtí seo a leanas go Gaeilge:

1. Seán will buy *(ceannaigh)* a guitar.
2. I will not buy *(ceannaigh)* sweets.
3. Will you (singular) buy *(ceannaigh)* a newspaper today?
4. Will the books be bought *(ceannaigh)* in town?
5. Máire will change *(athraigh)* her clothes this evening.
6. Will the teacher change *(athraigh)* the homework?
7. We will not change *(athraigh)* anything.
8. She will not admit *(admhaigh)* the mistake.
9. I will admit *(admhaigh)* the truth.
10. I will enquire of *(fiafraigh + de)* the teacher…
11. We will enquire *(fiafraigh)*…
12. The teacher will be asked *(fiafraigh + de)*…
13. I will search *(cuardaigh)* my pockets.
14. We will not search *(cuardaigh)* our pockets.
15. Will they search *(cuardaigh)* the rooms?
16. The house will be searched *(cuardaigh)*.
17. I will not refuse *(diúltaigh)* to do the work.
18. We will refuse *(diúltaigh)* to do the work.
19. Micheál will watch *(breathnaigh + ar)* television.
20. I will not watch *(breathnaigh + ar)* television.
21. We will watch *(breathnaigh + ar)* the programme on Saturday.
22. I will feel *(mothaigh)* good.
23. She will not feel *(mothaigh)* well.
24. The games will begin *(tosaigh)* at three o'clock.
25. Will the programme begin *(tosaigh)* at four o'clock?

Briathra sa Dara Réimniú – Aimsir Fháistineach
(ag críochnú ar –igh)

Éirigh	Imigh	Bailigh
Éireoidh mé	Imeoidh mé	Baileoidh mé
Éireoidh tú	Imeoidh tú	Baileoidh tú
Éireoidh sé/sí	Imeoidh sé/sí	Baileoidh sé/sí
Éireoimid	Imeoimid	Baileoimid
Éireoidh sibh	Imeoidh sibh	Baileoidh sibh
Éireoidh siad	Imeoidh siad	Baileoidh siad
Ní éireoidh mé	Ní imeoidh mé	Ní bhaileoidh mé
An éireoidh tú?	An imeoidh tú?	An mbaileoidh tú?

An Saorbhriathar

Éireofar	Imeofar	Baileofar
Ní éireofar	Ní imeofar	Ní bhaileofar
An éireofar?	An imeofar?	An mbaileofar?

A Athscríobh na habairtí seo a leanas agus bain amach na lúibíní.
(Bíodh na briathra go léir san aimsir fháistineach agat.)

1. (Éirigh : mé) _____ ar a hocht a chlog maidin amárach.
2. (Ní : éirigh : sinn) _____ roimh a seacht a chlog.
3. (An : éirigh) _____ Seán go luath maidin amárach?
4. (An : imigh) _____ na buachaillí amach anocht?
5. (Imigh : sinn) _____ go luath ar maidin.
6. (Ní : imigh) _____ na cailíní go dtí a dó a chlog.
7. (Coinnigh : mé) _____ greim ar an liathróid.
8. (Aistrigh) _____ Seán an aiste ó Bhéarla go Gaeilge.
9. (An : aistrigh : sibh) _____ roinnt scéalta?
10. (Ní : aistrigh : mé) _____ an sliocht go Gaeilge.
11. (Aistrigh : sinn) _____ an píosa próis go Gaeilge.
12. (Oibrigh : sinn) _____ go dian amárach.
13. (Oibrigh : mé) _____ go dian amárach.
14. (Ní : oibrigh : tusa) _____ go dian in aon chor.
15. (An : oibrigh : tú) _____ go dian anocht?

16. (Bailigh : sí) _____ na cóipleabhair amárach.
17. (Ní : bailigh : sinn) _____ na cóipleabhair amárach.
18. (An : bailigh : siad) _____ na pinn amárach?
19. (An : bailigh : tú) _____ na pinn amárach?

B   Aistrigh na habairtí seo a leanas go Gaeilge:
1. We will get up *(éirigh)* at eight o'clock.
2. I will not get up *(éirigh)* until half past eight.
3. Will Peadar get up *(éirigh)* early?
4. They will get up *(éirigh)* at seven o'clock.
5. We will get up *(éirigh)* early.
6. Will the boy go away *(imigh)* this evening?
7. She will go away *(imigh)* this morning.
8. We will depart *(imigh)* before breakfast.
9. The boys will not depart *(imigh)* until nine o'clock.
10. I will keep a grip *(coinnigh + greim)* on the ball.
11. We will keep a grip *(coinnigh + greim)* on the rope.
12. Sorcha will translate *(aistrigh)* the book to English.
13. Will you (singular) translate *(aistrigh)* the book?
14. We will not transfer *(aistrigh)* money to the bank.
15. I will transfer *(aistrigh)* the money to the bank on Friday.
16. The money will be transferred *(aistrigh)* on Friday.
17. Will the books be translated *(aistrigh)*?
18. I will work *(oibrigh)* hard.
19. Will you (plural) work *(oibrigh)* hard?
20. We will work *(oibrigh)* hard.
21. You (singular) will not work *(oibrigh)* hard.
22. They will work *(oibrigh)* hard.
23. She will not work *(oibrigh)* hard.
24. The teacher will collect *(bailigh)* the books.
25. The books will not be collected *(bailigh)*.
26. We will collect *(bailigh)* the money on Tuesday.
27. I will not collect *(bailigh)* money.
28. Will they collect *(bailigh)* the money?
29. The money will be collected *(bailigh)* every Saturday.

Briathra sa Dara Réimniú – Aimsir Fháistineach

(ag críochnú ar -il; -in; -ir; -is)

Codail	Oscail	Imir	Inis
Codlóidh mé	Osclóidh mé	Imreoidh mé	Inseoidh mé
Codlóidh tú	Osclóidh tú	Imreoidh tú	Inseoidh tú
Codlóidh sé/sí	Osclóidh sé/sí	Imreoidh sé/sí	Inseoidh sé/sí
Codlóimid	Osclóimid	Imreoimid	Inseoimid
Codlóidh sibh	Osclóidh sibh	Imreoidh sibh	Inseoidh sibh
Codlóidh siad	Osclóidh siad	Imreoidh siad	Inseoidh siad
Ní chodlóidh mé	Ní osclóidh mé	Ní imreoidh mé	Ní inseoidh mé
An gcodlóidh tú?	An osclóidh tú?	An imreoidh tú?	An inseoidh tú?

An Saorbhriathar

Codlófar	Osclófar	Imreofar	Inseofar
Ní chodlófar	Ní osclófar	Ní imreofar	Ní inseofar
An gcodlófar?	An osclófar?	An imreofar?	An inseofar?

Cúpla Ceann eile le Foghlaim!

Foghlaim	Tuirling	Freastail
Foghlaimeoidh mé	Tuirlingeoidh mé	Freastalóidh mé
Foghlaimeoidh tú	Tuirlingeoidh tú	Freastalóidh tú
Foghlaimeoidh sé/sí	Tuirlingeoidh sé/sí	Freastalóidh sé/sí
Foghlaimeoimid	Tuirlingeoimid	Freastalóimid
Foghlaimeoidh sibh	Tuirlingeoidh sibh	Freastalóidh sibh
Foghlaimeoidh siad	Tuirlingeoidh siad	Freastalóidh siad
Ní fhoghlaimeoidh mé	Ní thuirlingeoidh mé	Ní fhreastalóidh mé
An bhfoghlaimeoidh tú?	An dtuirlingeoidh tú?	An bhfreastalóidh tú?

An Saorbhriathar

Foghlaimeofar	Tuirlingeofar	Freastalófar
Ní fhoghlaimeofar	Ní thuirlingeofar	Ní fhreastalófar
An bhfoghlaimeofar?	An dtuirlingeofar?	An bhfreastalófar?

Cúrsa Gramadaí do Mheánscoileanna

A Athscríobh na habairtí seo a leanas agus bain amach na lúibíní.
(Bíodh na briathra go léir san aimsir fháistineach agat.)

1. (Codail : mé) _____ go sámh anocht.
2. (Ní : codail : sí) _____ sa bhaile anocht.
3. (Codail) _____ Rachael ar an tolg anocht.
4. (An : codail : siad) _____ go sámh anocht?
5. (Codail : sinn) _____ go sámh anocht.
6. (Ní : oscail : mé) _____ an doras maidin amárach.
7. (An : oscail) _____ Seán an doras amárach?
8. (Ní : oscail : sinn) _____ an geata.
9. (An : oscail : siad) _____ na leabhair?
10. (Oscail : mé) _____ an geata go luath ar maidin.
11. (Imir) _____ na buachaillí cluiche peile amárach.
12. (Ní : imir : mé) _____ galf amárach.
13. (An : imir : sibh) _____ cispheil inniu?
14. (Imir : mé) _____ cluiche snúcair anocht.
15. (Imir : sinn) _____ peil amárach.
16. (Inis) _____ Séamas scéalta greannmhara dom anocht.
17. (Ní : inis : sinn) _____ scéalta anocht.
18. (An : inis : tú) _____ an scéal don mhúinteoir?
19. (Inis : sí) _____ bréag don mhúinteoir.
20. (Ní : inis : sinn) _____ bréaga.
21. (Tuirling : mé) _____ den traein ag an stáisiún ar maidin.
22. (Tuirling : sinn) _____ den bhus ar an bpríomhshráid.
23. (Ní : tuirling) _____ Siobhán den bhus.
24. (An : tuirling) _____ an t-eitleán ag an aerfort?
25. (Freastail : mé) _____ ar na ranganna go léir amárach.
26. (Ní : freastail : sinn) _____ ar na boird sa bhialann anocht.
27. (An : freastail : sibh) _____ ar na ranganna go léir amárach?
28. (Foghlaim : sinn) _____ a lán Gaeilge inniu.
29. (Ní : foghlaim : mé) _____ Gaeilge ar bith Dé Sathairn!
30. (An : foghlaim : tú) _____ gramadach amárach?

B Aistrigh na habairtí seo a leanas go Gaeilge:

1. We will sleep *(codail)* soundly tonight.
2. They will not sleep *(codail)* at all.
3. The girls will sleep *(codail)* in the sitting room.

Aonad 7

4. Will he sleep *(codail)* in the dining room?
5. I will sleep *(codail)* soundly tonight.
6. The bed will not be slept *(codail)* in at the weekend.
7. We will not open *(oscail)* the gates until ten o'clock.
8. Will the men open *(oscail)* the gates in the morning?
9. I will not open *(oscail)* the door until eight o'clock.
10. Will he open *(oscail)* the bag this evening?
11. I will open *(oscail)* the gate in the morning.
12. The books will not be opened *(oscail)* too often.
13. Pól will play *(imir)* football every evening.
14. We will not play *(imir)* cards.
15. Will you (singular) play *(imir)* tennis on Sunday?
16. We will play *(imir)* snooker tonight.
17. She will not play *(imir)* football.
18. The games will be played *(imir)* in Croke Park.
19. The stories will be told *(inis)* on the radio.
20. I will not tell *(inis)* the story.
21. Will you (plural) tell *(inis)* the stories?
22. They will not tell *(inis)* a lie.
23. We will tell *(inis)* a lie.
24. Will you (singular) tell *(inis)* a lie?
25. The plane will land *(tuirling)* at the airport.
26. We will get off *(tuirling)* the train at the station.
27. Will the plane land *(tuirling)* at nine o'clock tonight?
28. The plane will not land *(tuirling)* at seven o'clock.
29. I will attend *(freastail + ar)* the classes tomorrow.
30. We will not serve at *(freastail + ar)* the table.
31. The tables will be attended to *(freastail + ar)*.
32. Will Síle attend *(freastail + ar)* the classes?
33. They will attend *(freastail + ar)* all the classes.
34. We will attend *(freastail + ar)* all the classes.
35. I will learn *(foghlaim)* verbs tomorrow.
36. Will they learn *(foghlaim)* grammar tomorrow?
37. Will you (singular) learn *(foghlaim)* French tomorrow?
38. We will learn *(foghlaim)* Spanish tomorrow.
39. The verbs will be learned *(foghlaim)* soon.
40. Will the lessons be learned *(foghlaim)* tomorrow?

Na Briathra Neamhrialta – Aimsir Fháistineach

Bí	Abair	Téigh	Faigh
Beidh mé	Déarfaidh mé	Rachaidh mé	Gheobhaidh mé
Beidh tú	Déarfaidh tú	Rachaidh tú	Gheobhaidh tú
Beidh sé/sí	Déarfaidh sé/sí	Rachaidh sé/sí	Gheobhaidh sé/sí
Beimid	Déarfaimid	Rachaimid	Gheobhaimid
Beidh sibh	Déarfaidh sibh	Rachaidh sibh	Gheobhaidh sibh
Beidh siad	Déarfaidh siad	Rachaidh siad	Gheobhaidh siad
Ní bheidh mé	Ní déarfaidh mé	Ní rachaidh mé	Ní bhfaighidh mé
An mbeidh tú?	An ndéarfaidh tú?	An rachaidh tú?	An bhfaighidh tú?

An Saorbhriathar

Beifear	Déarfar	Rachfar	Gheofar
Ní bheifear	Ní déarfar	Ní rachfar	Ní bhfaighfear
An mbeifear?	An ndéarfar?	An rachfar?	An bhfaighfear

Déan	Feic	Beir	Clois
Déanfaidh mé	Feicfidh mé	Béarfaidh mé	Cloisfidh mé
Déanfaidh tú	Feicfidh tú	Béarfaidh tú	Cloisfidh tú
Déanfaidh sé/sí	Feicfidh sé/sí	Béarfaidh sé/sí	Cloisfidh sé/sí
Déanfaimid	Feicfimid	Béarfaimid	Cloisfimid
Déanfaidh sibh	Feicfidh sibh	Béarfaidh sibh	Cloisfidh sibh
Déanfaidh siad	Feicfidh siad	Béarfaidh siad	Cloisfidh siad
Ní dhéanfaidh mé	Ní fheicfidh mé	Ní bhéarfaidh mé	Ní chloisfidh mé
An ndéanfaidh tú?	An bhfeicfidh tú?	An mbéarfaidh tú?	An gcloisfidh tú?

An Saorbhriathar

Déanfar	Feictear	Béarfar	Cloisfear
Ní dhéanfar	Ní fheicfear	Ní bhéarfar	Ní chloisfear
An ndéanfar?	An bhfeicfear?	An mbéarfar?	An gcloisfear?

Aonad 7

Ith	Tabhair	Tar
Íosfaidh mé	Tabharfaidh mé	Tiocfaidh mé
Íosfaidh tú	Tabharfaidh tú	Tiocfaidh tú
Íosfaidh sé/sí	Tabharfaidh sé/sí	Tiocfaidh sé/sí
Íosfaimid	Tabharfaimid	Tiocfaimid
Íosfaidh sibh	Tabharfaidh sibh	Tiocfaidh sibh
Íosfaidh siad	Tabharfaidh siad	Tiocfaidh siad
Ní íosfaidh mé	Ní thabharfaidh mé	Ní thiocfaidh mé
An íosfaidh tú?	An dtabharfaidh tú?	An dtiocfaidh tú?

An Saorbhriathar

Íosfar	Tabharfar	Tiocfar
Ní íosfar	Ní thabharfar	Ní thiocfar
An íosfar?	An dtabharfar?	An dtiocfar?

Le Foghlaim

- Ní chuirtear séimhiú ar bith ar 'abair'
  – e.g. **ní déarfaidh mé**.

A Athscríobh na habairtí seo a leanas agus bain amach na lúibíní.
(Bíodh na briathra go léir san aimsir fháistineach agat.)

1. (Bí : mé) _____ ag imirt peile amárach.
2. (Ní : bí : siad) _____ ag imirt snúcair anocht.
3. (An : bí : tú) _____ ag dul amach anocht?
4. (Bí : sinn) _____ ag scríobh aiste anocht.
5. (Ní : bí : sinn) _____ ag obair Dé Domhnaigh seo chugainn.
6. (Abair) _____ Seán 'slán' lena thuismitheoirí.
7. (Ní : abair) _____ Siobhán é sin.
8. (An : abair : siad) _____ leat go bhfuil an ceart agat?
9. (Abair : sinn) _____ paidreacha roimh dhul a luí.
10. (Téigh : mé) _____ go dtí an siopa anois.
11. (An : téigh : sibh) _____ go Páirc an Chrócaigh amárach?
12. (Ní : téigh) _____ duine ar bith amach anocht.
13. (Téigh : sinn) _____ amach anocht.

14. (Ní : téigh : sinn) _____ go Gaillimh amárach.
15. (Faigh : mé) _____ marcanna maithe sa scrúdú.
16. (Faigh : sinn) _____ leabhair nua amárach.
17. (Ní : faigh) _____ Pádraig mórán airgid óna athair.
18. (An : faigh : tú) _____ íde béil ó do mháthair?
19. (Déan : mé) _____ an obair bhaile go léir anocht.
20. (Ní : déan : sí) _____ obair ar bith inniu.
21. (An : déan : sibh) _____ mórán oibre amárach?
22. (Déan : sinn) _____ staidéar ar na hábhair go léir.
23. (Ní : déan : sinn) _____ mórán oibre.
24. (Feic : mé) _____ na cailíní amárach.
25. (An : feic : tú) _____ d'uncail amárach?
26. (Ní : feic : sinn) _____ Máire amárach.
27. (Feic : sinn) _____ Éamann um thráthnóna.
28. (Beir) _____ na Gardaí ar an ngadaí.
29. (An : beir : tú) _____ ar an liathróid?
30. (Ní : beir : sinn) _____ ar an liathróid.
31. (Clois : mé) _____ an nuacht ar a sé a chlog.
32. (An : clois : siad) _____ an clog ag bualadh?
33. (Clois : sinn) _____ na cailíní ag canadh ag an gceolchoirm.
34. (Ith : siad) _____ na milseáin go léir.
35. (An : ith : tú) _____ do dhinnéar inniu?
36. (Ní : ith : mé) _____ rud ar bith don bhricfeasta amárach.
37. (Ní : ith : sinn) _____ bia roimh dhul a luí.
38. (Tabhair : mé) _____ bronntanas do Bhríd um Nollaig.
39. (Tabhair : sinn) _____ na cóipleabhair don mhúinteoir.
40. (An : tabhair) _____ do mháthair airgead ar bith duit?
41. (Tar : mé) _____ ar scoil ar mo rothar maidin amárach.
42. (An : tar) _____ Seán ar scoil amárach?
43. (Ní : tar : siad) _____ isteach ar a deich a chlog.
44. (Ar : tar : sibh) _____ ar scoil amárach?
45. (Tar : sinn) _____ go léir isteach go luath amárach.

B   Aistrigh na habairtí seo a leanas go Gaeilge:

1. I will be *(bí)* working hard tomorrow.
2. They will not be *(bí)* at school today.
3. Will you (plural) be *(bí)* writing notes tonight?
4. We will be *(bí)* sick.
5. We will not be *(bí)* at the shops.
6. He will say *(abair)* his prayers.
7. Rebecca will not say *(abair)* anything.
8. Will he say *(abair)* that?
9. We will say *(abair)* our prayers.
10. The prayers will be said *(abair)* tonight.
11. I will go *(téigh)* home immediately.
12. Will you (singular) go *(téigh)* out tonight?
13. Éamann will not go *(téigh)* home before six o'clock.
14. We will go *(téigh)* to school at half past eight.
15. We will not go *(téigh)* to Donegal today.
16. I will get *(faigh)* a present from my mother on my birthday.
17. We will get *(faigh)* sweets from our parents.
18. Peadar will not get *(faigh)* any money.
19. Will you (plural) get *(faigh)* books in the library?
20. The books will be got *(faigh)* in the library.
21. I will do *(déan)* the work.
22. They will not do *(déan)* the homework.
23. Will you (singular) make *(déan)* something for me?
24. We will do *(déan)* the work in the garden.
25. We will not do *(déan)* the homework before five o'clock.
26. The work will be done *(déan)* tonight.
27. The work will not be done *(déan)* before six o'clock.
28. Will the work be done *(déan)* soon?
29. I will see *(feic)* the boys playing in the field.
30. Will you (plural) see *(feic)* the man today?
31. The men will not see *(feic)* the girls.
32. We will see *(feic)* the girls working.
33. The boys will be seen *(feic)* in the cinema.
34. The girls will not be seen *(feic)* at school.

Cúrsa Gramadaí do Mheánscoileanna

35. Will the women be seen *(feic)* at the shops?
36. Siobhán will catch *(beir + ar)* the ball.
37. Will you (plural) catch *(beir + ar)* the ball?
38. We will not catch *(beir + ar)* the ball.
39. The ball will often be caught *(beir + ar)* during the game.
40. Many children will be born *(beir)* in Dublin.
41. I will hear *(clois)* the boys coming in.
42. Will Peadar hear *(clois)* the bell?
43. We will hear *(clois)* the postman coming.
44. The teacher will not hear *(clois)* me.
45. The news will be heard *(clois)* at nine o'clock.
46. I will eat *(ith)* my dinner.
47. He will not eat *(ith)* sweets.
48. Will you (singular) eat *(ith)* apples?
49. We will not eat *(ith)* the food.
50. I will give *(tabhair + do)* money to the priest.
51. We will not give *(tabhair + do)* flowers to the teacher.
52. Will you (singular) give *(tabhair + do)* flowers to the teacher?
53. You (plural) will give the books to the teacher.
54. I will not give *(tabhair + do)* sweets to the boy.
55. The money will be given *(tabhair + do)* to Liam.
56. I will come *(tar)* home early every night.
57. Will Sorcha come *(tar)* home early?
58. They will not come *(tar)* to school.
59. Will Proinsias come *(tar)* to school today?
60. We will come *(tar)* home at six o'clock this evening.

Aonad 7

B   Aistrigh an sliocht seo a leanas go Gaeilge:

Tomorrow morning I will hear *(clois)* the clock at a quarter past six. I will be *(bí)* tired, but I will jump *(léim)* out of bed immediately. I will go *(téigh)* into the bathroom and I will wash *(nigh)* myself. I will come *(tar)* out of the bathroom and go *(téigh)* down to the kitchen. I will get *(faigh)* cornflakes and I will eat *(ith)* them. I will drink *(ól)* a cup of coffee too. I will take hold of *(beir + ar)* my schoolbag, say *(abair)* 'goodbye' to my parents and leave *(fág)* the house. I will take *(tóg)* the second turn on the right *(an dara casadh ar dheis)* and I will reach *(sroich)* the school at a quarter to nine. I will spend *(caith)* a while talking with my friends in the yard. At nine o'clock the classes will begin *(tosaigh)*. When the break is (will be) on *(bí + ar siúl)*, I will buy *(ceannaigh)* two bars of chocolate and I will give *(tabhair)* one to my friend. After that, I will play *(imir)* football for a while. At four o'clock I will hurry *(brostaigh)* home and do *(déan)* my homework immediately. I will watch *(féach + ar)* television for a while and I will see *(feic)* a good film. I will listen to *(éist + le)* music too.

An Modh Coinníollach

8 Aonad

The Conditional Mood – action which <u>would</u> happen if…

Le Foghlaim

Treoracha don Mhodh Coinníollach

1. **Séimhiú ar thúschonsan** sa mhodh coinníollach: e.g. chuirfinn; dhúnfainn; bhaileoinn. '**Ní**' san fhoirm dhiúltach: e.g. ní chuirfinn; ní dhúnfainn; ní bhaileoinn. '**An**' san fhoirm cheisteach: e.g. an gcuirfeá? an ndúnfá? an mbaileofá?
2. **D'** roimh ghuta: e.g. d'ólfainn; d'iarrfainn; d'éireoinn; (ní/an ólfá; ní/an iarrfá; ní/an éireofá).
3. **D' + séimhiú** nuair a thosaíonn an briathar ar **f**: e.g. d'fhanfainn; d'fhágfainn; d'fhiafróinn (ní fhanfainn/an bhfanfá; ní fhágfainn/an bhfágfá; ní fhiafróinn/an bhfiafrófá).
4. Tá an Aimsir Fháistineach agus an Modh Coinníollach an-chosúil le chéile. Féach ar na samplaí seo a leanas:

   dún**faidh** mé → dhún**fainn**
   dún**faidh** sé → dhún**fadh** sé
   dún**faimid** → dhún**faimis**
   dún**far** → dhún**faí**

Briathra sa Chéad Réimniú – Modh Coinníollach
(ag críochnú ar chonsan leathan)

Dún	Ól	Fág
Dhún**fainn**	D'ól**fainn**	D'fhág**fainn**
Dhún**fá**	D'ól**fá**	D'fhág**fá**
Dhún**fadh** sé/sí	D'ól**fadh** sé/sí	D'fhág**fadh** sé/sí
Dhún**faimis**	D'ól**faimis**	D'fhág**faimis**
Dhún**fadh** sibh	D'ól**fadh** sibh	D'fhág**fadh** sibh
Dhún**faidís**	D'ól**faidís**	D'fhág**faidís**
(Dhún**fadh** siad)	(D'ól**fadh** siad)	(D'fhág**fadh** siad)
Ní dhún**fainn**	Ní ól**fainn**	Ní fhág**fainn**
An ndún**fá**?	An ól**fá**?	An bhfág**fá**?

An Saorbhriathar

Dhún**faí**	D'ól**faí**	D'fhág**faí**
Ní dhún**faí**	Ní ól**faí**	Ní fhág**faí**
An ndún**faí**?	An ól**faí**?	An bhfág**faí**?

Aonad 8

Nóta: Úsáidtear **dá** (if) nó **mura** (if not) leis an modh coinníollach de ghnáth. Beidh ceachtanna againn ar **dá** in **Aonad 9**.

A Athscríobh na leaganacha seo a leanas agus bain amach na lúibíní. (Bíodh na briathra go léir sa mhodh coinníollach agat.)

1. (Fág : sinn) _____ an scoil ar a trí a chlog dá…
2. (Fág) _____ Máire a mála sa chlós dá…
3. (An : fág : siad) _____ an teach dá…
4. (Ní : fág : mé) _____ na leabhair sa chófra dá…
5. (Ól : mé) _____ gloine oráiste dá…
6. (Dún : mé) _____ an doras dá…
7. (Ní : fág : sinn) _____ aon bhia ar an bpláta dá…
8. (Ní : tóg : mé) _____ aon airgead as an sparán dá…
9. (Ní : scríobh : tú) _____ aiste dá…
10. (An : tóg) _____ Seán airgead dá…?
11. (Can) _____ Éilis amhrán dá…
12. (An : can : tú) _____ amhrán dá…?
13. (Ní : can : mé) _____ amhrán dá…
14. (Fan : sinn) _____ sa bhaile dá…
15. (Ní : fan) _____ Seán sa bhaile dá…
16. (Glan : mé) _____ an teach ó bhun go barr dá…
17. (An : glan : tú) _____ do sheomra dá…?
18. (Ní : glan : sinn) _____ an teach dá…
19. (Íoc : mé) _____ cúig euro as an lón dá…
20. (Ní : íoc : sibh) _____ as an dinnéar dá…
21. (An : íoc : siad) _____ an táille ag an doras dá…?
22. (Lean : mé) _____ na buachaillí eile dá…
23. (An : lean : tú) _____ na treoracha sin dá…?
24. (Féach : mé) _____ ar scannán gach Satharn dá…
25. (Ní : féach : mé) _____ ar an teilifís roimh am tae dá….

B Aistrigh na leaganacha seo a leanas go Gaeilge:

1. I would watch *(féach + ar)* television often if…
2. We would not watch *(féach + ar)* films if…
3. Would you (singular) follow *(lean)* the boys if…?
4. The boys would be followed *(lean)* if…
5. The fare *(táille)* would be paid *(íoc)* after the meal if…
6. We would not pay for *(íoc + as)* books if…
7. He would not pay for *(íoc + as)* the books if…
8. I would pay for *(íoc + as)* my lunch every day if…
9. Would the breakfast be paid for *(íoc)* if…?
10. I would clean *(glan)* the house if…
11. The table would be cleaned *(glan)* after every meal if…
12. She would not clean *(glan)* her room if…
13. Would the boys clean *(glan)* their room if…?
14. They would clean *(glan)* the shoes if…
15. I would stay *(fan)* at home every weekend if…
16. Would you (singular) wait *(fan)* at the bus stop if…?
17. We would not stay *(fan)* at home if…
18. You (singular) would sing *(can)* if…
19. Two songs would be sung *(can)* if…
20. Would you (singular) sing *(can)* if…?
21. I would pick up *(tóg)* the bag each morning if…
22. We would not pick up *(tóg)* the bags if…
23. The money would be picked up *(tóg)* if…
24. You (singular) would lift *(tóg)* the ball if…
25. I would not leave *(fág)* the house if…
26. The books would be left *(fág)* on the table if…
27. Would they leave *(fág)* the house at half past eight if…?
28. We would write *(scríobh)* letters if…
29. Letters would be written *(scríobh)* every week if…
30. The doors would be closed *(dún)* at six o'clock every evening if…

Aonad 8

Briathra sa Chéad Réimniú – Modh Coinníollach
(ag críochnú ar chonsan caol)

Cuir	Éist	Fill
Chuirfinn	D'éistfinn	D'fhillfinn
Chuirfeá	D'éistfeá	D'fhillfeá
Chuirfeadh sé/sí	D'éistfeadh sé/sí	D'fhillfeadh sé/sí
Chuirfimis	D'éistfimis	D'fhillfimis
Chuirfeadh sibh	D'éistfeadh sibh	D'fhillfeadh sibh
Chuirfidís	D'éistfidís	D'fhillfidís
(Chuirfeadh siad)	(D'éistfeadh siad)	(D'fhillfeadh siad)
Ní chuirfinn	Ní éistfinn	Ní fhillfinn
An gcuirfeá?	An éistfeá?	An bhfillfeá?

An Saorbhriathar

Chuirfí	D'éistfí	D'fhillfí
Ní chuirfí	Ní éistfí	Ní fhillfí
An gcuirfí?	An éistfí?	An bhfillfí?

Le Foghlaim

Siúil
Shiúlfainn, shiúlfá, shiúlfadh sé/sí, shiúlfaimis, shiúlfadh sibh, shiúlfaidís
　　　Ní shiúlfainn/An siúlfá?
　　Saorbhriathar: Shiúlfaí

Caith
Chaithfinn, chaithfeá, chaithfeadh sé/sí, chaithfimis, chaithfeadh sibh, chaithfidís
　　　Ní chaithfinn/An gcaithfeá?
　　Saorbhriathar: Chaithfí

A Athscríobh na leaganacha seo a leanas agus bain amach na lúibíní. (Bíodh na briathra go léir sa mhodh coinníollach agat.)

1. (Cuir) _____ Máire dhá spúnóg siúcra sa tae dá…
2. (Ní : cuir : sinn) _____ siúcra ar bith sa tae dá…
3. (An : cuir : tú) _____ im ar do chuid aráin dá…?
4. (Siúil : sí) _____ ar scoil dá…
5. (Ní : siúil : sinn) _____ ar scoil dá…
6. (An : siúil : siad) _____ abhaile gach lá dá…?

Cúrsa Gramadaí do Mheánscoileanna

7. (Éist : sé) _____ leis an nuacht gach maidin dá…
8. (Ní : éist : siad) _____ leis an múinteoir dá…
9. (An : éist : tú) _____ leis na scéalta nuachta gach lá dá…?
10. (Fill) _____ Seán a chuid éadaigh go cúramach dá….
11. (An : fill) _____ na daoine ón gcluiche dá…?
12. (Ní : fill : sé) _____ díreach ar an teach dá…
13. (Ní : buail : sé) _____ lena chairde dá…
14. (Buail : sinn) _____ le chéile tar éis am scoile dá…
15. (An : buail : siad) _____ ainmhithe dá…?
16. (Léim) _____ Pádraig thar an ngeata dá…
17. (Léim : sinn) _____ thar an ngeata dá…
18. (Séid) _____ an ghaoth go láidir dá…
19. (Ní : séid) _____ an ghaoth rómhinic dá…
20. (Seinn) _____ Liam an fheadóg stáin dá…
21. (Ní : seinn : sinn) _____ ceol dá…
22. (An : seinn : tú) _____ gléas ceoil dá…?
23. (Sroich : mé) _____ an scoil ar a ceathrú chun a naoi dá…
24. (Ní : sroich : mé) _____ an teach ar a ceathair a chlog dá…
25. (Tit : Síle) _____ den rothar dá…

B Aistrigh na leaganacha seo a leanas go Gaeilge:

1. I would put *(cuir)* sugar in the tea if…
2. Sugar would be put *(cuir)* in the tea if…
3. We would not put *(cuir)* the books in the bags if…
4. Would you (singular) put *(cuir)* salt on the potatoes if…?
5. He would not listen to *(éist + le)* the news if…
6. We would listen to *(éist + le)* the teacher if…
7. She would hit *(buail)* me if…
8. I would not hit *(buail)* other people if…
9. Would you (singular) meet *(buail + le)* Seán if…?
10. We would spend *(caith)* the money at lunchtime if…
11. She would not throw *(caith)* stones if…
12. The ball would be thrown *(caith)* from person to person if…
13. The ball would not be thrown *(caith)* from person to person if…
14. We would return *(fill)* at six o'clock if…

15. I would fold *(fill)* my clothes every night if…
16. Would they return *(fill)* to school in the evening if…?
17. She would run *(rith)* home every day if…
18. Would you (plural) run *(rith)* home every evening if…?
19. The races would be run *(rith)* every Sunday if…
20. We would reach *(sroich)* the school at a quarter to nine if…
21. We would play *(seinn)* music on the tin whistle if…
22. He would not play *(seinn)* any music if…
23. Would you (singular) play *(seinn)* the guitar if…?
24. I would fall off *(tit + de)* the bicycle if…
25. We would not fall *(tit)* if…
26. Would you (singular) fall *(tit)* if…?
27. I would jump *(léim)* over the gate if…
28. We would jump *(léim)* over the gate if…
29. I would understand *(tuig)* the questions if…
30. I would not understand *(tuig)* the teacher if…

Briathra sa Chéad Réimniú – Modh Coinníollach

(ag críochnú ar -igh)

Glaoigh	Léigh	Suigh	Buaigh
Ghlaofainn	Léifinn	Shuífinn	Bhuafainn
Ghlaofá	Léifeá	Shuífeá	Bhuafá
Ghlaofadh sé/sí	Léifeadh sé/sí	Shuífeadh sé/sí	Bhuafadh sé/sí
Ghlaofaimis	Léifimis	Shuífimis	Bhuafaimis
Ghlaofadh sibh	Léifeadh sibh	Shuífeadh sibh	Bhuafadh sibh
Ghlaofaidís	Léifidís	Shuífidís	Bhuafaidís
(Ghlaofadh siad)	(Léifeadh siad)	(Shuífeadh siad)	(Bhuafadh siad)
Ní ghlaofainn	Ní léifinn	Ní shuífinn	Ní bhuafainn
An nglaofá?	An léifeá?	An suífeá?	An mbuafá?

An Saorbhriathar

Ghlaofaí	Léifí	Shuífí	Bhuafaí
Ní ghlaofaí	Ní léifí	Ní shuífí	Ní bhuafaí
An nglaofaí?	An léifí?	An suífí?	An mbuafaí?

Cúrsa Gramadaí do Mheánscoileanna

A Athscríobh na leaganacha seo a leanas agus bain amach na lúibíní.
(Bíodh na briathra go léir sa mhodh coinníollach agat.)

1. (Glaoigh : mé) _____ ar m'aintín dá…
2. (An : glaoigh) _____ Máirín ar a máthair dá…?
3. (Ní : glaoigh : sinn) _____ amach os ard dá…
4. (An : glaoigh : tú) _____ ar d'athair gach lá dá…?
5. (Léigh : sí) _____ leabhar iomlán gach lá dá…
6. (Léigh : sinn) _____ scéalta go minic dá…
7. (Ní : léigh : mé) _____ an nuachtán gach lá dá…
8. (Suigh : sinn) _____ síos ar na cathaoireacha dá…
9. (Ní : suigh) _____ Séamas ar an gcathaoir dá…
10. (An : suigh) _____ na buachaillí síos gach lá dá…?
11. (Buaigh : mé) _____ a lán cluichí dá…
12. (Buaigh : sinn) _____ a lán comórtas dá…
13. (Ní : buaigh) _____ na buachaillí rómhinic dá…
14. (An : buaigh : tú) _____ mórán cluichí dá…?
15. (Buaigh) _____ Siobhán cuid mhór duaiseanna dá…

B Aistrigh na leaganacha seo a leanas go Gaeilge:

1. The roll would be called *(glaoigh)* every morning if…
2. The books would be read *(léigh)* every day if…
3. Prizes would be won *(buaigh)* if…

Briathra sa Chéad Réimniú – Modh Coinníollach

(Briathra le dhá shiolla a chríochnaíonn ar -áil nó ar -áin)

Sábháil	Taispeáin	Cniotáil
Shábhálfainn	Thaispeánfainn	Chniotálfainn
Shábhálfá	Thaispeánfá	Chniotálfá
Shábhálfadh sé/sí	Thaispeánfadh sé/sí	Chniotálfadh sé/sí
Shábhálfaimis	Thaispeánfaimis	Chniotálfaimis
Shábhálfadh sibh	Thaispeánfadh sibh	Chniotálfadh sibh
Shábhálfaidís	Thaispeánfaidís	Chniotálfaidís
(Shábhálfadh siad)	(Thaispeánfadh siad)	(Chniotálfadh siad)
Ní shábhálfainn	Ní thaispeánfainn	Ní chniotálfainn
An sábhálfá?	An dtaispeánfá?	An gcniotálfá?

An Saorbhriathar

Shábhálfaí	Thaispeánfaí	Chniotálfaí
Ní shábhálfaí	Ní thaispeánfaí	Ní chniotálfaí
An sábhálfaí?	An dtaispeánfaí?	An gcniotálfaí?

Le Foghlaim

Tiomáin
Thiomáinfinn, thiomáinfeá, thiomáinfeadh sé/sí, thiomáinfimis, thiomáinfeadh sibh, thiomáinfidís
  Ní thiomáinfinn/An dtiomáinfeá?
  Saorbhriathar: Thiomáinfí

A Athscríobh na leaganacha seo a leanas agus bain amach na lúibíní.
   (Bíodh na briathra go léir sa mhodh coinníollach agat.)

1. (Sábháil : mé) _____ a lán airgid dá…
2. (Ní : sábháil : sinn) _____ mórán airgid dá…
3. (An : sábháil : sibh) _____ mórán airgid dá…?
4. (Ní : cniotáil : mé) _____ geansaithe dá…
5. (Cniotáil : sinn) _____ geansaithe dá…
6. (An : cniotáil : tú) _____ earraí olla dá…?
7. (Taispeáin : mé) _____ an obair bhaile do m'athair dá…
8. (Taispeáin : sinn) _____ an obair bhaile don mhúinteoir dá…
9. (An taispeáin : tú) _____ do chuid oibre don mhúinteoir dá…?

10. (Taispeáin) _____ Máire a cuid nótaí dom dá…
11. (Tiomáin : sé) _____ ó Luimneach go Corcaigh dá…
12. (Ní : tiomáin : mé) _____ an carr dá…
13. (Tiomáin : sinn) _____ abhaile dá…
14. (An : tiomáin : sibh) _____ go dtí na cluichí dá…?
15. (Tiomáin : mé) _____ an carr gach lá dá…

B Aistrigh na leaganacha seo a leanas go Gaeilge:
1. We would save *(sábháil)* money if…
2. I would not save *(sábháil)* money if…
3. Would you (singular) save *(sábháil)* money if…?
4. A lot of people would be saved *(sábháil)* if…
5. We would not knit *(cniotáil)* jumpers if…
6. I would knit *(cniotáil)* socks if…
7. Would you (plural) knit *(cniotáil)* jumpers if…?
8. She would knit *(cniotáil)* scarves if…
9. We would show *(taispeáin)* the books to the boys if…
10. I would show *(taispeáin)* my homework to Máire if…
11. The films would be shown *(taispeáin)* to the children if…
12. Would you (plural) show *(taispeáin)* the book to the teacher if…?
13. The work would not be shown *(taispeáin)* to us if…
14. They would drive *(tiomáin)* from Galway to Dublin every day if…
15. We would not drive *(tiomáin)* home if…
16. The car would be driven *(tiomáin)* very fast if…
17. Would you (singular) drive *(tiomáin)* the car if…?
18. We would drive *(tiomáin)* the car if…
19. I would drive *(tiomáin)* the bus if…
20. I would not drive *(tiomáin)* the bus if…

Briathra sa Dara Réimniú – Modh Coinníollach
(ag críochnú ar –aigh)

Ceannaigh	Athraigh	Fiafraigh
Cheannóinn	D'athróinn	D'fhiafróinn
Cheannófá	D'athrófá	D'fhiafrófá
Cheannódh sé/sí	D'athródh sé/sí	D'fhiafródh sé/sí
Cheannóimis	D'athróimis	D'fhiafróimis
Cheannódh sibh	D'athródh sibh	D'fhiafródh sibh
Cheannóidís	D'athróidís	D'fhiafróidís
(Cheannódh siad)	(D'athródh siad)	(D'fhiafródh siad)
Ní cheannóinn	Ní athróinn	Ní fhiafróinn
An gceannófá?	An athrófá?	An bhfiafrófá?

An Saorbhriathar

Cheannófaí	D'athrófaí	D'fhiafrófaí
Ní cheannófaí	Ní athrófaí	Ní fhiafrófaí
An gceannófaí?	An athrófaí?	An bhfiafrófaí?

A Athscríobh na leaganacha seo a leanas agus bain amach na lúibíní. (Bíodh na briathra go léir san aimsir fháistineach agat.)

1. (Ceannaigh : mé) _____ milseáin dá…
2. (Ní : ceannaigh : sinn) _____ nuachtán dá…
3. (An : ceannaigh : sibh) _____ bróga dá…?
4. (Ceannaigh : siad) _____ earraí san ollstór dá…
5. (Athraigh : mé) _____ mo chuid éadaigh dá…
6. (An : athraigh : tú) _____ do chuid éadaigh dá…?
7. (Ní : admhaigh : sé) _____ go mbeadh an ceart agam dá…
8. (Admhaigh : sinn) _____ nach mbeadh an ceart againn dá…
9. (An : admhaigh : sé) _____ nach mbeadh an ceart aige dá…?
10. (Fiafraigh : mé) _____ den mhúinteoir an mbeadh cead agam dul amach dá…
11. (Fiafraigh : sé) _____ den mhúinteoir cén ceacht a bheadh le déanamh dá…
12. (Ní : fiafraigh : sinn) _____ de Bhríd cá mbeadh sí dá…

13. (Cuardaigh : sí) _____ a mála dá…
14. (An : cuardaigh : tú) _____ do phóca dá…
15. (Diúltaigh : mé) _____ obair ar bith a dhéanamh dá…
16. (Diúltaigh : sinn) _____ obair ar bith a dhéanamh dá…
17. (An : diúltaigh : tú) _____ airgead a thabhairt do dhaoine bochta dá…?
18. (Breathnaigh) _____ Sandra ar a lán scannán dá…
19. (Ní : breathnaigh : sinn) _____ rómhinic ar an teilifís dá…
20. (An : breathnaigh : tú) _____ ar an nuacht gach lá dá…?
21. (Ní : mothaigh : mé) _____ go maith dá…
22. (Mothaigh : sinn) _____ go maith dá…
23. (Ní : tosaigh) _____ na ranganna go dtí a naoi a chlog dá…
24. (An : tosaigh) _____ na cluichí ar a trí a chlog gach lá dá…?
25. (Tosaigh : mé) _____ ag obair ar a naoi a chlog dá…
26. (Ordaigh : mé) _____ béile blasta dá…
27. (Ní : ordaigh) _____ Seán bia ar bith dá…
28. (Ardaigh : mé) _____ mo lámh dá…
29. (Ardaigh : sinn) _____ ár lámha dá…
30. (Tosaigh : sinn) _____ ag caoineadh dá…

B Aistrigh na leaganacha seo a leanas go Gaeilge:

1. Seán would buy *(ceannaigh)* books every Saturday if…
2. I would not buy *(ceannaigh)* sweets if…
3. Would you (singular) buy *(ceannaigh)* a newspaper if…?
4. He would buy *(ceannaigh)* presents for his parents if…
5. The books would not be bought *(ceannaigh)* if…
6. Would the books be bought *(ceannaigh)* if…?
7. Máire would change *(athraigh)* her clothes if…
8. Would the teacher change *(athraigh)* my marks if…?
9. The rules would be changed *(athraigh)* if…
10. We would not change *(athraigh)* anything if…

11. She would not admit *(admhaigh)* her mistakes if…
12. I would admit *(admhaigh)* the truth if…
13. I would enquire of *(fiafraigh + de)* the teacher if…
14. We would enquire *(fiafraigh)* from our parents if…
15. The teacher would ask Séamas *(fiafraigh + de)* if…
16. I would search *(cuardaigh)* my pockets if…
17. We would not search *(cuardaigh)* our pockets if…
18. Would they search *(cuardaigh)* the rooms if…?
19. The house would be searched *(cuardaigh)* if…
20. She would search *(cuardaigh)* her bag if…
21. I would not refuse *(diúltaigh)* to do the work if…
22. We would refuse *(diúltaigh)* to do the work if…
23. Micheál would watch *(breathnaigh + ar)* television if…
24. I would not watch *(breathnaigh + ar)* television if…
25. We would watch *(breathnaigh + ar)* the programme if…
26. The programme would be watched *(breathnaigh + ar)* if…
27. I would feel *(mothaigh)* well if…
28. She would not feel *(mothaigh)* well if…
29. The games would begin *(tosaigh)* at three o'clock if…
30. Would the programme begin *(tosaigh)* at four o'clock if…?

Briathra sa Dara Réimniú – Modh Coinníollach
(ag críochnú ar –igh)

Éirigh	Imigh	Bailigh
D'éireoinn	D'imeoinn	Bhaileoinn
D'éireofá	D'imeofá	Bhaileofá
D'éireodh sé/sí	D'imeodh sé/sí	Bhaileodh sé/sí
D'éireoimis	D'imeoimis	Bhaileoimis
D'éireodh sibh	D'imeodh sibh	Bhaileodh sibh
D'éireoidís	D'imeoidís	Bhaileoidís
(D'éireodh siad)	(D'imeodh siad)	(Bhaileodh siad)
Ní éireoinn	Ní imeoinn	Ní bhaileoinn
An éireofá?	An imeofá?	An mbaileofá?

An Saorbhriathar

D'éireofaí	D'imeofaí	Bhaileofaí
Ní éireofaí	Ní imeofaí	Ní bhaileofaí
An éireofaí?	An imeofaí?	An mbaileofaí?

A Athscríobh na leaganacha seo a leanas agus bain amach na lúibíní. (Bíodh na briathra go léir sa mhodh coinníollach agat.)

1. (Éirigh : mé) _____ ar a hocht a chlog dá…
2. (Ní : éirigh : sinn) _____ roimh a seacht a chlog dá…
3. (An : éirigh) _____ Seán go luath dá…?
4. (An : imigh) _____ na buachaillí amach dá…?
5. (Imigh : sinn) _____ go luath dá…
6. (Ní : imigh) _____ na cailíní go dtí a dó a chlog dá…
7. (Coinnigh : mé) _____ greim ar an liathróid dá…
8. (Aistrigh) _____ Seán aistí ó Bhéarla go Gaeilge dá…
9. (An : aistrigh : sibh) _____ mórán scéalta dá…?
10. (Ní : aistrigh : mé) _____ sliocht ar bith go Gaeilge dá…
11. (Aistrigh : sinn) _____ píosa próis go Gaeilge dá…
12. (Oibrigh : sinn) _____ go dian dá…
13. (Oibrigh : mé) _____ go dian dá…
14. (Ní : oibrigh : tú) _____ go dian dá…
15. (An : oibrigh : sibh) _____ go dian dá…?

Aonad 8

16. (Bailigh : sí) _____ na cóipleabhair don mhúinteoir dá…
17. (Ní : bailigh : sinn) _____ na cóipleabhair dá…
18. (An : bailigh : siad) _____ na pinn dá…?
19. (An : bailigh : tú) _____ na pinn dá…?

B Aistrigh na leaganacha seo a leanas go Gaeilge:
1. We would get up *(éirigh)* at eight o'clock if…
2. I would not get up *(éirigh)* until half past eight if…
3. Would Peadar get up *(éirigh)* early if…?
4. They would get up *(éirigh)* at seven o'clock if…
5. We would get up *(éirigh)* early every day if…
6. Would the boy go away *(imigh)* if…?
7. She would go away *(imigh)* early if…
8. We would depart *(imigh)* before breakfast if…
9. The boys would not depart *(imigh)* until nine o'clock if…
10. I would keep a grip *(coinnigh + greim)* on the ball if…
11. We would keep a grip *(coinnigh + greim)* on the rope if…
12. Sorcha would translate *(aistrigh)* books to English if…
13. Would you (singular) translate *(aistrigh)* books if…?
14. We would not transfer *(aistrigh)* money to the bank if…
15. I would transfer *(aistrigh)* the money to the bank if…
16. The money would be transferred *(aistrigh)* every Friday if…
17. Would the books be translated *(aistrigh)* if…?
18. I would work *(oibrigh)* hard if…
19. Would you (plural) work *(oibrigh)* hard if…?
20. We would work *(oibrigh)* hard every day if…
21. You (singular) would not work *(oibrigh)* hard if…
22. They would work *(oibrigh)* hard if…
23. She would not work *(oibrigh)* hard if…
24. The teacher would collect *(bailigh)* the books if…
25. The books would not be collected *(bailigh)* if…
26. We would collect *(bailigh)* money every Tuesday if…
27. I would not collect *(bailigh)* money if…
28. Would they collect *(bailigh)* money frequently if…?
29. The money would be collected *(bailigh)* if…

Briathra sa Dara Réimniú – Modh Coinníollach
(ag críochnú ar -il; -in; -ir; -is)

Codail	Oscail	Imir	Inis
Chodlóinn	D'osclóinn	D'imreoinn	D'inseoinn
Chodlófá	D'osclófá	D'imreofá	D'inseofá
Chodlódh sé/sí	D'osclódh sé/sí	D'imreodh sé/sí	D'inseodh sé/sí
Chodlóimis	D'osclóimis	D'imreoimis	D'inseoimis
Chodlódh sibh	D'osclódh sibh	D'imreodh sibh	D'inseodh sibh
Chodlóidís	D'osclóidís	D'imreoidís	D'inseoidís
(Chodlódh siad)	(D'osclódh siad)	(D'imreodh siad)	(D'inseodh siad)
Ní chodlóinn	Ní osclóinn	Ní imreoinn	Ní inseoinn
An gcodlófá?	An osclófá?	An imreofá?	An inseofá?

An Saorbhriathar

Chodlófaí	D'osclófaí	D'imreofaí	D'inseofaí
Ní chodlófaí	Ní osclófaí	Ní imreofaí	Ní inseofaí
An gcodlófaí?	An osclófaí?	An imreofaí?	An inseofaí?

Cúpla Ceann eile le Foghlaim!

Foghlaim	Tuirling	Freastail
D'fhoghlaimeoinn	Thuirlingeoinn	D'fhreastalóinn
D'fhoghlaimeofá	Thuirlingeofá	D'fhreastalófá
D'fhoghlaimeodh sé/sí	Thuirlingeodh sé/sí	D'fhreastalódh sé/sí
D'fhoghlaimeoimis	Thuirlingeoimis	D'fhreastalóimis
D'fhoghlaimeodh sibh	Thuirlingeodh sibh	D'fhreastalódh sibh
D'fhoghlaimeoidís	Thuirlingeoidís	D'fhreastalóidís
(D'fhoghlaimeodh siad)	(Thuirlingeodh siad)	(D'fhreastalódh siad)
Ní fhoghlaimeoinn	Ní thuirlingeoinn	Ní fhreastalóinn
An bhfoghlaimeofá?	An dtuirlingeofá?	An bhfreastalófá?

An Saorbhriathar

D'fhoghlaimeofaí	Thuirlingeofaí	D'fhreastalófaí
Ní fhoghlaimeofaí	Ní thuirlingeofaí	Ní fhreastalófaí
An bhfoghlaimeofaí?	An dtuirlingeofaí?	An bhfreastalófaí?

Aonad 8

A Athscríobh na leaganacha seo a leanas agus bain amach na lúibíní. (Bíodh na briathra go léir sa mhodh coinníollach agat.)

1. (Codail : mé) _____ go sámh dá…
2. (Ní : codail : sí) _____ sa bhaile dá…
3. (Codail) _____ Rachael ar an tolg dá…
4. (An : codail : siad) _____ go sámh dá…?
5. (Codail : sinn) _____ go sámh dá…
6. (Ní : oscail : mé) _____ an doras dá…
7. (An : oscail) _____ Seán an doras dá…?
8. (Ní : oscail : sinn) _____ an geata dá…
9. (An : oscail : siad) _____ na leabhair dá…?
10. (Oscail : mé) _____ an geata dá…
11. (Imir) _____ na buachaillí cluiche peile dá…
12. (Ní : imir : mé) _____ galf dá…
13. (An : imir : sibh) _____ cispheil dá…?
14. (Imir : mé) _____ cluiche snúcair dá…
15. (Imir : sinn) _____ peil dá…
16. (Inis) _____ Séamas scéalta greannmhara dom dá…
17. (Ní : inis : sinn) _____ scéalta dá…
18. (An : inis : tú) _____ scéalta don mhúinteoir dá…?
19. (Inis : sí) _____ bréaga don mhúinteoir dá…
20. (Ní : inis : sinn) _____ bréaga dá…
21. (Tuirling : mé) _____ den traein ag an stáisiún dá…
22. (Tuirling : sinn) _____ den bhus ar an bpríomhshráid dá…
23. (Ní : tuirling) _____ Siobhán den bhus dá…
24. (An : tuirling) _____ an t-eitleán ag an aerfort dá…?
25. (Freastail : mé) _____ ar na ranganna go léir dá…
26. (Ní : freastail : sinn) _____ ar na boird sa bhialann dá…
27. (An : freastail : sibh) _____ ar na ranganna go léir dá…?
28. (Foghlaim : sinn) _____ a lán Gaeilge dá…
29. (Ní : foghlaim : mé) _____ Gaeilge ar bith dá…
30. (An : foghlaim : tú) _____ gramadach gach lá dá…?

B Aistrigh na leaganacha seo a leanas go Gaeilge:

1. We would sleep *(codail)* soundly every night if…
2. They would not sleep *(codail)* at all if…
3. The girls would sleep *(codail)* in the sitting room if…

Cúrsa Gramadaí do Mheánscoileanna

4. Would he sleep *(codail)* in the dining room if…?
5. I would sleep *(codail)* soundly every night if…
6. The bed would not be slept *(codail)* in at the weekend if…
7. We would not open *(oscail)* the gates if…
8. Would the men open *(oscail)* the gates if…?
9. I would not open *(oscail)* the door if…
10. Would he open *(oscail)* the bag if…?
11. I would open *(oscail)* the gate if…
12. The books would not be opened *(oscail)* if…
13. Pól would play *(imir)* football every evening if…
14. We would not play *(imir)* cards if…
15. Would you (singular) play *(imir)* tennis every Sunday if…?
16. We would play *(imir)* snooker every night if…
17. She would not play *(imir)* football if…
18. The games would be played *(imir)* in Croke Park if…
19. The stories would be told on the radio if…
20. I would not tell *(inis)* stories if…
21. Would you (plural) tell *(inis)* stories if…?
22. They would not tell *(inis)* lies if…
23. We would tell *(inis)* lies if…
24. Would you (singular) tell *(inis)* lies if…?
25. The plane would land *(tuirling)* at the airport if…
26. We would get off *(tuirling)* the train at the station if…
27. Would the plane land *(tuirling)* if…?
28. The plane would not land *(tuirling)* if…
29. I would attend *(freastail + ar)* the classes every day if…
30. We would not serve at *(freastail + ar)* the table if…
31. The tables would be attended to *(freastail + ar)* if…
32. Would Síle attend *(freastail + ar)* the classes if…?
33. They would attend *(freastail + ar)* all the classes if…
34. We would attend *(freastail + ar)* all the classes if…
35. I would learn *(foghlaim)* verbs every day if…
36. Would they learn *(foghlaim)* grammar if…?
37. Would you (singular) learn *(foghlaim)* French if…?
38. We would learn *(foghlaim)* Spanish if…
39. The verbs would be learned *(foghlaim)* if…
40. Would the lessons be learned *(foghlaim)* if…?

Na Briathra Neamhrialta – Modh Coinníollach

Bí	Abair	Téigh	Faigh
Bheinn	Déarfainn	Rachainn	Gheobhainn
Bheifeá	Déarfá	Rachfá	Gheofá
Bheadh sé/sí	Déarfadh sé/sí	Rachadh sé/sí	Gheobhadh sé/sí
Bheimis	Déarfaimis	Rachaimis	Gheobhaimis
Bheadh sibh	Déarfadh sibh	Rachadh sibh	Gheobhadh sibh
Bheidís	Déarfaidís	Rachaidís	Gheobhaidís
(Bheadh siad)	(Déarfadh siad)	(Rachadh siad)	(Gheobhadh siad)
Ní bheinn	Ní déarfainn	Ní rachainn	Ní bhfaighinn
An mbeifeá?	An ndéarfá?	An rachfá?	An bhfaighfeá?

An Saorbhriathar

Bheifí	Déarfaí	Rachfaí	Gheofaí
Ní bheifí	Ní déarfaí	Ní rachfaí	Ní bhfaighfí
An mbeifí?	An ndéarfaí?	An rachfaí?	An bhfaighfí?

Déan	Feic	Beir	Clois
Dhéanfainn	D'fheicfinn	Bhéarfainn	Chloisfinn
Dhéanfá	D'fheicfeá	Bhéarfá	Chloisfeá
Dhéanfadh sé/sí	D'fheicfeadh sé/sí	Bhéarfadh sé/sí	Chloisfeadh sé/sí
Dhéanfaimis	D'fheicfimis	Bhéarfaimis	Chloisfimis
Dhéanfadh sibh	D'fheicfeadh sibh	Bhéarfadh sibh	Chloisfeadh sibh
Dhéanfaidís	D'fheicfidís	Bhéarfaidís	Chloisfidís
(Dhéanfadh siad)	(D'fheicfeadh siad)	(Bhéarfadh siad)	(Chloisfeadh siad)
Ní dhéanfainn	Ní fheicfinn	Ní bhéarfainn	Ní chloisfinn
An ndéanfá?	An bhfeicfeá?	An mbéarfá?	An gcloisfeá?

An Saorbhriathar

Dhéanfaí	D'fheicfí	Bhéarfaí	Chloisfí
Ní dhéanfaí	Ní fheicfí	Ní bhéarfaí	Ní chloisfí
An ndéanfaí?	An bhfeicfí?	An mbéarfaí?	An gcloisfí?

Cúrsa Gramadaí do Mheánscoileanna

Ith	Tabhair	Tar
D'íosfainn	Thabharfainn	Thiocfainn
D'íosfá	Thabharfá	Thiocfá
D'íosfadh sé/sí	Thabharfadh sé/sí	Thiocfadh sé/sí
D'íosfaimis	Thabharfaimis	Thiocfaimis
D'íosfadh sibh	Thabharfadh sibh	Thiocfadh sibh
D'íosfaidís	Thabharfaidís	Thiocfaidís
(D'íosfadh siad)	(Thabharfadh siad)	(Thiocfadh siad)
Ní íosfainn	Ní thabharfainn	Ní thiocfainn
An íosfá?	An dtabharfá?	An dtiocfá?

An Saorbhriathar

D'íosfaí	Thabharfaí	Thiocfaí
Ní íosfaí	Ní thabharfaí	Ní thiocfaí
An íosfaí?	An dtabhharfaí?	An dtiocfaí?

A Athscríobh na leaganacha seo a leanas agus bain amach na lúibíní. (Bíodh na briathra go léir sa mhodh coinníollach agat.)

1. (Bí : mé) _____ ag imirt peile dá…
2. (Ní : bí : siad) _____ ag imirt snúcair dá…
3. (An : bí : tú) _____ amuigh ag siúl dá…?
4. (Bí : sinn) _____ ag scríobh aiste dá…
5. (Ní : bí : sinn) _____ ag obair dá…
6. (Abair) _____ Seán 'slán' lena thuismitheoirí dá…
7. (Ní : abair) _____ Siobhán é sin dá…
8. (An : abair : siad) _____ é sin leat dá…?
9. (Abair : sinn) _____ paidreacha dá…
10. (Téigh : mé) _____ go dtí an siopa dá…
11. (An : téigh : sibh) _____ go Ros Comáin dá…?
12. (Ní : téigh) _____ duine ar bith amach dá…
13. (Téigh : sinn) _____ ag siúl sa pháirc dá…
14. (Ní : téigh : sinn) _____ go Muineachán dá…
15. (Faigh : mé) _____ marcanna maithe dá…
16. (Faigh : sinn) _____ a lán leabhar dá…
17. (Ní : faigh) _____ Pádraig mórán airgid dá…

18. (An : faigh : tú) _____ marcanna maithe dá…?
19. (Déan : mé) _____ an obair bhaile go léir dá…
20. (Ní : déan : sí) _____ obair ar bith dá…
21. (An : déan : sibh) _____ a lán oibre dá…?
22. (Déan : sinn) _____ staidéar ar na hábhair go léir dá…
23. (Ní : déan : sinn) _____ mórán oibre dá…
24. (Feic : mé) _____ na cailíní gach lá dá…
25. (An : feic : tú) _____ d'uncail dá…?
26. (Ní : feic : sinn) _____ Máire dá…
27. (Feic : sinn) _____ Éamann dá…
28. (Beir) _____ na Gardaí ar an ngadaí dá…
29. (An : beir : tú) _____ ar an liathróid dá…?
30. (Ní : beir : sinn) _____ ar an liathróid dá…
31. (Clois : mé) _____ an clog ag bualadh dá…
32. (An : clois : siad) _____ an clog ag bualadh dá…?
33. (Clois : sinn) _____ na cailíní ag canadh dá…
34. (Ith : siad) _____ na milseáin go léir dá…
35. (An : ith : tú) _____ do dhinnéar dá…?
36. (Ní : ith : mé) _____ rud ar bith dá…
37. (Ní : ith : sinn) _____ bia roimh an dinnéar dá…
38. (Tabhair : mé) _____ bronntanas do Bhríd dá…
39. (Tabhair : sinn) _____ na cóipleabhair don mhúinteoir dá…
40. (An : tabhair) _____ do mháthair airgead ar bith duit dá…?
41. (Tar : mé) _____ ar scoil ar mo rothar dá…
42. (An : tar) _____ Seán ar scoil dá…?
43. (Ní : tar : siad) _____ isteach ar a naoi a chlog dá…
44. (An : tar : sibh) _____ ar scoil gach lá dá…?
45. (Tar : sinn) _____ go léir isteach go luath dá…

B Aistrigh na leaganacha seo a leanas go Gaeilge:

1. I would be *(bí)* working hard every day if…
2. They would not be *(bí)* at school if…
3. Would you (plural) be *(bí)* writing notes every night if…?
4. We would be *(bí)* sick if…
5. We would not be *(bí)* at the shops if…
6. He would say *(abair)* his prayers if…

Cúrsa Gramadaí do Mheánscoileanna

7. Rebecca would not say *(abair)* anything if…
8. Would he say *(abair)* things like that if…?
9. We would say *(abair)* our prayers if…
10. The prayers would be said *(abair)* if…
11. I would go *(téigh)* home if…
12. Would you (singular) go *(téigh)* out every night if…?
13. Éamann would not go *(téigh)* home if…
14. We would go *(téigh)* to school if…
15. We would go *(téigh)* to Limerick if…
16. I would get *(faigh)* a present if…
17. We would get *(faigh)* sweets if…
18. Peadar would not get *(faigh)* any money if…
19. Would you (plural) get *(faigh)* books if…?
20. The books would be got *(faigh)* in the library if…
21. I would do *(déan)* all the work if…
22. They would not do *(déan)* the homework if…
23. Would you (singular) make *(déan)* furniture *(troscán)* if…?
24. We would do *(déan)* the work if…
25. We would not do *(déan)* the homework if…
26. The work would be done *(déan)* if…
27. The work would not be done *(déan)* if…
28. Would the work be done *(déan)* if…?
29. I would see *(feic)* the boys playing every day if…
30. Would you (plural) see *(feic)* the man every day if…?
31. The men would not see *(feic)* the girls if…
32. We would see *(feic)* the girls at the games if…
33. The boys would be seen *(feic)* at the cinema if…
34. The girls would not be seen *(feic)* at school if…
35. Would the women be seen *(feic)* at the shops if…?
36. Siobhán would catch *(beir + ar)* the ball if…
37. Would you (plural) catch *(beir + ar)* the ball if…?
38. We would not catch *(beir + ar)* the ball if…
39. The ball would be caught *(beir + ar)* if…
40. Many children would be born *(beir)* in Dublin if…
41. I would hear *(clois)* the boys coming in if…
42. Would Peadar hear *(clois)* the bell if…?

43. We would hear *(clois)* the postman coming if…
44. The teacher would not hear *(clois)* me if…
45. The news would be heard *(clois)* every morning if…
46. I would eat *(ith)* my dinner if…
47. He would not eat *(ith)* sweets if…
48. Would you (singular) eat *(ith)* apples if…?
49. We would not eat *(ith)* the food if…
50. I would give *(tabhair + do)* money to the priest if…
51. We would not give *(tabhair + do)* flowers to the teacher if…
52. Would you (singular) give *(tabhair + do)* flowers to me if…?
53. You (plural) would give books to the teacher if…
54. I would not give *(tabhair + do)* sweets to the boy if…
55. The money would be given *(tabhair + do)* to Liam if…
56. I would come *(tar)* home early if…
57. Would Sorcha come *(tar)* home early if…?
58. They would not come *(tar)* to school if…
59. Would Proinsias come *(tar)* to school every day if…?
60. We would come *(tar)* home at six o'clock every evening if…

B Aistrigh an sliocht seo a leanas go Gaeilge:

> If I were attending a secondary school *(Dá mbeinn ag freastal ar mheánscoil)*, I would hear *(clois)* the clock at a quarter past six every morning. I would be *(bí)* tired *(tuirseach)*, but I would jump *(léim)* out of bed immediately. I would go *(téigh)* into the bathroom and I would wash *(nigh)* myself. I would come *(tar)* out of the bathroom and go *(téigh)* down to the kitchen. I would get *(faigh)* cornflakes and I would eat *(ith)* them. I would drink *(ól)* a cup of coffee too. I would take hold of *(beir + ar)* my schoolbag, say *(abair)* 'goodbye' to my parents and leave *(fág)* the house. I would take *(tóg)* the second turn on the right *(an dara casadh ar dheis)* and reach *(sroich)* the school at a quarter to nine. I would spend *(caith)* a while talking with my friends in the yard. At nine o'clock the classes would begin *(tosaigh)*. When the break would be on *(bí + ar siúl)*, I would buy *(ceannaigh)* two bars of chocolate and I would give *(tabhair)* one to my friend. After that, I would play *(imir)* football for a while. At four o'clock I would hurry *(brostaigh)* home and do *(déan)* my homework immediately. I would watch *(féach + ar)* television for a while and see *(feic)* a good film. I would listen to *(éist + le)* music too.

Aonad 9

'Má', 'Dá' agus 'Mura' (le briathra)

Le Foghlaim

- Má = if.
- Úsáidtear **má** <u>nuair nach mbíonn</u> na focail **would**, **could** nó **should** san abairt i mBéarla.
- **Má + Séimhiú** de ghnáth (Keep **d'**).
- Seo roinnt eisceachtaí nach mbíonn séimhiú ar bith orthu:

    má **t**á; má **d**úirt; má **f**uair.

- Is iad seo a leanas na haimsirí a leanann **má** de ghnáth: an aimsir láithreach, (e.g. 'má tá'); an aimsir ghnáthláithreach, (e.g. 'má bhíonn'); an aimsir chaite, (e.g. 'má bhí'); an aimsir ghnáthchaite, (e.g. 'má bhíodh').

    N.B. When using 'má', just use the same tense as you would in English.

- Ní leanann an Aimsir Fháistineach **má** riamh.

Anseo thíos, tá roinnt samplaí d'abairtí le 'má' iontu:

- If John does the work I will be happy.
  Má dhéanann Seán an obair, beidh áthas orm.
- If Dad came home yesterday he is not in England now.
  Má tháinig Daid abhaile inné, níl sé i Sasana anois.
- If you are working now I will go home.
  Má tá tú ag obair anois, rachaidh mise abhaile.
- If you are at school tomorrow you will see Bríd.
  Má bhíonn tú ar scoil amárach, feicfidh tú Bríd.
- If they see the man tomorrow they will speak with him.
  Má fheiceann siad an fear amárach, labhróidh siad leis.

Aistrigh na habairtí seo a leanas go Gaeilge:

1. If Seán gets *(faigh)* the chance he cleans *(glan)* the car every day.
2. If Peadar is *(bí)* telling the truth *(ag insint na fírinne)* he cleaned *(glan)* the car yesterday.
3. If he gets *(faigh)* the chance he will clean *(glan)* the car tomorrow.

4. If you are right *(bí : an ceart agat)* Pól breaks *(bris)* the law *(dlí)* often *(go minic)*.
5. If he broke *(bris)* the law yesterday he is *(bí)* foolish *(amaideach)*.
6. If he breaks *(bris)* the law tomorrow he will be *(bí)* in trouble.
7. If he buys *(ceannaigh)* sweets every day he will be *(bí)* fat *(ramhar)*.
8. If he bought *(ceannaigh)* twenty stamps yesterday he has *(bí : aige)* three hundred now.
9. If he buys *(ceannaigh)* stamps tomorrow he will put *(cuir)* the letters *(litreacha)* in the post.
10. If he drinks *(ól)* milk every day he will be *(bí)* healthy *(sláintiúil)*.
11. If he drank *(ól)* the milk yesterday there is *(bí)* no milk left *(fágtha)* now.
12. If he drinks *(ól)* milk he will not be *(bí)* thirsty *(tart air)*.
13. If gets up *(éirigh)* early *(go moch)* every morning he is *(bí)* sensible *(ciallmhar)*.
14. If he got up *(éirigh)* early this morning he is sensible *(bí : ciall aige)*.
15. If he gets up *(éirigh)* early tomorrow he will be tired *(bí : tuirse air)*.
16. If he stays *(fan)* at home every day he is *(bí)* foolish *(amaideach)*.
17. He was *(bí)* sick if he stayed *(fan)* at home yesterday.
18. If he stays *(fan)* at home tomorrow I will be *(bí)* angry *(fearg orm)*.
19. If he returns *(fill)* early *(go luath)* every day he is *(bí)* sensible *(ciallmhar)*.
20. If he returned *(fill)* early yesterday he is *(bí)* sensible *(ciallmhar)*.
21. If he returns early *(fill)* tomorrow I will speak *(labhair)* with him.
22. If she comes *(tar)* to school every day she will get *(faigh)* good marks.
23. If she came *(tar)* to school yesterday she did *(déan)* the right thing.
24. I will be *(bí)* satisfied *(sásta)* if she comes *(tar)* to school tomorrow.
25. If she goes *(téigh)* to school every day I will be *(bí)* satisfied *(sásta)*.
26. I am *(bí)* satisfied *(sásta)* if she went *(téigh)* to school yesterday.
27. If she goes *(téigh)* to school tomorrow she will learn *(foghlaim)* many things.
28. I will be *(bí)* satisfied *(sásta)* if she gets *(faigh)* a lot of money.
29. If she got *(faigh)* a lot of money yesterday she is *(bí)* satisfied *(sásta)* now.
30. If she gets *(faigh)* a lot of money tomorrow she will buy *(ceannaigh)* shoes.

31. If she sees *(feic)* the programme *(clár)* every day she will be *(bí)* satisfied *(sásta)*.
32. If she saw *(feic)* the programme yesterday she is lucky *(bí : an t-ádh uirthi)*.
33. She will be *(bí)* satisfied *(sásta)* if she sees *(feic)* the programme.
34. She is *(bí)* religious *(cráifeach)* if she says *(abair)* her prayers every day.
35. I am *(bí)* satisfied *(sásta)* if she said *(abair)* her prayers last night.
36. I will be *(bí)* satisfied *(sásta)* if she says *(abair)* her prayers tonight.
37. If she catches *(beir + ar)* the ball she will play *(imir)* well.
38. If she caught *(beir + ar)* the ball I am *(bí)* satisfied *(sásta)*.
39. If she catches *(beir + ar)* the ball we will win *(buaigh)* the game.
40. If she eats *(ith)* sweets at lunch time, she is *(bí)* silly *(míchiallmhar)*.
41. If she ate *(ith)* sweets at lunch time yesterday she was *(bí)* silly *(míchiallmhar)*.
42. I don't care *(is cuma liom)* if she eats *(ith)* sweets tomorrow.
43. I don't care *(is cuma liom)* if she does *(déan)* the work every day.
44. I don't care *(is cuma liom)* if she did *(déan)* the work yesterday.
45. I don't care *(is cuma liom)* if she does *(déan)* the work tomorrow.
46. I don't care *(is cuma liom)* if she gives *(tabhair)* money to you.
47. I don't care *(is cuma liom)* if she heard *(clois)* the news last night.
48. If she hears *(clois)* the news tomorrow she will be *(bí)* satisfied *(sásta)*.
49. If she is well *(go maith)* now, that's a good thing *(is rud maith é sin)*.
50. If she is *(does be - bí)* well every day that's a good thing *(is rud maith é sin)*.

Le Foghlaim

- Mura = if not.
- Mura + Urú
- Is iad seo a leanas na haimsirí a leanann **mura** (negative of **má**) de ghnáth: an aimsir láithreach, (e.g. 'mura bhfuil'); an aimsir ghnáthláithreach, (e.g. 'mura mbíonn'); an aimsir chaite, (e.g. 'mura raibh'); an aimsir ghnáthchaite, (e.g. 'mura mbíodh').

N.B. When using 'mura' (negative of 'má'), just use the same tense as you would in English.

- **Murar san Aimsir Chaite (drop d'):** e.g. 'murar cheannaigh', 'murar chuir', 'murar dhún', 'murar ól'
- Úsáidtear **mura + urú** in ionad **murar** sna cásanna seo a leanas:

  mura ndeachaigh   mura bhfaca
  mura ndearna   mura bhfuair
  mura ndúirt   mura raibh

Anseo thíos, tá roinnt samplaí d'abairtí le 'mura' (nó 'murar') iontu:
- If John does not close the door Síle will be angry.
  Mura ndúnann Seán an doras, beidh fearg ar Shíle.
- If Liam did not drink the milk this morning he will drink it now.
  Murar ól Seán an bainne ar maidin, ólfaidh sé anois é.
- If you are not satisfied I will help you.
  Mura bhfuil tú sásta, cabhróidh mise leat.
- If you are not at school tomorrow you will be sorry.
  Mura mbíonn tú ar scoil amárach, beidh brón ort.
- If you did not put the book in the bag I will put it in now.
  Murar chuir tú an leabhar sa mhála, cuirfidh mise isteach anois é.

Aistrigh na habairtí seo a leanas go Gaeilge:
1. If he doesn't get *(faigh)* the chance *(deis)* he doesn't clean *(glan)* the car every day.
2. If he is not *(bí)* telling the truth *(ag insint na fírinne)* he is silly *(amaideach)*.
3. If he doesn't get *(faigh)* the chance *(deis)* he will not clean *(glan)* the car tomorrow.
4. If he doesn't break *(bris)* the law *(dlí)* why is he in prison?
5. If he didn't break *(bris)* the law *(dlí)* yesterday he is sensible *(ciallmhar)*.
6. If he doesn't break *(bris)* the law *(dlí)* tomorrow he will not be *(bí)* in trouble.
7. If he doesn't buy *(ceannaigh)* sweets every day he will not be *(bí)* fat *(ramhar)*.
8. If he did not buy *(ceannaigh)* stamps yesterday he still has *(bí : aige)* three hundred.
9. If he doesn't buy *(ceannaigh)* stamps tomorrow I will not put the letters *(litreacha)* in the post.
10. If he doesn't drink *(ól)* milk he will not be *(bí)* healthy *(sláintiúil)*.

11. If he didn't drink *(ól)* the milk yesterday we still have *(bí : againn)* some left.
12. He will be *(bí)* thirsty *(tart air)* if he doesn't drink *(ól)* the milk.
13. If he doesn't get up *(éirigh)* early *(go moch)* every morning he is not sensible *(ciallmhar)*.
14. If he didn't get up *(éirigh)* early this morning he is *(bí)* silly *(míchiallmhar)*.
15. If he doesn't get up *(éirigh)* early tomorrow he will be *(bí)* late.
16. If he doesn't stay *(fan)* at home he is *(bí)* foolish *(amaideach)*.
17. He is probably not sick *(is dócha nach bhfuil sé tinn)* if he didn't stay *(fan)* at home yesterday.
18. If he doesn't stay *(fan)* at home tomorrow I will be angry *(bí : fearg orm)*.
19. If he doesn't return *(fill)* early *(go luath)* every day he is sensible *(bí : ciall aige)*.
20. If he didn't return *(fill)* early yesterday that's not a good thing *(ní rud maith é sin)*.
21. If he doesn't return *(fill)* early tomorrow I will not speak *(labhair)* with him.
22. If she doesn't come *(tar)* to school every day she will not do well *(ní : éirigh : go maith léi)*.
23. If she didn't come *(tar)* to school yesterday how did she do *(déan)* her homework?
24. I will not be *(bí)* satisfied *(sásta)* if she doesn't come *(tar)* to school.
25. If she doesn't go *(téigh)* to school every day she will lose *(caill)* marks.
26. I am not *(bí)* satisfied *(sásta)* if she didn't go *(téigh)* to school yesterday.
27. If she doesn't go *(téigh)* to school tomorrow she will not learn *(foghlaim)* anything.
28. I will not be *(bí)* satisfied *(sásta)* if she doesn't get *(faigh)* a lot of money.
29. If she did not get *(faigh)* money yesterday she won't be able *(bí)* to buy anything today.
30. If she doesn't get *(faigh)* a lot of money tomorrow she will not buy *(ceannaigh)* shoes.
31. If she doesn't see *(feic)* the programme *(clár)* every day she will not be satisfied *(sásta)*.

Aonad 9

32. If she didn't see *(feic)* the programme *(clár)* yesterday she is not *(bí)* satisfied *(sásta)* now.
33. I will not be *(bí)* satisfied *(sásta)* if she doesn't see *(feic)* the programme *(clár)* tomorrow.
34. She is not *(bí)* religious *(cráifeach)* if she doesn't say *(abair)* her prayers every day.
35. I am not *(bí)* satisfied *(sásta)* if she didn't say *(abair)* her prayers last night.
36. If she doesn't say *(abair)* her prayers tonight I will not be *(bí)* satisfied *(sásta)*.
37. If she doesn't catch *(beir + ar)* the ball she will not play *(imir)* well.
38. If she didn't catch *(beir + ar)* the ball that's not a good thing *(ní rud maith é sin)*.
39. If she doesn't catch *(beir + ar)* the ball we will not win *(buaigh)* the game.
40. If she doesn't eat *(ith)* sweets at lunch time every day, she is *(bí)* sensible *(ciallmhar)*.
41. If she didn't eat *(ith)* her lunch yesterday she was silly *(míchiallmhar)*.
42. I don't care *(is cuma liom)* if she doesn't eat *(ith)* her breakfast.
43. I don't care *(is cuma liom)* if she doesn't do *(déan)* the work.
44. I don't care *(is cuma liom)* if she did not do *(déan)* the work.
45. I don't care *(is cuma liom)* if she doesn't give *(tabhair)* money to poor people *(daoine bochta)*.
46. I don't care *(is cuma liom)* if she didn't hear *(clois)* the news this morning.
47. If she doesn't hear *(clois)* the news tomorrow she will not be satisfied *(sásta)*.
48. If she is not *(bí)* well *(go maith)* now I will do *(déan)* the work.
49. If she isn't *(doesn't be - bí)* well (every day) I usually *(de ghnáth)* do *(déan)* the work.
50. If Mary was not *(bí)* well yesterday she will not be *(bí)* at school today.

Le Foghlaim

- Dá = if.
- Úsáidtear **dá** <u>nuair a bhíonn ceann ar bith</u> de na focail **would**, **could** nó **should** san abairt i mBéarla.
- Dá + Urú + Modh Coinníollach … + Modh Coinníollach.
- N.B. <u>Dá bhfaighinn</u>.

Anseo thíos, tá roinnt samplaí d'abairtí le 'dá' iontu:

Dá + Urú + Modh Coinníollach	Modh Coinníollach
Dá ndéanfadh Seán an obair *(If John were to do the work*	bheinn sásta. *I would be satisfied.)*
Dá dtiocfadh Daidí abhaile *(If Daddy were to come home*	gheobhainn airgead uaidh. *I'd get money from him.)*
Dá mbeadh brón ort *(If you were sad*	ní bheifeá ag gáire. *you would not be laughing.)*
Dá mbeifeá ar scoil *(If you were at school*	gheofá duais. *you would get a prize.)*
Dá bhfeicfidís an fear *(If they saw the man*	labhróidís leis. *they would speak to him.)*

Aistrigh na habairtí seo a leanas go Gaeilge:

1. If he got *(faigh)* the chance *(deis)* he would clean *(glan)* the car every day.
2. If he got *(faigh)* the chance *(deis)* he would clean *(glan)* the car tomorrow.
3. He would be *(bí)* foolish *(amaideach)* if he broke *(bris)* the law.
4. If he broke *(bris)* the law tomorrow he would be *(bí)* in trouble.
5. If he bought *(ceannaigh)* sweets every day he would be *(bí)* fat *(ramhar)*.
6. If he bought *(ceannaigh)* twenty stamps he would have *(bí : aige)* three hundred now.
7. If he had bought *(ceannaigh)* the stamps he would have put *(cuir)* the letters *(litreacha)* in the post.
8. If he drank *(ól)* milk every day he would be *(bí)* healthy *(sláintiúil)*.
9. If he drank *(ól)* the milk there would be *(bí)* no milk left *(fágtha)*.
10. If he drank *(ól)* milk he would not be thirsty *(bí : tart air)*.

11. He would be *(bí)* sensible *(ciallmhar)* if he got up *(éirigh)* early *(go moch)* every morning.
12. If he got up *(éirigh)* early *(go moch)* he would be *(bí)* tired *(tuirseach)*.
13. He would be *(bí)* foolish *(amaideach)* if he stayed *(fan)* at home every day.
14. If he were to stay *(fan)* at home tomorrow I would be angry *(bí : fearg orm)*.
15. If he returned *(fill)* early *(go luath)* every day he would be *(bí)* sensible *(ciallmhar)*.
16. If he returned *(fill)* early *(go luath)* I would be *(bí)* satisfied *(sásta)*.
17. If he were to return *(fill)* early *(go luath)* tomorrow I would speak *(labhair)* with him.
18. If she came *(tar)* to school every day she would do well *(éirigh : go maith léi)*.
19. I would be *(bí)* satisfied *(sásta)* if she came *(tar)* to school.
20. If she went *(téigh)* to school every day that would be *(bí)* good.
21. I would be *(bí)* satisfied *(sásta)* if she went *(téigh)* to school.
22. If she went *(téigh)* to school she would learn *(foghlaim)* many things.
23. I would be *(bí)* satisfied *(sásta)* if she got *(faigh)* money.
24. If she got *(faigh)* money she would buy *(ceannaigh)* shoes.
25. If she saw *(feic)* the programme *(clár)* she would be *(bí)* satisfied *(sásta)*.
26. If she had seen *(feic)* the programme *(clár)* she would have been *(bí)* satisfied *(sásta)*.
27. I would be *(bí)* satisfied *(sásta)* if she saw the programme *(clár)*.
28. She would be religious *(cráifeach)* if she said *(abair)* her prayers every day.
29. I would be *(bí)* satisfied *(sásta)* if she said *(abair)* her prayers.
30. If she caught *(beir + ar)* the ball she would play *(imir)* well.
31. If she caught *(beir + ar)* the ball we would win *(buaigh)* the game.
32. If she ate *(ith)* sweets every day, she would be unhealthy *(míshláintiúil)*.
33. I wouldn't care *(ba chuma liom)* if she ate *(ith)* sweets.
34. I wouldn't care *(ba chuma liom)* if she did *(déan)* the work.
35. It would be *(bí)* nice if she gave *(tabhair)* money to poor people.

36. If she gave *(tabhair)* money to poor people I would be *(bí)* satisfied *(sásta)*.
37. I would be *(bí)* satisfied *(sásta)* if she heard *(clois)* the news.
38. She would be *(bí)* satisfied *(sásta)* if she heard *(clois)* the news.
39. If she were *(bí)* well I would be happy *(bí : áthas orm)*.
40. If Mary were *(bí)* well she would be *(bí)* on the team.

Le Foghlaim

- Mura = if not (negative of 'dá').
- Úsáidtear **mura** (negative of **dá**) <u>nuair a bhíonn ceann ar bith</u> de na focail **would**, **could** nó **should** san abairt i mBéarla.
- Mura + Urú + Modh Coinníollach … + Modh Coinníollach.
- N.B. <u>Mura bhfaighinn</u>.

Anseo thíos tá roinnt samplaí d'abairtí le 'mura' iontu:

Mura + Urú + Modh Coinníollach	Modh Coinníollach
Mura mbeadh Síle ag gol *(If Sheila were not crying*	ní bheadh a máthair crosta. *her mother would not be cross.)*
Mura ndéanfadh Seán an obair *(If John were not to do the work*	bheadh fearg ar an múinteoir. *the teacher would be angry.)*
Mura dtabharfaí an freagra ceart *(If the correct answer were not given*	chaillfí marcanna. *marks would be lost.)*
Mura bhfeicfimis an fear *(If we had not seen the man*	ní labhróimis leis. *we would not have spoken to him.)*
Mura dtiocfadh Mam abhaile *(If Mum had not come home*	bheadh áthas orainn go léir. *we would all have been happy.)*

Aistrigh na habairtí seo a leanas go Gaeilge:
1. If he didn't get *(faigh)* the chance *(deis)* he wouldn't clean *(glan)* the car.
2. He would not clean *(glan)* the car unless he got *(faigh)* the chance *(deis)*.
3. He would be *(bí)* sensible *(ciallmhar)* if he didn't break *(bris)* the law.
4. If he hadn't broken *(break)* the law he would not have been *(bí)* in trouble.
5. If he didn't buy *(ceannaigh)* sweets every day he would not be *(bí)* fat *(ramhar)*.

Aonad 9

6. If he hadn't bought *(ceannaigh)* twenty stamps he would not have *(bí : aige)* three hundred now.
7. If he had not bought *(ceannaigh)* the stamps he would not have put *(cuir)* the letters *(litreacha)* in the post.
8. If he didn't drink *(ól)* milk every day he would not be *(bí)* healthy *(sláintiúil)*.
9. If he didn't drink *(ól)* the milk there would be *(bí)* a lot of milk left *(fágtha)*.
10. If he didn't drink *(ól)* water he would be thirsty *(bí : tart air)*.
11. He would be *(bí)* sensible *(ciallmhar)* if he didn't get up *(éirigh)* early *(go moch)* every morning.
12. If he were not to get up *(éirigh)* early *(go moch)* tomorrow he would not be *(bí)* tired *(tuirseach)*.
13. He would not be *(bí)* foolish *(amaideach)* if he didn't stay *(fan)* at home every day.
14. If he didn't stay *(fan)* at home I would not be angry *(bí : fearg orm)*.
15. If he were not to return *(fill)* early *(go luath)* every day he would not be *(bí)* sensible *(ciallmhar)*.
16. If he didn't return *(fill)* I would be *(bí)* satisfied *(sásta)*.
17. If he were not to return *(fill)* I would not speak *(ní : labhair)* with him.
18. If she hadn't come *(tar)* to school every day she would not have done well *(ní : éirigh go maith léi)*.
19. I would be *(bí)* satisfied *(sásta)* if she didn't come *(tar)* to school at all.
20. If she didn't go *(téigh)* to school every day that would not be *(bí)* good.
21. I would be *(bí)* satisfied *(sásta)* if she didn't go *(téigh)* to school.
22. If she were not to go *(téigh)* to school she would not learn *(foghlaim)* anything.
23. I would be *(bí)* satisfied *(sásta)* if she didn't get *(faigh)* money.
24. If she did not get *(faigh)* money she would not buy *(ceannaigh)* shoes.
25. If she didn't see *(feic)* the programme *(clár)* she would not be *(bí)* satisfied *(sásta)*.
26. If she had not seen *(feic)* the programme *(clár)* she would have been satisfied *(sásta)*.

27. I would be *(bí)* satisfied *(sásta)* if she didn't see *(feic)* the programme *(clár)*.
28. She would not be *(bí)* religious *(cráifeach)* if she didn't say *(abair)* prayers every day.
29. I would be *(bí)* satisfied *(sásta)* if she didn't say *(abair)* prayers.
30. If she didn't catch *(beir + ar)* the ball she would not play *(imir)* well.
31. If she had not caught *(beir + ar)* the ball we would not have won *(buaigh)* the game.
32. If she were not to eat *(ith)* sweets, she would be *(bí)* sensible *(ciallmhar)*.
33. I wouldn't care *(ba chuma liom)* if she didn't eat *(ith)* her dinner.
34. I wouldn't care *(ba chuma liom)* if she didn't do *(déan)* the work.
35. It would not be nice if she didn't give *(tabhair)* money to poor people.
36. If she had not given *(tabhair)* money to poor people I would not have been *(bí)* satisfied *(sásta)*.
37. I would be *(bí)* satisfied *(sásta)* if she didn't hear *(clois)* the news.
38. She would not be *(bí)* satisfied *(sásta)* if we didn't hear *(clois)* the news.
39. If she were not *(bí)* well I would not be *(bí)* satisfied *(sásta)*.
40. If Mary were not *(bí)* well she would not be *(bí)* on the team.

Athscríobh na habairtí seo a leanas agus bain amach na lúibíní.

1. Mura (faigh : tú) _____ torthaí maithe, bheadh aiféala ort.
2. Mura (faigh : tú) _____ torthaí maithe, beidh aiféala ort.
3. Mura (tar : tú) _____ abhaile, bheadh fearg ar do mháthair.
4. Mura (tar : tú) _____ abhaile, beidh fearg ar do mháthair.
5. Ní bheadh díomá orm dá (caill : sinn) _____ an cluiche.
6. Ní bheidh díomá orm má (caill : sinn) _____ an cluiche.
7. (Ní : ith : sinn) _____ an dinnéar amárach má (bí) _____ oinniúin ann.
8. (Ní : ith : sinn) _____ an dinnéar dá (bí) _____ oinniúin ann.
9. Dá (téigh : tú) _____ go dtí an siopa, (ní : cuir) _____ an siopadóir fáilte romhat.

Aonad 9

10. Má (téigh : tú) _____ go dtí an siopa, (ní : cuir) _____ an siopadóir fáilte romhat.
11. (Ní : cuir : sé) _____ am amú dá mbeadh ciall aige.
12. (Buail : mé) _____ le mo chara sa stáisiún má (tar : sí) _____ in am.
13. (Buail : mé) _____ le mo chara sa stáisiún dá dtiocfadh sí in am.
14. Dá (ceannaigh : sinn) _____ an teach sin, (bí) _____ saol compordach againn.
15. Má (ceannaigh : sinn) _____ an teach sin, (bí) _____ saol compordach againn.
16. Mura (téigh : sibh) _____ abhaile láithreach, beidh fearg ar bhur n-athair.
17. (Ní : tit) _____ na cupáin den bhord dá mbeifeá cúramach.
18. (Ní : tit) _____ na cupáin den bhord má (bí : tú) cúramach.
19. (Ní : tit : sí) _____ den rothar dá mbeadh sí cúramach.
20. Má (inis : mé) _____ an scéal do Sheán amárach, (bí) _____ áthas air.
21. Dá (inis : mé) _____ an scéal do Sheán amárach, (bí) _____ áthas air.
22. (Ní : labhair) _____ Seán leis an gcailín mura mbeadh cead aige.
23. (Ní : imigh : siad) _____ abhaile má chaithimid go deas leo.
24. (Ní : ith : sinn) _____ na milseáin dá (ceannaigh) _____ Liam iad.
25. (Ní : tuig : sí) _____ an cheist mura míneodh an múinteoir í.
26. Má (inis : mé) _____ an scéal do Sheán amárach, (bí) _____ díomá air.
27. Dá (bris : tú) _____ an rud sin, (bí : mé) _____ ar buile.
28. Mura (déan : tú) _____ do dhícheall, bheadh aiféala ort.
29. Dá (buaigh : tú) _____ an cluiche, (bí : tú) _____ i do sheaimpín!
30. Mura (téigh : tú) _____ go dtí an cluiche, bheadh díomá ar an bhfoireann.
31. Mura (téigh : sinn) _____ abhaile láithreach, ní bhfaighimis aon dinnéar.
32. Ní bheidh tuirse orm má (cabhraigh) _____ Seán liom.

33. Ní bheadh tuirse orm dá (cabhraigh) _____ Seán liom.
34. (Ní : ith : sinn) _____ na milseáin dá (faigh : sinn) _____ saor in aisce iad.
35. (Ní : ith : sinn) _____ na milseáin amárach má (faigh : sinn) _____ saor in aisce iad.
36. (Ní : ól : sé) _____ an iomarca dá mbeadh ciall aige.
37. (Ní : gortaigh : sí) _____ í féin dá mbeadh sí cúramach.
38. (Labhair : mé) _____ le mo dheirfiúr dá bhfeicfinn í.
39. (Labhair : mé) _____ le mo dheirfiúr amárach má fheicim í.
40. (Ní : tuig : sí) _____ an cheist mura ndéanfadh sí a cuid staidéir.

An Réamhfhocal Simplí

Aonad 10

Le Foghlaim

- The **réamhfhocal simplí** (simple preposition) usually tells us about the **position** of something in relation to something else in the sentence. Mar shampla

    Tá an peann **ar** an mbord = *The pen is **on** the table*.

- Uaireanta, leanann **urú** an réamhfhocal simplí agus uaireanta eile leanann **séimhiú** é. Cabhróidh na táblaí seo thíos leat:
- **Má + Séimhiú** de ghnáth (Keep **d'**).
- Seo roinnt eisceachtaí nach mbíonn séimhiú ar bith orthu:

    má **t**á; má **d**úirt; má **f**uair.

A Gan an tAlt – *Without the Article*

	Gan séimhiú
ag *at*	ag Seán; ag buachaill, ag cailín.
as *out of*	as póca; as mála; as carr.
chuig *to/towards*	chuig siopa, chuig Bríd.
le *with*	le Séamas; le Máire; le bean.
	Séimhiú
ar *on*	ar Mhairéad; ar chapall; ar chnoc.
de *off*	de Dheirdre; de chrann; de bhinse.
do *to/for*	do Mham; do Dhaid; do bhuachaill.
faoi *about/under*	faoi Shorcha; faoi shuíochán; faoi bhord.
ó *from*	ó Mhicheál; ó bhanaltra; ó Chorcaigh.
trí *through*	trí fhuinneog; trí chéile; trí dhoras.
thar *past*	thar pháirc; thar mhuir; thar chnoc.
roimh *before*	roimh Bhrian; roimh cheacht; roimh bhean.
	Urú
i *in*	i bpóca; i mbuidéal; i ngluaisteán.

Nóta speisialta: When **ar** refers to the **state** or **condition** of a person or thing, it is **not** followed by a **séimhiú**. Mar shampla:

Tá Seán **ar buile**; Tá mé **ar bís**; Tá siad **ar mire**.

B   Leis an Alt – *With the Article*

	Urú
ag an *at the*	ag an **m**buachaill, ag an **g**cailín.
as an *out of the*	as an **b**póca; as an **g**carr.
chuig an *to/towards the*	chuig an **bh**fear; chuig an **m**bád.
leis an *with the*	leis an **m**bean; leis an **g**cailín.
ar an *on the*	ar an **m**bord; ar an **m**buachaill.
faoin *about/under the*	faoin **g**cathaoir; faoin **b**pictiúr.
ón *from the*	ón **g**cluiche; ón **m**baile mór.
tríd an *through the*	tríd an **bh**fuinneog; tríd an **b**páipéar.
thar an *past the*	thar an **n**geata; thar an **m**binse.
roimh an *before the*	roimh an **g**ceacht; roimh an **m**bean.
	Séimhiú
den *off the*	den **ch**rann; den **bh**inse.
don *to/for the*	don **bh**uachaill; don **mh**úinteoir.
sa *in the*	sa **mh**ála; sa **ch**ófra.

Nóta speisialta: Sa changes to **san** before vowels and before **f**.
Mar shampla: **san** áit; **san** oileán; **san** fharraige.

Nóta eile: Ní chuirtear séimhiú ar **d** ná ar **s** ná ar **t** tar éis **sa**.
Mar shampla: **sa** dán; **sa** siopa; **sa** teach.

Le Foghlaim

- Úsáidtear **ar** chun **mothúcháin** (emotions/feelings) nó **tinnis** (illnesses) a chur in iúl: Mar shampla:

    Tá **brón** ar Mháire; Tá **slaghdán** ar Shéamas.

Briathra a leanann Réamhfhocal Simplí iad

Bain
Bhain mé sásamh **as** an obair *I took satisfaction **from** the work.*
Bhain mé an cóta **den** leanbh *I took the coat **off** the baby.*
Níor bhain mé **don** chapall *I did not **touch** the horse.*
Níor bhain mé **leis** an airgead *I did not interfere **with** the money.*
Baineadh **siar as** an mbuachaill *The boy was taken **aback**.*
Bhain sé **geit as** an gcailín *He frightened the girl.*

Aonad 10

Braith
Bhraith mé **ar** m'athair obair a fháil dom *I depended **on** my father to get work for me.*

Buail
Bhuail sé **ar** an doras *He knocked **on** the door.*
Bhuail mé **le** Nóra *I met Nora.*

Caith
Chaith sí **ar** an talamh é *She threw it **on** the ground.*
Chaith sé cloch **leis** an gcailín *He threw a stone **at** the girl.*
Chaith siad go fial **leis** an mbuachaill *They **treated** the boy generously.*

Cas
Chas mé **ar** clé *I turned **to** the left.*
Casadh an buachaill **ar** an gcailín *The boy **met** the girl.*

Croith
Chroith an fear lámh **leis** an gcailín *The man shook hands **with** the girl.*
Tá sé ag croitheadh **chuig/ar** an gcailín *He is waving **at** the girl.*

Cuir
Chuir sí cóta **ar** an leanbh *She put a coat **on** the baby.*
Chuir mé **as** a phost é *I deprived him **of** his job.*
Chuir Mamaí píosa **leis** an sciorta *Mammy **added** a piece **to** the skirt.*
Tá tú ag cur **as don** chailín *You are **bothering** the girl.*
Chuireamar **chun** bóthair *We **took to** the road.*
Chuir mé an obair **díom** go tapa *I got the work **done** quickly.*
Bíonn an buachaill sin i gcónaí **ag cur de** *That boy is always **giving out**.*
Tá Seán **ag cur faoi** sa chathair *John is **staying** in the city.*
Chuir mé **romham** an obair a chríochnú *I **set out** to finish the work.*
Chuir mé fáilte **roimh** an bhfear *I welcomed the man.*

Éist
D'éist mé **leis** an gceol *I listened **to** the music.*

Fan
D'fhan mé dílis **do** mo chairde *I remained loyal **to** my friends.*
D'fhan mé **leis** an mbus *I waited **for** the bus.*
D'fhan mé **ón** scoil *I absented myself **from** school.*

Féach
D'fhéach sí **ar** an gcluiche *She watched (looked **at**) the game.*

Fill
D'fhill sí **ón** gcathair *She returned **from** the city.*
D'fhill sí **ar** an gcathair *She returned **to** the city.*

Géill
Ghéill sí **don** bhuachaill *She gave in **to** the boy.*

Glaoigh
Ghlaoigh mé **ar** an gcailín *I called **on/to** the girl.*

Iarr
D'iarr mé **ar** Sheán an obair a dhéanamh *I asked Seán to do the work.*

Íoc
D'íoc mé **as** na hearraí *I paid for the goods.*
D'íoc mé trí euro **ar** na hearraí *I paid three euro **for** the goods.*

Oir
Oireann an cóta sin **do** Phól *That coat suits Pól.*

Rith
Rith sé **le** Seán go raibh an ceart aige *It occurred **to** Seán that he was right.*

Séid
Shéid sé **ar** an bhfeadóg *He blew **on** the whistle.*
Ní raibh sé ach ag séideadh **faoin** mbuachaill *He was only teasing the boy.*

Taispeáin
Thaispeáin sí an leabhar **do** Bhláthnaid *She showed the book **to** Bláthnaid.*

Teip
Theip **ar** Sheán sa scrúdú *John failed the examination.*

Admhaigh
Admhaím **do** gach éinne go ndearna mé botún *I admit to everybody that I made a mistake.*

Breathnaigh
Bhreathnaigh sé **ar** an gclár *He watched (looked **at**) the programme.*

Brostaigh
Brostaigh **ort**! *Hurry up!*

Cabhraigh
Chabhraigh mé **le** Liam *I helped Liam.*

Diúltaigh
Dhiúltaigh mé **don** mhúinteoir… *I refused **(to)** the teacher…*

Éirigh
D'éirigh sé **as** a phost *He gave **up** his job.*
D'éirigh sí **den** suíochán *She got up **off** the seat.*
D'éirigh **idir** Seán agus Máire *John and Mary fell out.*
D'éirigh **le** Seán sa scrúdú *John succeeded in the examination.*

Fiafraigh
D'fhiafraigh mé **de** Mháire cá raibh sí ag dul *I asked Mary where she was going.*

Aonad 10

Inis
D'inis mé **do** Mháire go raibh mé tinn *I told Mary that I was sick.*

Impigh
D'impigh mé **ar** Phól airgead a thabhairt dom *I begged Pól to give me money.*

Labhair
Labhair mé **le** mo mháthair *I spoke **to/with** my mother.*

Taitin
Thaitin an cluiche go mór **leis** an mbean *The woman enjoyed the game greatly.*

Tuirling
Thuirling mé **den** bhus *I got off the bus.*

Abair
Dúirt mé **le** Máire go raibh an ceart agam *I said **to** Mary that I was right.*

Beir
Rug mé **ar** an liathróid *I caught the ball.*

Tabhair
Thugamar 'Seán' **ar** an mbuachaill *We called the boy 'John'.*
Thug mé milseán **do** mo dheartháir *I gave a sweet **to** my brother.*

Athscríobh na habairtí seo a leanas agus cuir réamhfhocal simplí i ngach ceann de na bearnaí.

1. Tá siopa breá _____ an bhfear sin.
2. Bhí mé ag caint _____ Bríd ar maidin.
3. Thóg an fear nóta cúig euro _____ a phóca.
4. Fuair mé bronntanas deas _____ mo thuismitheoirí.
5. Thug mé bronntanas deas _____ mo thuismitheoirí.
6. Bhí mé ag an scoil cúig nóiméad _____ *(before)* an múinteoir.
7. Thiomáin mé an carr _____ Chorcaigh go Baile Átha Cliath.
8. Fuair mé mo leabhar _____ *(under the)* gcathaoir.
9. Fuair mé an litir _____ *(through the)* bpost.
10. Tá brón _____ Shéamas, mar tá a mháthair tinn.
11. Tá slaghdán _____ Shíle.
12. Tá náire _____ an mbuachaill.
13. D'inis mé an scéal _____ Sheán.
14. Chuir siad an liathróid _____ an bhfuinneog.
15. Tá na cupáin agus na plátaí _____ chistin.

Cúrsa Gramadaí do Mheánscoileanna

16. Chonaic mé an múinteoir _____ teach tábhairne.
17. Thuirling sé _____ traein ar maidin.
18. Tá na páistí ag súgradh _____ pháirc.
19. Beidh siad ag teacht abhaile _____ óstán i gceann tamaill.
20. Taitníonn popcheol _____ an gcailín.
21. Tá aithne agam _____ an bhfeirmeoir sin.
22. Tá aithne _____ an múinteoir _____ na daltaí go léir.
23. Cad is ainm _____ bhuachaill sin?
24. Bhain an mháthair an cóta _____ leanbh.
25. Chuir mé teachtaireacht ríomhphoist _____ mo chara inné.
26. Bhain mé geit _____ an mbuachaill.
27. Thóg sí an t-airgead _____ an sparán.
28. Tá an cat ina shuí _____ mbord.
29. Bhí na buachaillí ag caint _____ gcluiche.
30. Chonaic mé an buachaill ag dul _____ an droichead.
31. Baineadh siar _____ Pól nuair a rug an garda ar ghualainn air.
32. Bhuail mé _____ an gcailín ag an dioscó.
33. Chaith an fear cloch _____ an mbuachaill dána.
34. Chaith siad an liathróid _____ dhuine _____ duine.
35. Cuirfidh mé litir _____ an mbainisteoir.
36. Bhí mé ag fanacht _____ an mbus ar feadh uair an chloig.
37. Ní ghéillfidh mé _____ fhear sin go deo.
38. Bhris Seán fuinneog agus caithfidh sé íoc _____ an damáiste.
39. Beidh áthas orm má éiríonn _____ Seán sa scrúdú.
40. Ní oireann an geansaí sin _____ Sheán.
41. Taispeánfaidh mé an leabhar _____ Bhríd i gceann tamaill.
42. Chabhraigh mé _____ an mbuachaill an obair a dhéanamh.
43. D'éirigh go maith _____ an mbuachaill sa scrúdú.
44. D'impigh mé _____ an gcailín cabhair a thabhairt dom.
45. Bhuail mé _____ Seán i bPáirc an Chrócaigh.
46. Thug mé an t-airgead _____ bhean bhocht.
47. Ní raibh mé ar scoil an lá sin. Bhí mé _____ láthair.
48. Tá mé _____ buile leat go ndearna tú é sin, a Sheáin.
49. Léim an capall _____ an ngeata.
50. Tá an gadaí _____ bpríosún anois.

An Forainm Réamhfhoclach
The Prepositional Pronoun

Le Foghlaim

- **Forainm Réamhfhoclach = Réamhfhocal <u>agus</u> Forainm <u>curtha le chéile</u>**. Mar shampla:

ar agus **mé**	curtha le chéile	=	orm
ar agus **tú**	curtha le chéile	=	ort
ar agus **(s)é**	curtha le chéile	=	air
ar agus **(s)í**	curtha le chéile	=	uirthi
ar agus **sinn**	curtha le chéile	=	orainn
ar agus **sibh**	curtha le chéile	=	oraibh
ar agus **(s)iad**	curtha le chéile	=	orthu

- Déan staidéar ar na Forainmneacha Réamhfhoclacha sna táblaí seo thíos:

ag *at*	**as** *out of*	**chuig** *to/towards*
agam	asam	chugam
agat	asat	chugat
aige/aici	as/aisti	chuige/chuici
againn	asainn	chugainn
agaibh	asaibh	chugaibh
acu	astu	chucu
le *with*	**ar** *on*	**faoi** *about/under*
liom	orm	fúm
leat	ort	fút
leis/léi	air/uirthi	faoi/fúithi
linn	orainn	fúinn
libh	oraibh	fúibh
leo	orthu	fúthu
do *to/for*	**de** *off*	**ó** *from*
dom	díom	uaim
duit	díot	uait
dó/di	de/di	uaidh/uaithi
dúinn	dínn	uainn
daoibh	díbh	uaibh
dóibh	díobh	uathu

Cúrsa Gramadaí do Mheánscoileanna

trí *through*	**thar** *past*	**roimh** *before*	**i** *in*
tríom	tharam	romham	ionam
tríot	tharat	romhat	ionat
tríd/tríthi	thairis/thairsti	roimhe/roimpi	ann/inti
trínn	tharainn	romhainn	ionainn
tríbh	tharaibh	romhaibh	ionaibh
tríothu	tharstu	rompu	iontu

Athscríobh na habairtí seo a leanas agus cuir réamhfhocal simplí nó forainm réamhfhoclach i ngach ceann de na bearnaí de réir mar is cuí.

1. Tá siopa breá (ag : siad) _____.
2. An bhfuil cóta deas (ag : tú) _____?
3. An bhfuil bábóg mhór (ag : sí) _____?
4. An bhfuil siopa (ag : sibh) _____?
5. Tá a lán airgid (ag : tú) _____.
6. Tá fáilte (roimh : tú) _____.
7. Tá fáilte (roimh : sibh) _____.
8. Tá fáilte (roimh : siad) _____.
9. Tá fáilte _____ Mháire.
10. Tá fáilte _____, a Bhreandáin.
11. Chuir sé fáilte (roimh : mé) _____.
12. Is fuath (le : siad) _____ an t-arán sin.
13. Is maith (le : siad) _____ bainne.
14. Is maith (le : sé) _____ peil ghaelach.
15. Ní maith (le : sinn) _____ a bheith ag dul ar scoil.
16. An maith _____ na buachaillí a bheith ag imirt peile?
17. Céard tá á lorg _____, a Mháire?
18. Céard tá á lorg (ag : siad) _____?
19. Tá peann á lorg (ag : sí) _____.
20. Tá an rialóir á lorg _____ Síle.
21. Tá an mála á lorg (ag : sinn) _____.
22. Tá a bhean chéile á lorg (ag : sé) _____.
23. Tá Seán in aice _____ Máire.
24. "Tá brón _____," arsa Liam le Máire.
25. Tá an leabhar _____ an mbord.

Aonad 10

26. Tá tuirse (ar : siad) _____.
27. Tá náire _____ an mbuachaill.
28. An bhfuil díomá _____, a chailíní?
29. Tá áthas (ar : sinn) _____.
30. Tá fearg _____ Shéamas.
31. Tá bród (ar : sinn) _____.
32. Tá náire _____ Sheán.
33. Tá an siopa céad méadar _____ leabharlann.
34. Thaistil sé _____ Bhaile Átha Cliath _____ Corcaigh.
35. Tá peann ag teastáil _____ Chiarán.
36. Tá peann ag teastáil (ó : mé) _____.
37. Tá carn mór airgid ag teastáil (ó : siad) _____.
38. Deir Máire go bhfuil cupán caife ag teastáil _____.
39. Tá ceapairí ag teastáil (ó : sinn) _____.
40. Chiceáil sé an liathróid _____ an bhfuinneog.
41. D'fhág mé na cupáin _____ chistin.
42. Thuirling sé _____ traein ar maidin.
43. Tá na páistí ag súgradh _____ pháirc.
44. Tá an múinteoir ag ól _____ teach tábhairne.
45. Beidh siad ag teacht abhaile (ó : an) _____ óstán anocht.
46. Taitníonn popcheol (le : sé) _____.
47. Ní thaitníonn an leabhar sin (le : siad) _____.
48. An dtaitníonn ceol clasaiceach (le : siad) _____?
49. Ní thaitníonn ceol traidisiúnta (le : mé) _____.
50. Ní thaitníonn rudaí mar sin (le : siad) _____.
51. Tá aithne agam _____, a bhuachaill.
52. Tá aithne (ag : sinn) _____ _____ an bhfear sin.
53. Tá aithne _____ an múinteoir _____ na scoláirí go léir.
54. Níl aithne (ag : sé) _____ _____ Shíle.
55. An bhfuil aithne (ag : sí) _____ (ar : mé) _____?
56. Tá aithne (ag : sinn) _____ _____ d'athair.
57. Insíonn sí gach rud _____ mhúinteoir.
58. Inseoidh mé an scéal _____ Sheán.
59. Inseoidh mé gach rud _____ amárach, a bhuachaillí.
60. Cad is ainm _____ bhuachaill sin?

Cúrsa Gramadaí do Mheánscoileanna

61. Bhain Seán a chuid éadaigh _____ sula ndeachaigh sé a luí.
62. Níor bhain siad a gcuid éadaigh _____ sula ndeachaigh siad ag snámh.
63. Bhain sí a cuid éadaigh _____ roimh dhul a luí.
64. Bhaineamar ár gcuid éadaigh _____.
65. Sheol Síle litir (chuig : mé) _____.
66. Scríobhfaidh mé litir (chuig : siad) _____ amárach.
67. Nár scríobh sí (chuig : sibh) _____ fós?
68. Scríobh mé litir (chuig : sí) _____ inné.
69. Bhain tú geit (as : mé) _____, a phleidhce!
70. Thóg sí an t-airgead _____ an sparán.
71. Bhain mé geit (as : sí) _____.
72. Tá an cat ina luí _____ an mbord.
73. Ní raibh mé ag caint (faoi : sibh) _____, a bhuachaillí.
74. Chonaic mé an buachaill ag dul _____ an droichead.
75. Chuaigh sé _____ sáile.
76. Sciorr siad (thar : sé) _____.
77. Chonaic mé an bus ag dul (thar : mé) _____.
78. Níor chuir sé muinín ar bith (i : mé) _____.
79. Sin sparán deas. Cuirfidh mé airgead isteach _____.
80. Níl aon mhuinín (ag : mé) _____ (as : tú) _____.
81. Bhuail mé *(I met)* _____ Seán ag an dioscó.
82. Chaith mé cloch _____ an mbuachaill dána.
83. Tá súil agam nach bhfuil mé ag cur _____ duit, a Phóilín.
84. Seolfaidh mé litir _____ an mbainisteoir.
85. Bhí mé ag fanacht _____ an mbus ar feadh uair an chloig.
86. Ní ghéillfidh mé (do : tú) _____ go deo, a phleidhce!
87. Ghoid an gadaí airgead _____ siopa.
88. Bhris Seán an fhuinneog agus anois caithfidh sé íoc _____ an damáiste.
89. Ní oireann an geansaí sin _____ in aon chor, a Phóil.
90. Beidh áthas an domhain orm má éiríonn _____ sa scrúdú.

An Modh Ordaitheach
The Imperative Mood

Aonad 12

- Rud speisialta a bhaineann leis an nGaeilge ná gur féidir linn orduithe a thabhairt dúinn féin! Ní féidir é sin a dhéanamh sa Bhéarla!
- Is féidir linn orduithe a thabhairt sa chéad phearsa, sa dara pearsa agus sa tríú pearsa (uatha agus iolra) sa Ghaeilge; agus tá saorbhriathar againn sa mhodh ordaitheach freisin.
- Ní bhíonn aon aimsir i gceist sa Mhodh Ordaitheach.

Le Foghlaim

- When we wish to give an order directly to someone else, we simply use the **stem** of the verb in the singular and we add **–aigí** or **–aígí** for the plural.

Samplaí

	Uimhir Uatha	Uimhir Iolra
Close the door!	Dún an doras!	Dúnaigí an doras!
Turn left!	Cas ar clé!	Casaigí ar clé!
Drink the milk!	Ól an bainne!	Ólaigí an bainne!
Eat the food!	Ith an bia!	Ithigí an bia!
Open the door!	Oscail an doras!	Osclaígí an doras
Buy the book!	Ceannaigh an leabhar!	Ceannaígí an leabhar
Get up!	Éirigh!	Éirígí!
Collect the pens!	Bailigh na pinn!	Bailígí na pinn!

- Chun ordú a thabhairt san fhoirm dhiúltach, cuirimid **ná** roimh an mbriathar (gan séimhiú). Má thosaíonn an briathar le guta (**a, e, i, o, u**), cuirimid **h** roimhe san fhoirm dhiúltach.

Samplaí

Dún – Ná dún	Dúnaigí – Ná dúnaigí
Cas – Ná cas	Casaigí – Ná casaigí
Ól – Ná hól	Ólaigí – Ná hólaigí
Ith – Ná hith	Ithigí – Ná hithigí

Briathra sa Chéad Réimniú – Modh Ordaitheach

A   Ag críochnú ar chonsan leathan:

Dún	**Ól**	**Fág**
Dúnaim	Ólaim	Fágaim
Dún	Ól	Fág
Dúnadh sé/sí	Óladh sé/sí	Fágadh sé/sí
Dúnaimis	Ólaimis	Fágaimis
Dúnaigí	Ólaigí	Fágaigí
Dúnaidís	Ólaidís	Fágaidís
(Dúnadh siad)	(Óladh siad)	(Fágadh siad)
Dúntar	**Óltar**	**Fágtar**

B   Ag críochnú ar chonsan caol:

Cuir	**Éist**	**Fill**
Cuirim	Éistim	Fillim
Cuir	Éist	Fill
Cuireadh sé/sí	Éisteadh sé/sí	Filleadh sé/sí
Cuirimis	Éistimis	Fillimis
Cuirigí	Éistigí	Filligí
Cuiridís	Éistidís	Fillidís
(Cuireadh siad)	(Éisteadh siad)	(Filleadh siad)
Cuirtear	**Éistear**	**Filltear**

C   Ag críochnú ar -igh:

Glaoigh	**Léigh**	**Suigh**	**Buaigh**
Glaoim	Léim	Suím	Buaim
Glaoigh	Léigh	Suigh	Buaigh
Glaodh sé/sí	Léadh sé/sí	Suíodh sé/sí	Buadh sé/sí
Glaoimis	Léimis	Suímis	Buaimis
Glaoigí	Léigí	Suígí	Buaigí
Glaoidís	Léidís	Suídís	Buaidís
(Glaodh siad)	(Léadh siad)	(Suíodh siad)	(Buadh siad)
Glaoitear	**Léitear**	**Suítear**	**Buaitear**

D   Ag críochnú ar -áil nó ar –áin:

Sábháil	Taispeáin	Cniotáil
Sábhálaim	Taispeánaim	Cniotálaim
Sábháil	Taispeáin	Cniotáil
Sábháladh sé/sí	Taispeánadh sé/sí	Cniotáladh sé/sí
Sábhálaimis	Taispeánaimis	Cniotálaimis
Sábhálaigí	Taispeánaigí	Cniotálaigí
Sábhálaidís	Taispeánaidís	Cniotálaidís
(Sábháladh siad)	(Taispeánadh siad)	(Cniotáladh siad)
Sábháiltear	Taispeántar	Cniotáiltear

Briathra sa Dara Réimniú – Modh Ordaitheach

A   ag críochnú ar –aigh:

Ceannaigh	Athraigh	Fiafraigh
Ceannaím	Athraím	Fiafraím
Ceannaigh	Athraigh	Fiafraigh
Ceannaíodh sé/sí	Athraíodh sé/sí	Fiafraíodh sé/sí
Ceannaímis	Athraímis	Fiafraímis
Ceannaigí	Athraígí	Fiafraígí
Ceannaídís	Athraídís	Fiafraídís
(Ceannaíodh siad)	(Athraíodh siad)	(Fiafraíodh siad)
Ceannaítear	Athraítear	Fiafraítear

B   ag críochnú ar –igh:

Éirigh	Imigh	Bailigh
Éirím	Imím	Bailím
Éirigh	Imigh	Bailigh
Éiríodh sé/sí	Imíodh sé/sí	Bailíodh sé/sí
Éirímis	Imímis	Bailímis
Éirígí	Imígí	Bailígí
Éirídís	Imídís	Bailídís
(Éiríodh siad)	(Imíodh siad)	(Bailíodh siad)
Éirítear	Imítear	Bailítear

C   ag críochnú ar -il; -in; -ir; -is)

Codail	Oscail	Imir	Inis
Codlaím	Osclaím	Imrím	Insím
Codail	Oscail	Imir	Inis
Codlaíodh sé/sí	Osclaíodh sé/sí	Imríodh sé/sí	Insíodh sé/sí
Codlaímis	Osclaímis	Imrímis	Insímis
Codlaígí	Osclaígí	Imrígí	Insígí
Codlaídís	Osclaídís	Imrídís	Insídís
(Codlaíodh siad)	(Osclaíodh siad)	(Imríodh siad)	(Insíodh siad)
Codlaítear	Osclaítear	Imrítear	Insítear

Cúpla Ceann eile le Foghlaim!

Foghlaim	Tuirling	Freastail
Foghlaimím	Tuirlingím	Freastalaím
Foghlaim	Tuirling	Freastail
Foghlaimíodh sé/sí	Tuirlingíodh sé/sí	Freastalaíodh sé/sí
Foghlaimímis	Tuirlingímis	Freastalaímis
Foghlaimígí	Tuirlingígí	Freastalaígí
Foghlaimídís	Tuirlingídís	Freastalaídís
(Foghlaimíodh siad)	(Tuirlingíodh siad)	(Freastalaíodh siad)
Foghlaimítear	Tuirlingítear	Freastalaítear

Na Briathra Neamhrialta – Modh Ordaitheach

Bí	Abair	Téigh	Faigh
Bím	Abraim	Téim	Faighim
Bí	Abair	Téigh	Faigh
Bíodh sé/sí	Abradh sé/sí	Téadh sé/sí	Faigheadh sé/sí
Bímis	Abraimis	Téimis	Faighimis
Bígí	Abraigí	Téigí	Faighigí
Bídís	Abraidís	Téidís	Faighidís
(Bíodh siad)	(Abradh siad)	(Téadh siad)	(Faigheadh siad)
Bítear	Abairtear	Téitear	Faightear

Aonad 12

Déan	Feic	Beir	Clois
Déanaim	Feicim	Beirim	Cloisim
Déan	Feic	Beir	————
Déanadh sé/sí	Feiceadh sé/sí	Beireadh sé/sí	Cloiseadh sé/sí
Déanaimis	Feicimis	Beirimis	Cloisimis
Déanaigí	Feicigí	Beirigí	————
Déanaidís	Feicidís	Beiridís	Cloisidís
(Déanadh siad)	(Feiceadh siad)	(Beireadh siad)	(Cloiseadh siad)
Déantar	Feictear	Beirtear	Cloistear

Ith	Tabhair	Tar
Ithim	Tugaim	Tagaim
Ith	Tabhair	Tar
Itheadh sé/sí	Tugadh sé/sí	Tagadh sé/sí
Ithimis	Tugaimis	Tagaimis
Ithigí	Tugaigí	Tagaigí
Ithidís	Tugaidís	Tagaidís
(Itheadh siad)	(Tugadh siad)	(Tagadh siad)
Itear	Tugtar	Tagtar

Ceacht ar an Modh Ordaitheach Duit

Tá na briathra go léir sna habairtí thíos san **aimsir ghnáthláithreach**. Athscríobh iad go léir, ach **bíodh na briathra sa mhodh ordaitheach** agat.

1. Ritheann siad abhaile.
2. Ní chabhraíonn Síle lena hathair.
3. Cabhraíonn tú le do mháthair.
4. Fágaimid an scoil ar a ceathair a chlog.
5. Glanann sé an carr.
6. Ní oibríonn siad go dian.
7. Glanann tú an clár dubh.
8. Ólann sé tae.
9. Glanann Seán an seomra.
10. Ní fhágaimid an teach ar a trí a chlog gach lá.
11. Buaileann Liam lena dheirfiúr gach lá.
12. Buailimid leis an mbuachaill taobh amuigh den doras.

13. Ní bhuaileann an fear sin páistí.
14. Ní thuirlingíonn siad den bhus.
15. Tuirlingímid den bhus i lár an bhaile mhóir.
16. Ní chaithim an bríste sin gach lá.
17. Ólann sí na deochanna go léir.
18. Ólann tú beoir.
19. Codlaímid ar an tolg.
20. Ní chodlaímid faoi scáth na gcrann.
21. Ní ghlanann na cailíní an clár dubh.
22. Ní thiteann sí den diallait.
23. Ní thiteann na cupáin den bhord.
24. Ní chuirimid ceisteanna ar an múinteoir.
25. Ní chuireann sibh ceisteanna ar an múinteoir.
26. Glanann na cailíní an teach.
27. Caitheann sibh an t-airgead go léir i siopa an ghrósaera.
28. Siúlaimid abhaile ón scoil.
29. Caitheann sé a chuid airgid go ciallmhar.
30. Ní ólaimid fíon tar éis an dinnéir.
31. Ólaimid bainne.
32. Ní thaispeánann sé na leabhair go léir dóibh.
33. Ní chodlaíonn tú sa chathaoir uilleach.
34. Taispeánann sibh na cóipleabhair go léir don mhúinteoir.
35. Ní thaispeánann siad aon rud dúinn.
36. Léimimid thar an mballa.
37. Labhraíonn sí leis na fir ó am go chéile.
38. Nímid an gluaisteán.
39. Ní léimeann tú amach an fhuinneog.
40. Ní thosaíonn tú ag léamh go luath ar maidin.
41. Glacann tú le maslaí ón bhfear sin.
42. Ní úsáideann sé an rothar.
43. Úsáideann sibh an ríomhaire sa seomra ranga.
44. Ní léimeann siad thar an mballa.
45. Bunaítear scoileanna Gaelacha ar fud na tíre.

Aonad 12

46. Suíonn sé ar an bhféar.
47. Tiomáineann tú an gluaisteán.
48. Ní thiomáineann siad an leoraí.
49. Ní labhraímid le strainséirí.
50. Insíonn sí an fhírinne.
51. Faighimid a lán airgid ónár dtuismitheoirí.
52. Deir an fear nach bhfuil sé ag cur báistí.
53. Tugann sí a cuid airgid go léir do na daoine bochta.
54. Faightear leabhair sa leabharlann.
55. Ní itheann Seán rud ar bith.
56. Tugann sí buidéal bainne don leanbh.
57. Cloiseann sé an clog go minic.
58. Ní fhaigheann tú mórán oibre le déanamh.
59. Bíonn sé as láthair go minic.
60. Tagann siad amach an bealach sin gach lá.
61. Déanann siad an obair go léir a thugtar dóibh.
62. Ní chloisimid an múinteoir ag caint.
63. Déanann siad an obair go léir.
64. Bíonn sibh i gcónaí ag obair.
65. Ní théimid ar scoil ar ár rothair.
66. Faightear earraí den chineál sin i siopa crua-earraí.
67. Ní itear béilí ar bith sa cheaintín.
68. Ní fhaigheann siad marcanna ar bith ón múinteoir.
69. Deirtear go mbíonn an ceart agam.
70. Ní théann siad ar Aifreann, fiú amháin ar an Domhnach.
71. Tugtar bronntanais do na páistí go léir um Nollaig.
72. Feiceann sibh na hamadáin sin.
73. Ní dhéantar obair ar bith sa bhaile.
74. Deir sé go bhfuil cead againn teacht isteach.
75. Ní itheann sí feoil dá dinnéar lá ar bith.
76. Ní chloisim oiread is focal amháin.
77. Bíonn sibh i gcónaí in am.
78. Beireann siad ar an liathróid.

79. Deirtear rudaí mar sin ó am go chéile.
80. Téann siad go Páirc an Chrócaigh gach Domhnach.
81. Téann sé go Béal Feirste cúpla uair in aghaidh na bliana.
82. Ní fheicim rudaí mar sin ar siúl sa chlós.
83. Feicimid cluichí ó am go chéile.
84. Ithimid an bricfeasta gach maidin ar a seacht a chlog.
85. Beirtear ar an liathróid le linn an chluiche.
86. Ní dhéantar gluaisteáin in Éirinn.
87. Ní fhaighimid mórán oibre le déanamh.
88. Ní dhéantar mórán oibre san áit sin.
89. Itheann sí seacláid.
90. Ní thugann sí aon rud dá deartháir.
91. Ní chloistear na leanaí ag gol gach lá.
92. Faighimid ár lón sa cheaintín gach lá.
93. Bíonn sé ag obair go minic.
94. Tagaim abhaile gach lá ar an mbus.
95. Faigheann tú a lán airgid ó do thuismitheoirí.
96. Cloisimid na páistí ag gáire gach lá.
97. Ní dhéanann tú aon obair.
98. Ní bhímid ag súgradh gach lá.
99. Ní bheirimid ar an liathróid.
100. Déanann Pól roinnt mhaith oibre dá thuismitheoirí.

An Fhoirm Ghuí

The 'Wish' Tense – An Modh Foshuiteach, Aimsir Láithreach

Aonad 13

Le Foghlaim

- Úsáidtear an Modh Foshuiteach, Aimsir Láithreach (**nó** an Fhoirm Ghuí) chun mian a chur in iúl nó chun guí a rá.
- **go + urú** san fhoirm dhearfach.
- **nár + séimhiú** san fhoirm dhiúltach.

Briathra sa Chéad Réimniú – An Fhoirm Ghuí

- Anseo thíos, tá 'cleas' beag a chabhróidh leat an tríú pearsa uatha, foirm ghuí, a fháil **sa chéad réimniú**.

  a Faigh an tríú pearsa uatha, aimsir ghnáthláithreach den bhriathar, e.g. **dúnann, cuireann, ólann, tuigeann**.

  b Scrios amach an **-ann** nó an **-eann** – **dún, cuir, ól, tuig**.

  c Cuir **-a** leis na cinn a chríochnaíonn ar chonsan leathan (**dúna, óla**) agus cuir **-e** leis na cinn a chríochnaíonn ar chonsan caol (**cuire, tuige**).

  d Anois tá an **fhoirm ghuí** agat – **go ndúna mé, go gcuire mé, go n-óla mé, go dtuige mé**.

  e Úsaidtear **nár** san fhoirm dhiúltach, e.g. **nár dhúna mé, nár chuire mé, nár óla mé, nár óltar**.

A ag críochnú ar chonsan leathan:

Dún	Ól	Fág
Go ndúna mé, tú, sé, sí	Go n-óla mé, tú, sé, sí	Go bhfága mé, tú, sé, sí
Go ndúnaimid	Go n-ólaimid	Go bhfágaimid
Go ndúna sibh, siad	Go n-óla sibh, siad	Go bhfága sibh, siad
Go ndúntar	**Go n-óltar**	**Go bhfágtar**

B ag críochnú ar chonsan caol:

Cuir	Éist	Fill
Go gcuire mé, tú, sé, sí	Go n-éiste mé, tú, sé, sí	Go bhfille mé, tú, sé, sí
Go gcuirimid	Go n-éistimid	Go bhfillimid
Go gcuire sibh, siad	Go n-éiste sibh, siad	Go bhfille sibh, siad
Go gcuirtear	**Go n-éistear**	**Go bhfilltear**

C   ag críochnú ar -igh:

Glaoigh	Léigh	Suigh	Buaigh
Go nglao mé, etc.	Go lé mé, etc.	Go suí mé, etc.	Go mbua mé, etc.
Go nglaoimid	Go léimid	Go suímid	Go mbuaimid
Go nglao sibh, siad	Go lé sibh, siad	Go suí sibh, siad	Go mbua sibh, siad
Go nglaoitear	**Go léitear**	**Go suítear**	**Go mbuaitear**

D   ag críochnú ar -áil nó ar -áin:

Sábháil	Taispeáin	Cniotáil
Go sábhála mé, etc.	Go dtaispeána mé, etc.	Go gcniotála mé, etc.
Go sábhálaimid	Go dtaispeánaimid	Go gcniotálaimid
Go sábhála sibh, siad	Go dtaispeána sibh, siad	Go gcniotála sibh, siad
Go sábháiltear	**Go dtaispeántar**	**Go gcniotáiltear**

Le Foghlaim

Tiomáin
Go dtiom**áine** mé, tú, sé, sí;
Go dtiom**áin**imid,
Go dtiom**áine** sibh, siad
Go dtiomáintear

Briathra sa Dara Réimniú – An Fhoirm Ghuí

- Anseo thíos, tá 'cleas' beag a chabhróidh leat an tríú pearsa uatha, foirm ghuí, a fháil **sa dara réimniú**.

    a   Faigh an tríú pearsa uatha, aimsir ghnáthláithreach den bhriathar,
         e.g. **ceannaíonn, éiríonn, bunaíonn, aimsíonn.**

    b   Scrios amach an **–onn**: – **ceannaí, éirí, bunaí, aimsí.**

    c   Anois tá an **fhoirm ghuí** agat - **go gceannaí mé, go n-éirí mé, go mbunaí mé, go n-aimsí mé.**

A   ag críochnú ar -aigh:

Ceannaigh	Athraigh	Fiafraigh
Go gceannaí mé, etc.	Go n-athraí mé, etc.	Go bhfiafraí mé, etc.
Go gceannaímid	Go n-athraímid	Go bhfiafraímid
Go gceannaí sibh, siad	Go n-athraí sibh, siad	Go bhfiafraí sibh, siad
Go gceannaítear	**Go n-athraítear**	**Go bhfiafraítear**

B   ag críochnú ar -igh:

Éirigh	Imigh	Bailigh
Go n-éirí mé, etc.	Go n-imí mé, etc.	Go mbailí mé, etc.
Go n-éirímid	Go n-imímid	Go mbailímid
Go n-éirí sibh, siad	Go n-imí sibh, siad	Go mbailí sibh, siad
Go n-éirítear	**Go n-imítear**	**Go mbailítear**

C   ag críochnú ar -il; -in; -ir; -is

Codail	Cosain	Imir	Inis
Go gcodlaí mé, etc.	Go gcosnaí mé, etc.	Go n-imrí mé, etc.	Go n-insí mé, etc.
Go gcodlaímid	Go gcosnaímid	Go n-imrímid	Go n-insímid
Go gcodlaí sibh, siad	Go gcosnaí sibh, siad	Go n-imrí sibh, siad	Go n-insí sibh, siad
Go gcodlaítear	**Go gcosnaítear**	**Go n-imrítear**	**Go n-insítear**

Cúpla Ceann eile le Foghlaim!

Foghlaim	Tuirling	Freastail
Go bhfoghlaimí mé, etc.	Go dtuirlingí mé, etc.	Go bhfreastalaí mé, etc.
Go bhfoghlaimímid	Go dtuirlingímid	Go bhfreastalaímid
Go bhfoghlaimí sibh, siad	Go dtuirlingí sibh, siad	Go bhfreastalaí sibh, siad
Go bhfoghlaimítear	**Go dtuirlingítear**	**Go bhfreastalaítear**

Na Briathra Neamhrialta – An Fhoirm Ghuí

Bí	Abair	Téigh	Faigh
Go raibh mé, etc.	Go ndeire mé, etc.	Go dté mé, etc.	Go bhfaighe mé, etc.
Go rabhaimid	Go ndeirimid	Go dtéimid	Go bhfaighimid
Go raibh sibh, siad	Go ndeire sibh, siad	Go dté sibh, siad	Go bhfaighe sibh, siad
Go rabhthar	**Go ndeirtear**	**Go dtéitear**	**Go bhfaightear**

N.B. <u>Ná</u> raibh mé, tú, sé, sí, etc.

Déan	Feic	Beir	Clois
Go ndéana mé, etc.	Go bhfeice mé, etc.	Go mbeire mé, etc.	Go gcloise mé, etc.
Go ndéanaimid	Go bhfeicimid	Go mbeirimid	Go gcloisimid
Go ndéana sibh, siad	Go bhfeice sibh, siad	Go mbeire sibh, siad	Go gcloise sibh, siad
Go ndéantar	**Go bhfeictear**	**Go mbeirtear**	**Go gcloistear**

Ceacht ar an bhFhoirm Ghuí Duit

Tá na briathra go léir sna habairtí thíos san **aimsir ghnáthláithreach**. Athscríobh iad go léir, ach **bíodh na briathra san fhoirm ghuí** agat.

1. Ní chabhraíonn sí lena hathair.
2. Ní fhágann siad an t-airgead sa bhanc.
3. Níonn siad an carr gach Satharn.
4. Fágaim an scoil ar a ceathair a chlog gach lá.
5. Ní chóiríonn sí an leaba.
6. Ní thiteann na leanaí den bhord.
7. Ní fhágann na cailíní an scoil ar a naoi a chlog.
8. Glanann sí an seomra.
9. Foghlaimímid a lán dánta.
10. Coinníonn siad súil orainn.
11. Ólann siad mo shláinte go minic.
12. Ní léimim amach na fuinneoga.
13. Codlaím go sámh.
14. Codlaíonn sé go sámh.
15. Ní chodlaíonn sí faoi scáth na gcrann.

16. Taispeánann sé na haistí don mhúinteoir.
17. Ithimid bia maith.
18. Ní thiteann sé den diallait.
19. Buailimid lenár ndeirfiúracha sa stáisiún.
20. Ní thiteann sé.
21. Ní shiúlann siad abhaile ón Aifreann.
22. Ólaim bainne go minic.
23. Tuigim an ceacht.
24. Buaim na cluichí.
25. Taispeánaimid ár gcóipleabhair don mhúinteoir.
26. Ní thuigimid an cheist.
27. Ní thaispeánann sé an leabhar dúinn.
28. Ní chodlaíonn siad go rómhaith.
29. Ní léimeann sé thar an mballa.
30. Labhraíonn siad leis na fir.
31. Níonn sí a haghaidh.
32. Bunaítear scoileanna lán-Ghaelacha.
33. Ní thiomáineann siad an traein.
34. Suíonn sé ar an bhféar.
35. Ceannaíonn sé an gluaisrothar.
36. Cailltear a lán marcanna.
37. Ní úsáidim é sin.
38. Glacann sé le maslaí.
39. Insíonn sí an fhírinne.
40. Ní fhaighimid mórán oibre.
41. Cloisim na páistí ag caoineadh.
42. Ní dhéanaim aon obair.
43. Ní bhímid ar scoil.
44. Ní chloisimid an múinteoir.
45. Ní bheirimid ar an liathróid.
46. Déanann Pól an obair.
47. Bíonn sibh i gcónaí go maith.
48. Ní théimid ar scoil.
49. Ní bhíonn sibh i láthair.
50. Ní itear béilí sa seomra sin.

51. Ní bhíonn na buachaillí sin ag imirt peile.
52. Ní itheann sí feoil.
53. Bímid ag imirt peile.
54. Ní chloisim aon rud.
55. Beireann sí orm.
56. Ní chloistear an nuacht.
57. Deirtear rudaí mar sin ó am go chéile.
58. Ní deirtear rudaí mar sin.
59. Feictear daoine ag iarraidh déirce.
60. Téann siad go Béal Feirste.

Roinnt Beannachtaí le foghlaim

Go maire tú is go gcaithe tú é/í! *May you live to enjoy and wear it!*
Go sábhála Dia sinn! *May the Lord save us!*
Go gcumhdaí Dia thú! *May God protect you!*
Gura fada buan thú! *May you have a long life!*
Go méadaí Dia do stór! *May God increase your wealth!*
Go gcúití Dia leat é! *May God reward you for it!*
Go n-éirí an bóthar leat! *Have a safe journey!*
Go soirbhí Dia duit! *I wish you godspeed!*
Nár lagaí Dia thú! *More power to you! (May God not weaken you!)*
Drochrath air! *Bad luck to him!*
Slán abhaile! *Safe home!*
Bail ó Dhia ar an obair! *God bless the work!*
Go dtachta an diabhal thú! *May the devil choke you!*
Go mbeirimid beo ar an am seo arís! *May we all be alive this time next year!*
Go ndéana Dia trócaire ort! *May God have mercy on you!*

Na Bunuimhreacha
Cardinal Numbers

Aonad 14

Déan staidéar ar na samplaí seo thíos:

peann (peann amháin)	cúig pheann déag (15)
dhá pheann (2)	sé pheann déag (16)
trí pheann (3)	seacht bpeann déag (17)
ceithre pheann (4)	ocht bpeann déag (18)
cúig pheann (5)	naoi bpeann déag (19)
sé pheann (6)	fiche peann (20)
seacht bpeann (7)	tríocha peann (30)
ocht bpeann (8)	daichead peann (40)
naoi bpeann (9)	caoga peann (50)
deich bpeann (10)	seasca peann (60)
aon pheann déag (11)	seachtó peann (70)
dhá pheann déag (12)	ochtó peann (80)
trí pheann déag (13)	nócha peann (90)
ceithre pheann déag (14)	céad peann (100)

Le Foghlaim

- Use the singular of the noun with cardinal numbers.
- 1–6: Séimhiú.
- 7–10: Urú.
- Multiples of 10 (i.e. 20, 30, etc.) leave the noun unchanged.

Uimhreacha os cionn 20

fiche is a trí pheann (23)	seachtó is a naoi bpeann (79)
tríocha is a cúig pheann (35)	ochtó is a hocht bpeann (88)
daichead is a sé pheann (46)	nócha is a sé pheann (96)
caoga is a ceathair pheann (54)	míle peann (1,000)
seasca is a seacht bpeann (67)	milliún peann (1,000,000)

Bunuimhreacha le focail a thosaíonn ar ghuta:

asal (asal amháin)	seacht n-asal
dhá asal	ocht n-asal
trí asal	naoi n-asal
ceithre asal	deich n-asal
cúig asal	fiche asal
sé asal	tríocha asal

Le Foghlaim

- Use the singular of the noun with cardinal numbers.
- In the case of <u>nouns beginning with a vowel</u>, numbers from one to six take neither séimhiú nor urú.
- 7–10: Urú.
- Multiples of 10 (i.e. 20, 30, etc.) leave the noun unchanged.

Ceithre bliana d'aois!

Eisceachtaí:

Bliain	Uair
bliain amháin	uair amháin
dhá bhliain	dhá uair
trí bliana	trí huaire
ceithre bliana	ceithre huaire
cúig bliana	cúige huaire
sé bliana	sé huaire
seacht mbliana	seacht n-uaire
ocht mbliana	ocht n-uaire
naoi mbliana	naoi n-uaire
deich mbliana	deich n-uaire
	Ceann
aon bhliain déag	ceann amháin
dhá bhliain déag	dhá cheann
trí bliana déag	trí cinn
ceithre bliana déag	ceithre cinn
cúig bliana déag	cúig cinn
sé bliana déag	sé cinn
seacht mbliana déag	seacht gcinn
ocht mbliana déag	ocht gcinn
naoi mbliana déag	naoi gcinn
fiche bliain	deich gcinn

Aonad 14

Ainmfhocail a mbíonn foirm ar leith acu tar éis 'dhá':

dhá chluais (dhá chluais déag, dhá chluais is fiche, etc.)
dhá chois (dhá chois déag, dhá chois is fiche, etc.)
dhá láimh (dhá láimh déag, dhá láimh is fiche, etc.)

Ceacht ar na Bunuimhreacha Duit

Scríobh na leaganacha seo a leanas i bhfocail:

1 bord	6 bord	8 bord	10 bord
1 asal	6 asal	8 asal	10 asal
11 biorán	13 biorán	17 biorán	20 biorán
13 doras	16 doras	18 doras	19 doras
12 éan	14 éan	15 éan	18 éan
21 cuileog	25 cuileog	27 cuileog	30 cuileog
22 aeróg	24 aeróg	26 aeróg	29 aeróg
33 camán	36 camán	37 camán	40 camán
31 iasc	32 iasc	34 iasc	39 iasc
44 cupán	45 cupán	47 cupán	50 cupán
42 ispín	43 ispín	48 ispín	49 ispín
52 seomra	55 seomra	58 seomra	60 seomra
53 eitleán	54 eitleán	57 eitleán	59 eitleán
61 marc	63 marc	66 marc	70 marc
62 oráiste	65 oráiste	68 oráiste	69 oráiste
72 balún	73 balún	77 balún	80 balún
74 aiste	75 aiste	76 aiste	78 aiste
81 féasóg	82 féasóg	87 féasóg	90 féasóg
83 árasán	84 árasán	88 árasán	89 árasán
93 coileán	94 coileán	95 coileán	100 coileán
200 bialann	231 bialann	190 amharclann	1,101 cú
23 bliain	2 uair	7 uair	7 bliain
3 ceann	7 ceann	10 ceann	10 uair
1 ceann	1 uair	1 uair	4 uair
6 ceann	10 ceann	5 uair	19 bliain

Na hUimhreacha Pearsanta
Personal Numbers

15

Le Foghlaim

Tréaniolraí agus Lagiolraí

A **Tréaniolraí** *(Strong Plurals)*
Tugtar **tréaniolra** ar ainmfhocal ar bith a gcuirtear ceann ar bith de na críocha *(endings)* seo a leanas leis san uimhir iolra:
-(e)anna, -(e)acha, -í, -na, -ta, -tha, -te, -the.

B **Lagiolraí** *(Weak Plurals)*
Tugtar **lagiolra** ar ainmfhocal ar bith **nach** gcuirtear ceann ar bith de na críocha *(endings)* seo a leanas leis san uimhir iolra:
-(e)anna, -(e)acha, -í, -na, -ta, -tha, -te, -the.

C Na hUimhreacha Pearsanta

Duine amháin (1)	Aon duine dhéag (11)
Beirt (2)	Dháréag (12)
Triúr (3)	Trí dhuine dhéag (13)
Ceathrar (4)	Ceithre dhuine dhéag (14)
Cúigear (5)	Cúig dhuine dhéag (15)
Seisear (6)	Sé dhuine dhéag (16)
Seachtar (7)	Seacht nduine dhéag (17)
Ochtar (8)	Ocht nduine dhéag (18)
Naonúr (9)	Naoi nduine dhéag (19)
Deichniúr (10)	Fiche duine (20)

Anois féach ar na samplaí seo:

Deartháir amháin	Fear amháin
Beirt deartháireacha	Beirt fhear
Triúr deartháireacha	Triúr fear
Ceathrar deartháireacha	Ceathrar fear
Cúigear deartháireacha	Cúigear fear
Seisear deartháireacha	Seisear fear
Seachtar deartháireacha	Seachtar fear
Ochtar deartháireacha	Ochtar fear
Naonúr deartháireacha	Naonúr fear
Deichniúr deartháireacha	Deichniúr fear

Aonad 15

Rialacha le Foghlaim
- Ní chuirtear **séimhiú** ná **úrú** ar an ainmfhocal.
- Cuirtear **séimhiú** ar ainmfhocal ar bith a leanann **beirt**, ach amháin má thosaíonn an t-ainmfhocal sin ar **d, t** nó **s**.

  Samplaí: beirt **g**hasúr, beirt **b**huachaillí, beirt **d**eartháireacha,

  beirt taoiseach, beirt sagart.
- Más **tréaniolra** é an t-ainmfhocal a leanann an bhunuimhir, cuirtear san uimhir **iolra** é.

  Samplaí: beirt mhúinteoirí, triúr cailíní; ceathrar iníonacha.
- Más **lagiolra** é an t-ainmfhocal a leanann an bhunuimhir, fágtar san uimhir **uatha** é.

  Samplaí: beirt mhac, seachtar fear; ochtar naíonán.
- Tabhair aire faoi leith don fhocal **bean**:

Bean amháin	Seisear **ban**
Beirt **bh**an	Seachtar **ban**
Triúr **ban**	Ochtar **ban**
Ceathrar **ban**	Naonúr **ban**
Cúigear **ban**	Deichniúr **ban**

Ceacht ar na hUimhreacha Pearsanta Duit
Scríobh na leaganacha seo a leanas i bhfocail:

11 buachaill	15 iománaí	12 páiste	19 duine	16 duine
17 duine	8 fear	2 bean	4 buachaill	3 bean
2 amadán	7 tiománaí	2 fear	12 fear	22 fear
12 duine	7 bean	19 bean	29 bean	18 amadán
18 cailleach	42 bean	6 fear	16 bean	26 buachaill
35 duine	35 fear	15 buachaill	5 cailín	12 léachtóir
3 aisteoir	27 dochtúir	16 dochtúir	6 dochtúir	9 pluiméir
3 custaiméir	2 siúinéir	1 bean	1 fear	11 siúinéir
19 custaiméir	7 siúinéir	2 bádóir	7 múinteoir	20 bean
21 custaiméir	17 siúinéir	47 bádóir	20 fear	20 dochtúir
12 custaiméir	12 bádóir	2 múinteoir	1 banaltra	20 aisteoir
1 custaiméir	6 múinteoir	18 múinteoir	12 banaltra	2 deartháir
20 múinteoir	2 banaltra	22 banaltra	17 banaltra	3 deartháir

20 custaiméir	4 deartháir	5 deartháir	1 deirfiúr	2 deirfiúr
3 deirfiúr	4 deirfiúr	5 deirfiúr	7 poitigéir	2 poitigéir
23 poitigéir	1 aintín	4 aintín	6 aintín	11 imreoir
15 imreoir	3 ionadaí	6 ionadaí	7 cleasaí	2 scoláire
12 scoláire	17 scoláire	4 dalta	2 dalta	30 dalta
11 dalta	2 amadán	2 pleidhce	4 saineolaí	18 bean
1 leanbh	3 leanbh	6 leanbh	2 páiste	7 páiste

Na hOrduimhreacha
Ordinal Numbers

Le Foghlaim

Déan staidéar ar na samplaí seo thíos agus ansin foghlaim na rialacha atá thíos fúthu:

An chéad chailín (1)	An chéad uair (1)
An dara cailín (2)	An dara huair (2)
An tríú cailín (3)	An tríú huair (3)
An ceathrú cailín (4)	An ceathrú huair (4)
An cúigiú cailín (5)	An cúigiú huair (5)
An séú cailín (6)	An séú huair (6)
An seachtú cailín (7)	An seachtú huair (7)
An t-ochtú cailín (8)	An t-ochtú huair (8)
An naoú cailín (9)	An naoú huair (9)
An deichiú cailín (10)	An deichiú huair (10)
An t-aonú cailín déag (11)	An t-aonú huair déag (11)
An dóú cailín déag (12)	An dóú huair déag (12)
An tríú cailín déag (13)	An tríú huair déag (13)
An ceathrú cailín déag (14)	An ceathrú huair déag (14)
An cúigiú cailín déag (15)	An cúigiú huair déag (15)
An séú cailín déag (16)	An séú huair déag (16)
An seachtú cailín déag (17)	An seachtú huair déag (17)
An t-ochtú cailín déag (18)	An t-ochtú huair déag (18)
An naoú cailín déag (19)	An naoú huair déag (19)
An fichiú cailín (20)	An fichiú huair (20)
An t-aonú cailín is fiche (21)	An t-aonú huair is fiche (21)
An dóú cailín is fiche (22)	An dóú huair is fiche (22)
An tríochadú cailín (30)	An tríochadú huair (30)
An daicheadú cailín (40)	An daicheadú huair (40)
An caogadú cailín (50)	An caogadú huair (50)
An seascadú cailín (60)	An seascadú huair (60)
An seachtódú cailín (70)	An seachtódú huair (70)
An t-ochtódú cailín (80)	An t-ochtódú huair (80)
An nóchadú cailín (90)	An nóchadú huair (90)
An céadú cailín (100)	An céadú huair (100)

Le Foghlaim

- Is é an t-aon athrú a dhéantar ar an ainmhfocal ná **h** a chur roimh ghuta – e.g. 'an dara cailín', 'an dara **h**uair'.
- Cuirtear **séimhiú** ar **céad** (first) agus ar an ainmhfocal a leanann é.
- Ní chuirtear **séimhiú** ar **d**, ar **t**, nó ar **s** nuair a leanann siad **céad** (first) - e.g. 'an chéad duine', 'an chéad siopa', 'an chéad teach'.

Ceacht ar na hOrduimhreacha Duit

Scríobh na leaganacha seo a leanas i bhfocail:

an 11ú buachaill	an 15ú iománaí	an 12ú páiste	an 19ú duine
an 16ú duine	an 17ú duine	an 8ú fear	an 2ú bean
an 3ú fear	an 4ú buachaill	an 3ú bean	an 2ú amadán
an 7ú óinseach	an 2ú fear	an 12ú fear	an 22ú fear
an 12ú duine	an 7ú bean	an 19ú bean	an 29ú bean
an 18ú amadán	an 18ú óinseach	an 42ú bean	an 6ú fear
an 16ú bean	an 26ú buachaill	an 35ú duine	an 35ú fear
an 15ú buachaill	an 5ú cailín	an 2ú léachtóir	an 3ú aisteoir
an 27ú dochtúir	an 16ú dochtúir	an 6ú dochtúir	an 9ú pluiméir
an 3ú custaiméir	an 2ú siúinéir	an 7ú siúinéir	an 17ú siúinéir
an 1ú custaiméir	an 1ú bean	an 1ú amadán	an 1ú fear
an 11ú siúinéir	an 12ú bádóir	an 2ú bádóir	an 47ú bádóir
an 2ú múinteoir	an 6ú múinteoir	an 7ú múinteoir	an 18ú fear
an 20ú múinteoir	an 20ú bean	an 22ú fear;	an 20ú bóthar
an 20ú dochtúir	an 20ú aisteoir	an 1ú banaltra	an 2ú banaltra
an 12ú banaltra	an 22ú banaltra	an 17ú banaltra	an 2ú deartháir
an 3ú deartháir	an 3ú teilifís	an 4ú deartháir	an 5ú deartháir
an 1ú deirfiúr	an 2ú deirfiúr	an 3ú deirfiúr	an 4ú deirfiúr
an 5ú deirfiúr	an 7ú poitigéir	an 12ú poitigéir	an 23ú lá
an 1ú aintín	an 4ú aintín	an 6ú aintín	an 11ú imreoir
an 15ú imreoir	an 3ú ionadaí	an 6ú ionadaí	an 7ú cleasaí
an 2ú lá	an 12ú lá	an 90ú lá	an 7ú lá
an 100ú iománaí	an 80ú lá	an 50ú duine	an 30ú lá
an 40ú asal	an 60ú cat	an 43ú bean	an 57ú duine
an 9ú lá	an 17ú lá	an 16ú lá	an 27ú lá

Claoninsint – Ráiteas Indíreach
Indirect Statement

Aonad 17

Le Foghlaim

- Tá ceithre chineál claoninsinte ann:
  a   **ráiteas indíreach** (indirect statement).
  b   **ceist indíreach** (indirect question).
  c   **ordú indíreach** (indirect command).
  d   **guí indíreach** (indirect wish).
- San aonad seo, déanfaimid staidéar ar **a** thuas – **ráiteas indíreach**.

Ráiteas Indíreach

Na Rialacha

- **Go + Urú** san fhoirm dhearfach; **Nach + Urú** san fhoirm dhiúltach.
- San aimsir chaite, úsáidtear **gur** san fhoirm dhearfach agus **nár** san fhoirm dhiúltach. (Ní chuirtear **séimhiú** ar an **saorbhriathar**.)

  N.B. Má thosaíonn an briathar ar **d'** san aimsir chaite, fág an **d'** ar lár –
  e.g. d'fhág → gur fhág; d'éirigh → gur éirigh.
- Ní gá duit riail ar bith a fhoghlaim maidir le haimsir an bhriathair. Cloígh leis an nós a bhíonn agat sa Bhéarla!
- Uaireanta, bíonn ort roinnt focal san abairt a athrú.
  e.g. 'Feicfidh mé tú anocht' – 'Dúirt sé liom go bhfeicfeadh sé mé **an oíche sin**.'

Samplaí

Ráiteas Díreach	Ráiteas Indíreach
Feicfidh mé na cailíní amárach.	Deir sé **go bhfeicfidh** sé na cailíní amárach. Is dócha **go bhfeicfidh** sé na cailíní amárach. Ceapann sé **go bhfeicfidh** sé na cailíní amárach. Is dóigh leis **go bhfeicfidh** sé na cailíní amárach. Tá sé den tuairim **go bhfeicfidh** sé na cailíní amárach. Dúirt sé **go bhfeicfeadh** sé na cailíní **an lá dár gcionn**.
Ní bheidh sí ag dul abhaile amárach.	Deir sé **nach mbeidh** sí ag dul abhaile amárach. Is dócha **nach mbeidh** sí ag dul abhaile amárach. Cheap sé **nach mbeadh** sí ag dul abhaile **an lá dár gcionn**.

Cúrsa Gramadaí do Mheánscoileanna

Ólann Seán caife gach maidin.	Deir sé **go n-ólann** Seán caife gach maidin. Dúirt sé **go n-óladh** Seán caife gach maidin.
Ní itheann Síle a bricfeasta.	Deir sé **nach n-itheann** Síle a bricfeasta. Dúirt sé **nach n-itheadh** Síle a bricfeasta.
Cheannaigh sí an mála seo.	Deir sé **gur cheannaigh** sí an mála sin. Cheap sé **gur cheannaigh** sí an mála sin.
Níor chuardaigh Bríd an teach.	Ceapann sé **nár chuardaigh** Bríd an teach. Cheap sé **nár chuardaigh** Bríd an teach.
D'imigh an fear.	Dúirt tú **gur imigh** an fear. Ceapann tú **gur imigh** an fear.
Níor ith sé an dinnéar.	Deir sé **nár ith** sé an dinnéar. Dúirt sé **nár ith** sé an dinnéar.
D'ith mé an lón.	Dúirt sé **gur ith** sé an lón.

Eisceachtaí!

1. Tá sé cinn de bhriathra ann a bhriseann na rialacha thuas san aimsir chaite. Féach orthu anois sna samplaí seo thíos:

   go/nach ndeachaigh   go/nach bhfaca
   go/nach ndearna   go/nach bhfuair
   go/nach ndúirt   go/nach raibh.

2. Gheobhaidh mé   Deir sé **go bhfaighidh** sé.
                            Dúirt sé **go bhfaigheadh** sé.

   Ní bhfaighidh mé   Deir sé **nach bhfaighidh** sé.
                            Dúirt sé **nach bhfaigheadh** sé.

3. Tá mé go maith   Deir sé **go bhfuil** sé go maith.
   Níl mé go maith   Deir sé **nach bhfuil** sé go maith.

A Athscríobh gach ceann de na habairtí seo thíos agus cuir 'Deir Seán le Bríd' nó 'Deir Bríd le Seán' nó 'Dúirt Seán le Bríd' nó 'Dúirt Bríd le Seán' roimh gach ceann díobh, de réir mar a iarrann an múinteoir ort a dhéanamh.

1. Níor nigh mé an gluaisteán.
2. Thosaigh an cluiche ar a cúig a chlog.
3. Níor chosain an gluaisteán ach €10,000.
4. Labhair mé leis an mbúistéir.
5. Shuigh mé sa chathaoir.

Aonad 17

6. Thiomáin mé an gluaisteán.
7. Labhair Síle leis an múinteoir inné.
8. Níor inis Siobhán an fhírinne.
9. Ghlac mo mháthair leis an masla sin.
10. Níor glacadh leis an seic.
11. Níor chaill mé mo scáth fearthainne.
12. Úsáideadh an rialóir inné.
13. Níor cailleadh an t-airgead.
14. Bunaíodh Conradh na Gaeilge sa bhliain 1893.
15. Níor tiomáineadh an gluaisteán.
16. Ní labhróidh tú leis an mbúistéir.
17. Labhróidh sí leis an múinteoir amárach.
18. Glacfaidh tú leis an seic láithreach.
19. Ní úsáidfidh mé mo scáth fearthainne.
20. Úsáidfidh sí an rialóir amárach.
21. Bunófar cumann nua an bhliain seo chugainn.
22. Nífidh sí an gluaisteán amárach.
23. Ní nífidh mé an gluaisteán duit.
24. Tosóidh an cluiche ar a cúig a chlog.
25. Ní chosnóidh an gluaisteán ach €10,000.
26. Suífidh mé sa chathaoir.
27. Tiomáinfidh mé an gluaisteán.
28. Ní inseoidh sí dom faoin aimsir.
29. Ní thiomáinfear an gluaisteán.
30. Ní ghlacfar leis an seic san ollmhargadh.
31. Ní úsáidfidh mé an rothar.
32. Caillfear an t-airgead.
33. Ní léimfidh tú amach an fhuinneog.
34. Labhraíonn tú go minic leis na Gardaí.
35. Ghlac tú le go leor maslaí ón bhfear seo.
36. Níor ghlan tú an carr inné.
37. Ní úsáidim an rothar rómhinic.
38. Tosaíonn na ranganna ar a naoi a chlog gach maidin.
39. Úsáidtear an ríomhaire go minic sa seomra ranga.
40. Ní ním mo chuid gruaige minic go leor.

41. Nífidh sí a haghaidh trí huaire amárach.
42. Bunófar cumann nua an bhliain seo chugainn.
43. Suífidh mé ar an bhféar in aice leat.
44. Tiomáinfidh mé an gluaisrothar inniu.
45. Caillfear an-chuid marcanna.
46. Ní úsáidfidh mé an peann seo.
47. Ní ghlacfaidh mé le maslaí den sórt sin.
48. Ní inseoidh sí an fhírinne duit.
49. Ní thiomáinfear an seanghluaisteán seo arís.
50. Má ólann tú an tae anois, ní bheidh tart ort a thuilleadh.

B Athscríobh gach ceann de na habairtí seo thíos agus cuir 'Dúirt na daltaí leis na múinteoirí' roimh gach ceann díobh.

1. D'ólamar an bainne go léir.
2. Chodlaíomar sa seomra folctha.
3. Níor chodlaíomar go maith.
4. Thaispeánamar an obair don phríomhoide.
5. Níor thaispeáin siad an seomra dúinn.
6. Níor níomar na hurláir.
7. Níor thuigeamar an cheist in aon chor.
8. Níor thiomáineamar an gluaisteán.
9. Níor labhraíomar leis an dream sin.
10. Ghlac sibh leis an leithscéal seo inné.
11. D'fhágamar an t-ollmhargadh ar leathuair tar éis a trí.
12. Níor theith sibh ón tarbh.
13. Níor chónaigh siad sa teach beag.
14. Níor thuirlingíomar den traein.
15. Bhuaileamar leis an mbuachaill.
16. Níor thuirling siad den traein i nGaillimh.
17. Níor bhuaileamar le Tomás ag an bpictiúrlann.
18. Chaitheamar fiche nóiméad sa seomra.
19. Níor shiúlamar abhaile.
20. Shiúlamar amach as an bhfoirgneamh.
21. D'ól siad an bainne.
22. Chodlaíomar sa chistin.
23. Níor chodlaíomar go maith.

24. Thaispeánamar na leabhair dár dtuismitheoirí.
25. Níor thaispeáin siad an seomra dúinn.
26. Chodail siad anseo.
27. Níor thuigeamar an cheist.
28. Níor thiomáineamar an gluaisteán.
29. Níor labhraíomar leis na cailíní.
30. Ní chodlóidh sibh go sámh.
31. Fágfaimid an t-ollmharghadh ar a naoi a chlog.
32. Ní éireoidh libh sa scrúdú.
33. Buailfimid libh amárach.
34. Ní thuirlingeoidh siad den traein ar a sé a chlog.
35. Codlóimid sa chistin an uair seo.
36. Ní chodlóimid go maith má bhíonn an solas ar lasadh.
37. Taispeánfaimid an obair go léir daoibh.
38. Ní thuirlingeoimid den traein.
39. Caithfimid fiche nóiméad ag caint libh.
40. Ní labhróimid leis na cailíní.
41. Siúlfaimid amach as an seomra go luath maidin amárach.
42. Ní thaispeánfaidh siad an seomra dúinn.
43. Ní nífimid an gluaisteán daoibh.
44. Ní thuigfimid aon rud as seo amach.
45. Ní labhróimid leis na cailíní seo arís.
46. Fágaimid an scoil ar a ceathair a chlog gach lá.
47. Ní fhágaimid an teach ar a trí a chlog gach lá.
48. Buailimid leis an mbuachaill san áit seo gach lá.
49. Ní thuirlingíonn siad den bhus i gCorcaigh.
50. Ní thuigimid an fhadhb in aon chor.

C **Briathra Neamhrialta:**
Athscríobh gach ceann de na habairtí seo thíos agus cuir 'Dúirt Bríd le Seán' roimh gach ceann díobh.

1. Níor thug Máire na milseáin don bhuachaill.
2. Thug sí na milseáin don bhuachaill.
3. Ní bhfuair tú an fíon dom.
4. Ní dhearna mé an obair do m'athair.
5. Rinne Tadhg an obair dá mháthair.

6. Ní bhfuarthas an leabhar sa chistin.
7. Tugadh na milseáin don bhuachaill.
8. Rinneadh an obair go léir.
9. Ní dhearnadh an obair go léir.
10. Bhí ráigeanna báistí san oirthear inné.
11. Ní fhacthas na saighdiúirí sa chlós.
12. Níor ith Sonya an trosc úr.
13. Tháinig mé abhaile ar an traein.
14. Rug Síle ar an liathróid.
15. Chuaigh mé go Corcaigh arú inné.
16. Ní bhfaighidh tú an fíon.
17. Ní dhéanfaidh mé an obair do m'athair.
18. Ní bhfaighidh mé an leabhar duit.
19. Tabharfar milseáin dom.
20. Ní thabharfaidh Peig na milseáin don bhuachaill beag.
21. Déarfar leat é am éigin.
22. Béarfar ar an ngadaí.
23. Béarfaidh Pádraigín ar an liathróid.
24. Rachaidh mé go Corcaigh amárach.
25. Ní itheann sí feoil ag am lóin.
26. Tugann Leona a cuid airgid go léir do na bochtáin.
27. Ní thugann Clíodhna aon rud dá máthair.
28. Faightear leabhair den sórt sin sa leabharlann.
29. Cloistear na leanaí ag gol gach lá.
30. Bíonn sé ag cur báistí in Éirinn go minic.
31. Feictear daoine go minic ag iarraidh déirce ar na sráideanna.
32. Ní deirim rudaí mar sin.
33. Ní chloistear na cailíní ag caint, mar labhraíonn siad os íseal.
34. Déantar ríomhairí in Éirinn.
35. Cloistear na héin ag canadh sna crainn.
36. Déarfaidh sé a phaidreacha má bhíonn seans aige.
37. Ní íosfaidh sí mórán mura mbíonn ocras uirthi.
38. Tabharfaidh sí an t-airgead duit má bhuaileann sí leat.
39. Ní thabharfaidh an bhean seo oiread is pingin dá mac.
40. Ní íosfaidh Séamas rud ar bith dá bhricfeasta.

41. Déanfar an-chuid oibre má bhíonn na múinteoirí dian ar na scoláirí.
42. Ní bheidh duine ar bith crosta leat má bhíonn béasa ort.
43. Ní íosfaidh sí an fheoil mura mbíonn a hathair ag faire uirthi.
44. Ní chloisfidh mé rud ar bith má bhíonn an clár teilifíse ar siúl.
45. Déarfar rudaí mar sin má bhítear cúramach.
46. Ní déarfar rudaí mar sin má bhítear cúramach.
47. Thugadh sí a cuid airgid go léir do na bochtáin.
48. Ní fhaigheann tú mórán oibre le déanamh.
49. Ní dhéanainn obair ar bith do mo thuismitheoirí.
50. Thugtaí bronntanais do na páistí go léir um Nollaig.

D **Briathra Neamhrialta:**
Athscríobh gach ceann de na habairtí seo thíos agus cuir 'Dúirt na buachaillí leis na cailíní' roimh gach ceann díobh.

1. Fuaireamar an leabhar sa chistin.
2. Ní bhfuaireamar an leabhar sa bhanc.
3. Bhíomar ag an gcluiche inné.
4. Ní rabhamar ag an gcluiche inné.
5. Bhí sibh tinn inné.
6. Ní raibh sibh tinn inné.
7. Ní dúramar aon rud.
8. Dúirt siadsan é.
9. Níor chualamar an clog.
10. Níor itheamar ár ndinnéar sa bhialann inné.
11. D'itheamar ár ndinnéar.
12. Níor thángamar abhaile fós.
13. Níor rugamar ar an mbuachaill.
14. Chuamar ar scoil sa ghluaisteán.
15. Chuaigh siad ar scoil go luath.
16. Ní dheachaigh siad ar scoil inné.
17. Gheobhaimid an leabhar sa leabharlann seo.
18. Ní bhfaighidh sibh an fíon.
19. Ní bhfaighimid an leabhar sa mhála.
20. Ní bheimid ag dul go dtí an cluiche Dé Sathairn seo chugainn.
21. Ní bheidh sibh tinn amárach.
22. Ní déarfaimid aon rud.

23. Ní chloisfimid an clog.
24. Ní íosfaimid an dinnéar go léir.
25. Ní bhéarfaimid ar an mbuachaill.
26. Ní rachaimid ar scoil sa ghluaisteán.
27. Rachaidh siad ar Aifreann maidin amárach.
28. Ní rachaidh siad ar Aifreann tráthnóna amárach.
29. Beimid ag an gcluiche amárach.
30. Tá an ceart agaibh.
31. Cloisfimid an t-aláram go luath ar maidin.
32. Íosfaimid ár ndinnéar.
33. Ní thiocfaimid abhaile go ceann cúpla lá.
34. Ní fhaighimid mórán oibre le déanamh.
35. Faighimid ár lón sa cheaintín gach lá.
36. Ní bhímid ar scoil gach lá.
37. Ní chloisimid an múinteoir ag caint de ghnáth.
38. Ní bheirimid ar an liathróid nuair a bhíonn sí ag dul thar an líne.
39. Bíonn sibh i gcónaí ag obair.
40. Ní théimid ar scoil ar ár rothair.
41. Ní bhíonn sibh i láthair in am riamh.
42. Téann siad chuig gach cluiche a bhíonn ar siúl sa pháirc.
43. Ní fhaigheann siad luach saothair ar bith ón múinteoir.
44. Ní ithimid na béilí a thugtar dúinn.
45. Ní théimid ar Aifreann, fiú amháin ar an Domhnach.
46. Ní deirimid mórán, fiú nuair a chuirtear ceist orainn.
47. Bímid ag imirt cluichí ag am lóin gach lá.
48. Deir siad a bpaidreacha gach lá.
49. Ithimid an bricfeasta gach maidin ar a seacht a chlog.
50. Ní fheicimid taibhsí riamh sa cheantar seo.

Claoninsint – Ceist Indíreach
Indirect Question

Aonad 18

Le Foghlaim

- Chun claoninsint a chur ar cheist, ní gá ach an abairt a scríobh san aimsir chéanna a bheadh agat sa Bhéarla.
- Déan staidéar ar na samplaí seo thíos.

Ceist dhíreach	Ceist Indíreach
Cá bhfuil Liam? (Where is Liam?)	D'fhiafraigh sé díom cá raibh Liam. (He asked me where was Liam.) Tá a fhios agam cá bhfuil Liam. (I know where Liam is.)
Ar cheannaigh tú an siúcra? (Did you buy the sugar?)	Chuir sé ceist orm ar cheannaigh mé an siúcra. (He asked me did I buy the sugar.) Chuir sé ceist uirthi ar cheannaigh sí an siúcra. (He asked her did she buy the sugar.)
An mbeidh tú ag dul amach? (Will you be going out?)	D'fhiafraigh mé de an mbeadh sé ag dul amach. (I asked him would he be going out.) Níl a fhios agam an mbeidh sé ag dul amach. [I don't know will he be (if he will be) going out.]
An dtugann Seán aire don leanbh? (Does Seán mind the baby?)	Chuir mé ceist air an dtugadh Seán aire don leanbh. (I asked him used John mind the baby.) Ba mhaith leis fios a bheith aige an dtugann Seán aire don leanbh. [He would like to know does John mind (if John minds) the baby.]
Conas a d'éirigh leat sa scrúdú? (How did you get on in the examination?)	Chuir mé ceist uirthi conas a d'éirigh léi sa scrúdú. (I asked her how she got on in the examination.)
An dtabharfaidh tú bronntanas dom? (Will you give me a present?)	D'fhiafraigh mé di an dtabharfadh sí bronntanas dom. (I asked her would she give me a present.)

A Cuir 'D'fhiafraigh Seán de Bhríd' roimh gach ceann de na habairtí seo a leanas.

1. Ar thit tú den rothar?
2. Ar theith Liam?
3. Ar thit Maighréad?
4. Ar thuirling an buachaill den bhus?
5. Ar ghlan tú an seomra?
6. Ar bhuail an buachaill leis an gcailín?
7. Ar ól an buachaill an tae?
8. Ar ól tú an caife?
9. Ar thaispeáin Seán an leabhar duit?
10. Ar thuig tú an cheist?
11. Ar thosaigh an buachaill ag léamh?
12. An bhfuair tú an fíon?
13. An ndearna tú an obair do d'athair?
14. An ndearna Peadar an níochán dá mháthair?
15. An bhfuarthas an leabhar sa chistin?
16. An ndearnadh an obair?
17. An ndúradh é sin?
18. An ndúirt Micheál é sin?
19. Ar chuala tú an buachaill ag caint?
20. Ar itheadh an bia go léir?
21. An ndeachaigh tú ar scoil ar do rothar?
22. An gcabhróidh tú le do dheartháir nuair a nífidh sé an gluaisteán?
23. An dtitfidh tú den rothar?
24. An nglanfaidh Liam an seomra?
25. An dtitfidh Máire?
26. An dtuirlingeoidh an buachaill den traein?
27. An mbuailfidh an buachaill leis an gcailín?
28. An ólfaidh an buachaill an tae?
29. An ólfaidh tú an caife?
30. An dtuigfidh tú an cheist sin?
31. An dtuirlingeoidh mé den bhus nó den traein?
32. An dtaispeánfaidh mé an leabhar duit?
33. An ndéanfaidh mé an obair do m'athair?

34. An ndéanfaidh Seán an obair dá mháthair?
35. An dtabharfaidh sí na milseáin don bhuachaill?
36. An bhfaighfear an leabhar sa leabharlann?
37. An dtabharfar an leabhar don bhuachaill?
38. An ndéanfar an obair?
39. An mbeidh ráigeanna báistí san oirthear amárach?
40. An ndéarfar é sin?
41. An ndéarfaidh Séamas é sin?
42. An gcloisfear na cailíní amárach?
43. An gcloisfidh tú na buachaillí ag teacht isteach?
44. An bhfeicfear na cluichí ar an teilifís?
45. An gcabhraíonn tú le do mháthair nuair a níonn sí na gréithe?
46. An dtuirlingíonn Liam i gceart dá rothar?
47. An dteitheann sé?
48. An dtiteann Máire?
49. An mbuaileann an fear leis an mbean gach tráthnóna?
50. An ólann an buachaill líomanáid?

B Cuir 'D'fhiafraigh na buachaillí de na cailíní' roimh gach ceann de na habairtí seo a leanas.
1. Ar chónaíomar i Luimneach?
2. Ar thuirlingíomar den traein i mBaile Átha Cliath?
3. Ar ólamar an tae go léir?
4. Ar shiúlamar abhaile ón scoil?
5. Ar chaith sibh an t-airgead go léir?
6. Ar chodlaíomar sa seomra suí?
7. Ar thuig sibh an cheist?
8. Ar léim siad thar an gclaí?
9. Ar shuíomar síos sa chathaoir uilleach?
10. Ar thiomáin siad an traein?
11. Ar labhair siad go fóill?
12. An bhfuaireamar an leabhar sa chistin?
13. An ndearna siad an obair?
14. An raibh siad ag an gcluiche inné?
15. An raibh sibh tinn inné?

16. An ndúirt siad é sin?
17. Ar chuala sibh muid?
18. An bhfaca sibh an cluiche?
19. Ar tháinig siad amach as an siopa fós?
20. Ar rug na Gardaí ar an ngadaí?
21. An ndeachaigh siad ar Aifreann ar maidin?
22. An ndeachaigh sibh go Corcaigh inné?
23. An bhfágfaidh sibh aon rud dúinn?
24. An dtuirlingeoimid den traein i Loch Garman?
25. An siúlfaimid abhaile ón scoil amárach?
26. An gcónóimid i Luimneach?
27. An ólfaimid an bheoir amárach?
28. An gcaithfidh sibh an t-airgead go léir?
29. An gcodlóimid sa seomra suí?
30. An dtuigfidh sibh an ceacht?
31. An suífimid sa chathaoir uilleach?
32. An léimfidh siad thar an teach?
33. An dtiomáinfidh na fir an gluaisteán?
34. An oibreoidh sibh sa bhialann?
35. An bhfaighidh sibh an leabhar sa chistin?
36. An ndéanfaidh siad an obair?
37. An dtiocfaidh siad amach as an siopa?
38. An mbeimid ag an gcluiche amárach?
39. An mbeidh sibh tinn amárach?
40. An rachaidh siad ar Aifreann um thráthnóna?

An tAinm Briathartha
The Verbal Noun

Le Foghlaim

- Is é **an tAinm Briathartha** *(verbal noun)* an chuid sin den bhriathar a leanann **ag**.

- Anseo thíos, tá roinnt ainmneacha briathartha duit:

An Chéad Réimniú – Ainm Briathartha

Bain – Baint	Íoc – Íoc	**- igh**
Braith – Brath	Lean – Leanúint	Báigh – Bá
Buail – Bualadh	Mair – Maireachtáil	Brúigh – Brú
Caill – Cailleadh	Oir – Oiriúint	Buaigh – Buachan
Caith – Caitheamh	Ól – Ól	Cloígh – Cloí
Can – Canadh	Pós – Pósadh	Cráigh – Crá
Cas – Casadh	Rith – Rith	Crúigh – Crú
Cíor – Cíoradh	Robáil – Robáil	Dóigh – Dó
Coimeád – Coimeád	Sábháil – Sábháil	Fuaigh – Fuáil
Croith – Croitheadh	Scríobh – Scríobh	Glaoigh – Glaoch
Cuir – Cur	Séid – Séideadh	Guigh – Guí
Dún – Dúnadh	Seinn – Seinm	Léigh – Léamh
Éist – Éisteacht	Siúil – Siúl	Luaigh – Lua
Fág – Fágáil	Sroich – Sroicheadh	Luigh – Luí
Fan – Fanacht	Taispeáin – Taispeáint	Nigh – Ní
Féach – Féachaint	Teith – Teitheadh	Pléigh – Plé
Fill – Filleadh	Tiomáin – Tiomáint	Sáigh – Sá
Géill – Géilleadh	Tit – Titim	Suigh – Suí
Glan – Glanadh	Tóg – Tógáil	
Goid – Goid	Tuig – Tuiscint	
Iarr – Iarraidh	Úsáid – Úsáid	

An Dara Réimniú – Ainm Briathartha

Admhaigh – Admháil	Fiafraigh – Fiafraí
Aistrigh – Aistriú	Foghlaim – Foghlaim
Athraigh – Athrú	Freagair – Freagairt
Breathnaigh – Breathnú	Gortaigh – Gortú
Brostaigh – Brostú	Imigh – Imeacht
Bunaigh – Bunú	Imir – Imirt
Cabhraigh – Cabhrú	Inis – Insint
Ceangail – Ceangal	Impigh – Impí
Ceannaigh – Ceannach	Iompaigh – Iompú
Codail – Codladh	Iompair – Iompar
Coinnigh – Coinneáil	Labhair – Labhairt
Cóirigh – Cóiriú	Mothaigh – Mothú
Cónaigh – Cónaí	Oibrigh – Oibriú
Cosain – Cosaint	Ordaigh – Ordú
Críochnaigh – Críochnú	Oscail – Oscailt
Cronaigh – Cronú	Roghnaigh – Roghnú
Cuardaigh – Cuardach	Seachain – Seachaint
Diúltaigh – Diúltú	Tarraing – Tarraingt
Éirigh – Éirí	Tosaigh – Tosú
Eitil – Eitilt	Tuirling – Tuirlingt

Na Briathra Neamhrialta – Ainm Briathartha

Abair – Rá	Feic – Feiceáil
Beir – Breith	Ith – Ithe
Bí – Bheith	Tabhair – Tabhairt
Clois – Cloisteáil	Tar – Teacht
Déan – Déanamh	Téigh – Dul
Faigh – Fáil	

Nóta: Beidh ort úsáid a bhaint as an **ainm briathartha** sa chéad aonad eile.

Claoninsint – Ordú Indíreach
Indirect Command

Aonad 20

Déan staidéar ar an dá shampla seo thíos:

- D'impigh mé ar Áine an gúna a chaitheamh.
  (I begged Áine to wear the dress.)
- D'iarr mé ar Mham mo lámha a ní.
  (I asked Mum to wash my hands.)
- Is samplaí d'**Ordú Indíreach** iad an dá abairt thuas.

Le Foghlaim

- Is í seo a leanas an riail d'Ordú Indíreach san fhoirm dhearfach: Déan staidéar ar na samplaí seo thíos.

  Briathar, etc. (+ cuspóir + 'a' + séimhiú) + Ainm Briathartha.
  N.B. Ní bhíonn cuspóir ag na briathra go léir.

- Féach ar na samplaí seo anois:

Briathar, etc.	Cuspóir	'a'	Ainm Briathartha
D'ordaigh Seán don bhuachaill	an obair	a	dhéanamh.
D'iarr an múinteoir orainn	–	–	féachaint ar na leabhair.
D'impigh mé ar m'athair	cúig phunt	a	thabhairt dom.
D'iarr mé ar mo chairde	an gluaisteán	a	chur sa gharáiste.
D'ordaigh an giolla dúinn	na ticéid	a	thabhairt dó.
D'impíomar ar na fir	an gairdín	a	ghlanadh.
Dúirt mé leis an gcailín	–	–	imeacht.
Dúirt an múinteoir linn	–	–	suí síos.
D'iarr an múinteoir orainn	–	–	seasamh suas.
D'impigh Nuala ar Eoin	–	–	teacht ar ais.

- Is í seo a leanas an riail d'Ordú Indíreach san fhoirm dhiúltach:
  Briathar, etc. + 'gan' + (cuspóir + 'a' + séimhiú) + Ainm Briathartha.

- Féach ar na samplaí seo anois:

Briathar, etc. + 'gan'	Cuspóir	'a'	Ainm Briathartha
D'ordaigh sé dom gan	an obair	a	dhéanamh.
D'iarr an múinteoir air gan	–	–	féachaint ar an teilifís.
D'impigh mé ar m'athair gan	airgead ar bith	a	thabhairt dom.
D'iarr mé ar mo chairde gan	an gluaisteán	a	chur sa gharáiste.
D'ordaigh an giolla dúinn gan	na ticéid	a	chailleadh.
D'impíomar ar na fir gan	an gairdín	a	fhágáil salach.
Dúirt mé leis an gcailín gan	–	–	imeacht.
Dúirt an múinteoir linn gan	–	–	suí síos.
Iarradh orainn gan	–	–	seasamh suas.
D'impigh Nuala ar Eoin gan	–	–	dul amach le cailín eile.

N.B. In aon chás nach mbíonn an t-ordú á thabhairt go díreach don duine lena bhfuil an cainteoir ag labhairt, bíonn athrú beag sa riail thuas. Féachaimis ar na samplaí seo thíos:

Ordú Díreach	Ordú Indíreach
"Bainimis an féar," arsa Liam le Pádraig.	Dúirt Liam le Pádraig **iad** an féar a bhaint.
"Ná bainimis an féar," arsa Liam le Pádraig.	Dúirt Liam le Pádraig gan **iad** an féar a bhaint.

- I gcásanna den chineál seo, is mar seo a leanas a bhíonn an riail san fhoirm dhearfach agus san fhoirm dhiúltach:

Aonad 20

Briathar (+ 'gan') + ainmní (+ cuspóir + 'a' + séimhiú) + ainm briathartha.
- Déan staidéar ar na samplaí seo a leanas:

Ordú Díreach	Ordú Indíreach
"Déanaimis an obair láithreach," arsa Liam le Bríd.	Dúirt Liam le Bríd **iad** an obair a dhéanamh láithreach.
"Glanadh seisean an clár dubh," arsa an múinteoir le Máire.	Dúirt an múinteoir le Máire **eisean** an clár dubh a ghlanadh.
"Ná hóladh Liam an tae," arsa Peadar liom.	Dúirt Peadar liom gan **Liam** an tae a ól.
"Déanadh sise an obair," arsa an fear liom.	Dúirt an fear liom **ise** an obair a dhéanamh.

A Tá na briathra go léir sna habairtí seo thíos sa mhodh ordaitheach. Cuir 'D'ordaigh Máire don bhuachaill' roimh gach ceann díobh agus déan cibé athrú eile is gá orthu.

1. Bain díot an cóta sin.
2. Buail amach an liathróid anois.
3. Ná caill an t-airgead sin.
4. Ná caith an toitín.
5. Can amhrán dom.
6. Cas ar deis.
7. Cíor do chuid gruaige.
8. Ná coimeád faoi rún é.
9. Ná cuir siúcra sa tae.
10. Dún an doras.
11. Éist leis an gceol.
12. Ná fág an doras ar oscailt.
13. Féach ar an gclár dubh.
14. Ná géill don bhuachaill.
15. Ná glan an clár dubh go fóill.
16. Ná goid na húlla.
17. Iarr cead ar do mháthair.
18. Ná híoc as an mbéile.

19. Lean ar aghaidh.
20. Ól an tae.
21. Ná pós an duine sin.
22. Rith abhaile láithreach.
23. Ná robáil an banc.
24. Siúil ar aghaidh.
25. Taispeáin do chóipleabhar dom.
26. Tóg amach an leabhar.
27. Admhaigh go bhfuil an ceart agam.
28. Ná hathraigh anois é.
29. Brostaigh!
30. Cabhraigh liom.
31. Ceangail do chrios.
32. Ceannaigh an téacsleabhar inniu.
33. Codail go sámh.
34. Coinnigh amach é.
35. Ná cóirigh an leaba.
36. Críochnaigh an ceacht anois.
37. Cuardaigh do mhála.
38. Éirigh go luath maidin amárach.
39. Fiafragh de d'athair cá bhfuil an leabhar.
40. Foghlaim na briathra anocht.
41. Ná gortaigh tú féin.
42. Imigh!
43. Inis dom cá raibh tú inné.
44. Labhair le do mháthair faoin gceist.
45. Oibrigh go dian.
46. Oscail an doras.
47. Ná roghnaigh an ceacht mícheart.
48. Seachain an strainséir.
49. Tarraing an rópa.
50. Ná tosaigh an ceacht go fóill.

Aonad 20

B Tá na briathra go léir sna habairtí seo thíos sa mhodh ordaitheach. Cuir 'D'iarr Mam ar Sheán' roimh gach ceann díobh agus déan cibé athrú eile is gá orthu.

1. Ná fágaimis an teach ar a trí a chlog.
2. Ná tuirlingíodh Séamas den bhus.
3. Tuirling den bhus i lár an bhaile mhóir.
4. Codlaíodh sí ar an tolg ó am go chéile.
5. Ná codail faoi scáth na gcrann.
6. Ná cónaíodh Eibhlín sa bhotháinín.
7. Ná cónaigh san ollmhargadh.
8. Caith an t-airgead go léir i siopa an ghrósaera.
9. Ól bainne go minic.
10. Ná taispeánadh sí aon rud dom.
11. Ná léim thar an mballa.
12. Nigh an gluaisteán nuair a bheidh an seans agat.
13. Ná tiomáineadh Máire an leoraí.
14. Ná labhair le strainséirí.
15. Ná fág bia ar bith do na páistí.
16. Ná cóiríodh Daidí na leapacha gach maidin.
17. Léim amach an fhuinneog.
18. Taispeáin na ceachtanna go léir don mhúinteoir.
19. Ná tuirling den traein i Luimneach.
20. Caitheadh sé an t-am ar fad cois trá.
21. Labhraíodh an fear go soiléir.
22. Ná tiomáin an traein.
23. Ná húsáid rudaí den chineál sin.
24. Ná glac le maslaí den sórt sin.
25. Bí i do thost.
26. Ná bíodh duine ar bith agaibh as láthair.
27. Beir ar an liathróid.
28. Itheadh sí a sáith.
29. Ól an bainne.
30. Glan an seomra.

Cúrsa Gramadaí do Mheánscoileanna

C Tá na briathra go léir sna habairtí seo thíos sa mhodh ordaitheach. Cuir 'D'iarr Daid ar na buachaillí' roimh gach ceann díobh agus déan cibé athrú eile is gá orthu.

1. Ná cabhraíodh na cailíní lena dtuismitheoirí.
2. Cabhraígí le bhur máithreacha.
3. Buailigí le bhur ndeartháireacha gach lá.
4. Buaileadh na fir leis na mná gach lá.
5. Ná caithigí toitíní.
6. Óladh na fir na deochanna go léir.
7. Ólaigí beoir.
8. Ná titigí den diallait.
9. Caithimis ár gcuid airgid go ciallmhar.
10. Ná taispeánaimis na leabhair go léir dóibh.
11. Taispeánaimis na cóipleabhair go léir don mhúinteoir.
12. Labhraíodh Máire leis na fir.
13. Ná léimigí amach an fhuinneog.
14. Ná tosaígí ag léamh go luath ar maidin.
15. Glacaigí leis na maslaí go léir.
16. Ná húsáidigí na rothair.
17. Úsáidigí an ríomhaire.
18. Suígí ar an bhféar.
19. Tiomáinigí an gluaisteán.
20. Ná tiomáinigí an leoraí.
21. Ná hinsíodh sí an fhírinne.
22. Ná fágaimis an t-airgead sa bhanc.
23. Níodh na fir na héadaí agus cóirídís na leapacha.
24. Ná cóirímis na leapacha.
25. Ná fágadh na cailíní an scoil go fóill.
26. Ná hólaimis bainne.
27. Ná caithigí toitíní.
28. Ná hóladh na páistí líomanáid.
29. Ná caithidís a gcuid airgid go léir ar rudaí suaracha.
30. Buailigí le bhur gcairde taobh amuigh den scoil.
31. Ná buailimis lenár gcairde i lár na cathrach.

Aonad 20

32. Ná siúlaigí go dtí an séipéal.
33. Labhraídís leis na mná go minic.
34. Labhraígí leis na Gardaí go minic.
35. Ná nímis ár gcuid gruaige.
36. Nídís iad féin gach lá.
37. Ná glacaimis le masla ar bith uathu.
38. Ná tiomáinimis an traein.
39. Buaigí an cluiche.
40. Ná bígí déanach.

D Na Briathra Neamhrialta:

Tá na briathra go léir sna habairtí seo thíos sa mhodh ordaitheach. Cuir 'Dúirt an múinteoir leis na daltaí' roimh gach ceann díobh agus déan cibé athrú eile is gá.

1. Abraigí bhur bpaidreacha.
2. Déanaigí bhur gcuid oibre.
3. Ná habraigí é sin arís.
4. Ná déanaigí é sin arís.
5. Beirigí ar na gadaithe anois.
6. Ná beirigí ar an liathróid.
7. Tagaigí isteach.
8. Ná téigí amach fós.
9. Bíodh ciall agaibh.
10. Ná bígí déanach arís.
11. Ná bíodh aon duine agaibh déanach arís.
12. Déanaigí an ceacht seo láithreach.
13. Faighigí na leabhair anocht.
14. Ná faighigí locht ar bith ar an obair.
15. Ithigí agus ólaigí a dtugtar daoibh.
16. Ná hithigí an bia seo.
17. Téigí amach sa chlós.
18. Bígí ciúin.
19. Ná tagaigí amach go fóill.
20. Ná bígí ag gearán.

Aonad 21: Claoninsint – Guí Indíreach
Indirect Wish

Le Foghlaim

- Tá dhá bhealach againn chun guí indíreach a chur in iúl:
  a an ghuí indíreach a chur in iúl mar **ordú indíreach** agus na rialacha in Aonad 20 a leanúint **nó**
  b an ghuí a chur sa mhodh coinníollach agus an ghuí a chur mar ráiteas indíreach **(go/nach + urú)**.

Samplaí

Guí Dhíreach		Guí Indíreach
Nár lagaí Dia tú.	a	Ghuigh sé gan Dia é a lagú.
	b	Ghuigh sé nach lagódh Dia é.
Go méadaí Dia do stór.	a	Ghuigh sé Dia a stór a mhéadú.
	b	Ghuigh sé go méadódh Dia a stór.
Go n-ithe an diabhal thú.	a	Ghuigh sé an diabhal é a ithe.
	b	Ghuigh sé go n-íosfadh an diabhal é.
Go sábhála Dia sinn.	a	Ghuigh sé Dia iad a shábháil.
	b	Ghuigh sé go sábhálfadh Dia iad.
Nár imí siad go deo.	a	Ghuigh sé gan iad a imeacht go deo.
	b	Ghuigh sé nach n-imeoidís go deo.

Cuir 'Ghuigh sé' roimh gach ceann de na habairtí seo thíos agus déan cibé athrú eile is gá orthu.

1. Nár chabhraí sí lena hathair.
2. Nár fhágaimid an t-airgead sa bhanc.
3. Go ní siad na héadaí gach Satharn agus go gcóirí siad na leapacha.
4. Go bhfága mé an scoil ar a ceathair a chlog gach lá.
5. Nár chóirímid an leaba.
6. Go dtite na leanaí den bhord.
7. Nár fhága na cailíní an scoil ar a naoi a chlog.
8. Go n-óla siad na deochanna go léir.
9. Nár thite siad den diallait.

Aonad 21

10. Nár thite sé.
11. Go dtaispeánaimid ár gcóipleabhair don mhúinteoir.
12. Nár thuigimid an cheist.
13. Nár thaispeána sé aon rud dúinn.
14. Nár chodlaí siad go rómhaith.
15. Go ní sí a haghaidh.
16. Nár thiomáine siad an traein.
17. Go suí mé ar an bhféar.
18. Nár insí sí an fhírinne.
19. Nár fhaighimid mórán oibre.
20. Go gcloise mé na páistí ag caoineadh.
21. Nár dhéana mé aon obair.
22. Ná rabhaimid ar scoil.
23. Nár chloisimid an múinteoir.
24. Nár bheirimid ar an liathróid.
25. Go ndéana Pól an obair.
26. Go raibh sibh i gcónaí ag obair.
27. Nár théimid ar scoil.
28. Ná raibh sibh i láthair.
29. Nár itear béilí sa seomra sin.
30. Ná raibh na buachaillí sin ag imirt peile.
31. Nár ithe sí feoil.
32. Go rabhaimid i mbárr na sláinte.
33. Nár chloise mé drochscéal.
34. Go mbeire na Gardaí ar an ngadaí.
35. Nár chloistear drochscéal ar bith.
36. Go dtaga Seán abhaile.
37. Go dté Máire abhaile.
38. Go bhfeice tú do mháthair inniu.
39. Nár thé sé go Béal Feirste.
40. Go bhfaighe mé an chéad duais!

Aonad 22: An Chopail 'Is' – Aimsir Láithreach

- Tá dhá bhealach sa Ghaeilge chun 'I am' a rá.
  Seo iad: **Tá mé...** agus **Is... mé**.

- Anois, déan staidéar ar na samplaí seo thíos chun an difríocht idir **bí** agus **is** a thuiscint:

Tá mé go maith.	Is buachaill mé.
Tá an fear ag dul amach.	Is Éireannach mé.
Tá mé déanach.	Is Garda Síochána mé.
Tá an buachaill ag imirt peile.	Is aisteoir é an fear.
Tá mé i mo chónaí faoin tuath.	Is Sasanach é an fear.
Tá mé dathúil.	Is Francach í an cailín.
Tá an cailín ag siúl.	Is múinteoir é an fear.
Tá mo dheirfiúr ag rith.	Is múinteoir í an bhean.

Tabhair faoi deara:
I gcás na n-abairtí a bhfuil 'is' iontu (ar dheis), feicimid go bhfuil **ainmfhocal** sa phríomhchuid den fhaisnéis (buachaill, Éireannach, Garda, aisteoir, Sasanach, Francach, múinteoir). Ní mar sin atá an cás, áfach, i gcás na n-abairtí a bhfuil **bí** (**tá**) iontu (ar chlé).

Le Foghlaim

- When there is a noun in the main part of the predicate we usually use **is**. Otherwise we use **bí**.
- However, it is always possible to change **is** sentences in such a way as to be able to use **bí**.
- Scrúdaigh na samplaí seo thíos.

Tá mé i mo bhuachaill.	Is buachaill mé.
Tá mé i m'Éireannach.	Is Éireannach mé.
Tá mé i mo Gharda Síochána.	Is Garda Síochána mé.
Tá an fear ina aisteoir.	Is aisteoir é an fear.
Tá an fear ina Albanach.	Is Albanach é an fear.
Tá an cailín ina Francach.	Is Francach í an cailín.
Tá an fear ina mhúinteoir.	Is múinteoir é an fear.
Tá an bhean ina múinteoir.	Is múinteoir í an bhean.

Aonad 22

Déan scrúdú orthu seo:

Is Éireannach **mé**.	Tá mé **i m'**Éireannach.
Is Éireannach **t(h)ú**.	Tá tú **i d'**Éireannach.
Is Éireannach **é**.	Tá sé **ina** Éireannach.
Is Éireannach **í**.	Tá sí **ina h**Éireannach.
Is Éireannaigh **sinn**.	Táimid **inár n**Éireannaigh.
Is Éireannaigh **sibh**.	Tá sibh **in bhur n**Éireannaigh.
Is Éireannaigh **iad**.	Tá siad **ina n**Éireannaigh.

Déan scrúdú orthu seo:

Is Éireannach **é** Seán.	Tá Seán **ina** Éireannach.
Is Éireannach **í** Nóra.	Tá Nóra **ina h**Éireannach.
Is Éireannach **é** an fear.	Tá an fear **ina** Éireannach.
Is Éireannach **í** an cailín.	Tá an cailín **ina h**Éireannach.
Is Éireannaigh **iad** na fir.	Tá na fir **ina n**Éireannaigh.
Is Éireannaigh **iad** na mná.	Tá na mná **ina n**Éireannaigh.

Aistrigh gach ceann de na habairtí seo thíos go Gaeilge, ach bíodh dhá leagan agat de gach ceann de na habairtí sin.

Sampla:
John is an Irishman = *Is Éireannach é Seán* agus *Tá Seán ina Éireannach.*

1. We are fools (amadáin).
2. They are fools (amadáin).
3. He is a fool (amadán).
4. I am a fool (amadán).
5. Daragh is a fool (amadán).
6. Mary is a teacher (múinteoir).
7. They are teachers (múinteoirí).
8. Jamie is a teacher (múinteoir).
9. She is a teacher (múinteoir).
10. You are a teacher (múinteoir).
11. You are teachers (múinteoirí).
12. She is a nurse (altra).
13. He is a nurse (altra).
14. I am a nurse (altra).

15. My mother is a nurse (altra).
16. We are nurses (altraí).
17. I am a student (mac léinn).
18. She is a student (mac léinn).
19. They are students (mic léinn).
20. You are students (mic léinn).
21. Nora is a student (mac léinn).
22. He is an Irishman (Éireannach).
23. I am an Irishman (Éireannach).
24. He is a good footballer (peileadóir maith).
25. She is a good footballer (peileadóir maith).
26. We are good footballers (peileadóirí maithe).
27. We are poets (filí).
28. They are poets (filí).
29. She is a poet (file).
30. You are a poet (file).
31. You are a clever girl (cailín cliste).
32. They are clever girls (cailíní cliste).
33. I am a man (fear).
34. He is a man (fear).
35. We are men (fir).
36. You are an engineer (innealtóir).
37. She is an engineer (innealtóir).
38. They are engineers (innealtóirí).
39. You are engineers (innealtóirí).
40. We are engineers (innealtóirí).
41. You are a thief (gadaí).
42. She is a thief (gadaí).
43. I am a thief (gadaí).
44. You are thieves (gadaithe).
45. He is a driver (tiománaí).
46. She is a driver (tiománaí).
47. We are drivers (tiománaithe).
48. I am a singer (amhránaí).
49. She is a singer (amhránaí).
50. You are singers (amhránaithe).

Aonad 22

Ceartaigh na botúin sna habairtí seo thíos agus scríobh amach i gceart iad.

1. Tá sí ina aisteoir.
2. Tá sé ina haisteoir.
3. Táimid inár aisteoirí.
4. Tá siad aisteoirí.
5. Is aisteoirí siad.
6. Tá sé múinteoir.
7. Tá mé fear.
8. Tá tú bean.
9. Táimid scoláirí.
10. Tá sé sin leabhar maith.
11. Tá sí ina mhúinteoir maith.
12. Tá an dochtúir fear maith.
13. Is cailín maith sí.
14. Tá mé cailín maith.
15. Tá tú pleidhce.
16. Tá tú amadán.
17. Tá Manchester United foireann mhaith.
18. Tá tú óinseach.
19. Is mé cliste.
20. Is tú cliste.

Le Foghlaim

An Chopail 'Is' – Aimsir Láithreach

An Fhoirm Dhearfach:	Is
An Fhoirm Dhiúltach:	Ní
An Fhoirm Cheisteach Dhearfach:	An?
An Fhoirm Cheisteach Dhiúltach:	Nach?
Claoninsint:	Gur(b)
Claoninsint:	Nach
'If'	Más
'If not'	Mura

Samplaí

An Fhoirm Dhearfach
>Is buachaill dathúil mé (I am a handsome boy).
>Is cailín mór thú (You are a big girl).
>Is amadán é (He is a fool).
>Is óinseach í (She is a fool).
>Is scoláirí sinn (We are scholars).
>Is polaiteoirí sibh (You are politicians).
>Is sagairt iad (They are priests).
>Is feirmeoir an bhean sin (That woman is a farmer).
>Is é Seán a dúirt é (It is John who said it).
>Is iad na fir a dúirt é (It is the men who said it).
>Is é sin mo pheann (That is my pen).
>Is tusa an duine is mó (You are the biggest person).

An Fhoirm Dhiúltach
>Ní buachaill dathúil mé (I am not a handsome boy).
>Ní cailín mór thú (You are not a big girl).
>Ní amadán é (He is not a fool).
>Ní óinseach í (She is not a fool).
>Ní scoláirí sinn (We are not scholars).
>Ní polaiteoirí sibh (You are not politicians).
>Ní sagairt iad (They are not priests).
>Ní feirmeoir an bhean sin (That woman is not a farmer).
>Ní hé Seán a dúirt é (It is not John who said it).
>Ní hiad na fir a dúirt é (It is not the men who said it).
>Ní hé sin mo pheann (That is not my pen).
>Ní tusa an duine is mó (You are not the biggest person).

An Fhoirm Cheisteach Dhearfach
>An buachaill dathúil mé (Am I a handsome boy)?
>An cailín mór thú (Are you a big girl)?
>An amadán é (Is he a fool)?
>An óinseach í (Is she a fool)?
>An scoláirí sinn (Are we scholars)?
>An polaiteoirí sibh (Are you politicians)?
>An sagairt iad (Are they priests)?
>An feirmeoir an bhean sin (Is that woman a farmer)?
>An é Seán a dúirt é (Is it John who said it)?
>An iad na fir a dúirt é (Is it the men who said it)?
>An é sin mo pheann (Is that my pen)?
>An tusa an duine is mó (Are you the biggest person)?

Aonad 22

An Fhoirm Cheisteach Dhiúltach
    Nach buachaill dathúil mé (Am I not a handsome boy)?
    Nach cailín mór thú (Are you not a big girl)?
    Nach amadán é (Isn't he a fool)?
    Nach óinseach í (Isn't she a fool)?
    Nach scoláirí sinn (Are we not scholars)?
    Nach polaiteoirí sibh (Are you not politicians)?
    Nach sagairt iad (Are they not priests)?
    Nach feirmeoir an bhean sin (Is that woman not a farmer)?
    Nach é Seán a dúirt é (Is it not John who said it)?
    Nach iad na fir a dúirt é (Is it not the men who said it)?
    Nach é sin mo pheann (Is that not my pen)?
    Nach tusa an duine is mó (Are you not the biggest person)?

Claoninsint san Fhoirm Dhearfach
    Deir sé gur buachaill dathúil mé (He says that I am a handsome boy).
    Deir sé gur amadán é (He says that he is a fool).
    Deir sé gur óinseach í (He says that she is a fool).
    Deir sé gur scoláirí sinn (He says that we are scholars).
    Deir sé gur polaiteoirí sibh (He says that you are politicians).
    Deir sé gur sagairt iad (He says that they are priests).
    Deir sé gur feirmeoir an bhean sin (He says that that woman is a farmer).
    Deir sé gurb é Seán a dúirt é (He says that it is John who said it).
    Deir sé gurb álainn an cailín í (He says that she is a beautiful girl).
    Deir sé gur cailín álainn í (He says that she is a beautiful girl).
    Deir sé gurb iad na fir a dúirt é (He says that it is the men who said it).
    Deir sé gurb é sin mo pheann (He says that that is my pen).
    Deir sé gur tusa an duine is mó (He says that you are the biggest person).

Claoninsint san Fhoirm Dhiúltach
    Deir sé nach buachaill dathúil mé (He says that I'm not a handsome boy).
    Deir sé nach cailín mór thú (He says that you are not a big girl).
    Deir sé nach amadán é (He says that he is not a fool).
    Deir sé nach óinseach í (He says that she is not a fool).
    Deir sé nach scoláirí sinn (He says that we are not scholars).
    Deir sé nach polaiteoirí sibh (He says that you are not politicians).
    Deir sé nach sagairt iad (He says that they are not priests).
    Deir sé nach feirmeoir an bhean sin (He says that that woman is not a farmer).
    Deir sé nach é Seán a dúirt é (He says that it is not John who said it).
    Deir sé nach iad na fir a dúirt é (He says that it isn't the men who said it).
    Deir sé nach é sin mo pheann (He says that that is not my pen).
    Deir sé nach tusa an duine is mó (He says that you're not the biggest person).

Má (If)
- Más buachaill dathúil mé… (If I am a handsome boy…)
- Más cailín mór thú… (If you are a big girl…)
- Más amadán é… (If he is a fool…)
- Más óinseach í… (If she is a fool…)
- Más scoláirí sinn… (If we are scholars…)
- Más polaiteoirí sibh… (If you are politicians…)
- Más sagairt iad… (If they are priests…)
- Más feirmeoir an bhean sin… (If that woman is a farmer…)
- Más é Seán a dúirt é… (If it is John who said it…)
- Más iad na fir a dúirt é… (If it is the men who said it…)
- Más é sin mo pheann… (If that is my pen…)
- Más tusa an duine is mó… (If you are the biggest person…)

Mura (If not)
- Mura buachaill dathúil mé… (If I am not a handsome boy…)
- Mura cailín mór thú… (If you are not a big girl…)
- Mura amadán é… (If he is not a fool…)
- Mura óinseach í… (If she is not a fool…)
- Mura scoláirí sinn… (If we are not scholars…)
- Mura polaiteoirí sibh… (If you are not politicians…)
- Mura sagairt iad… (If they are not priests…)
- Mura feirmeoir an bhean sin… (If that woman is not a farmer…)
- Murab é Seán a dúirt é… (If it is not John who said it…)
- Murab álainn an cailín í… (If she is not a beautiful girl…)
- Murab iad na fir a dúirt é… (If it is not the men who said it…)
- Murab é sin mo pheann… (If that is not my pen…)
- Mura tusa an duine is mó… (If you are not the biggest person…)

Le Foghlaim

Rialacha ('Is' – Aimsir Láithreach)

a Ní chuirtear **séimhiú ná urú** ar an bhfocal a leanann **'Is'** san aimsir láithreach.

b Úsáidtear **gur**, de ghnáth:

(i) **Roimh aidiacht a thosaíonn le consan.**

   Samplaí: Deir sé **gur geal** ar an gcat a chraiceann.
   Deir sé **gur fearr** súil le glas ná súil le huaigh.

(ii) **Roimh ainmfhocal.**

   Samplaí: Deir sé **gur buachaill** mór é.
   Deir sé **gur óinseach** í.

(iii) Roimh dhobhriathar ama.

Samplaí: Deir sé **gur inné** a tharla sé.

Deir sé **gur amárach** a tharlóidh sé.

(iv) Roimh fhorainm réamhfhoclach.

Samplaí: Deir sé **gur uirthi** atá an locht.

Deir sé **gur againn** atá an t-airgead.

(v) Roimh réamhfhocal.

Samplaí: Deir sé **gur ó** Chorcaigh a tháinig an litir.

Deir sé **gur le** Seán an leabhar.

c Úsáidtear **murab** roimh ghuta.

Maidir leis na habairtí go léir anseo thíos, athscríobh gach ceann díobh, ach cuir an chopail 'is' in áit an bhriathair 'bí'.

Sampla: Tá an fear sin ina amadán = Is amadán an fear sin.

1. Tá mé i mo cheoltóir.
2. Táimid inár gceoltóirí maithe.
3. Tá Seán ar an duine is fearr sa rang.
4. Níl mé i mo shaighdiúir.
5. Nílimid inár gceoltóirí.
6. Níl Liam ar an duine is deise dá bhfaca mé riamh.
7. An bhfuil mé i m'amhránaí maith, dar leat?
8. An bhfuilimid inár gceoltóirí maithe, dar leat féin?
9. An bhfuil Antaine ar an duine is fearr sa rang?
10. Nach bhfuil mé i mo pheileadóir maith?
11. Nach bhfuilimid ar na scoláirí is fearr sa rang?
12. Nach bhfuil Roibeard ar an duine is láidre in Éirinn?
13. Deir sé go bhfuil mé i mo scoláire maith.
14. Deir sé go bhfuilimid inár bpleidhcí.
15. Ceapann sé go bhfuil Seán ar an duine is deise ar fad.
16. Deir sé go bhfuil sé sin ar an arán is deise dar ith sé riamh.
17. Deir sé nach bhfuil sé ina phleidhce.
18. Tá mé den bharúil nach bhfuil siad ina n-aisteoirí maithe in aon chor.
19. Is oth liom a rá nach bhfuil sé seo ar an gceacht is fearr.
20. Má tá sé ina amhránaí maith, cén fáth nach gcanfaidh sé amhrán dúinn?

21. Má tá siad ina mbuachaillí maithe, ba chóir dúinn a bheith deas leo.
22. Má tá sé sin ar an rud is sláintiúla dúinn, íosfaimid é.
23. Mura bhfuil sé ina asal, tá sé ina chapall.
24. Mura bhfuil siad ina siopadóirí, ní ceart dóibh a bheith anseo.
25. Mura bhfuil muintir na Gaeltachta ar na peileadóirí is fearr, agus déarfainn go bhfuil, tá siad ar na Gaeilgeoirí is fearr.
26. Tá tú i do phleidhce.
27. Tá sibh in bhur ndea-shampla dúinn go léir.
28. Tá na buachaillí sin ar na daoine is deise dar bhuail mé leo riamh.
29. Níl tú i do cheoltóir maith.
30. Níl sibh in bhur ndaoine deasa.
31. Níl na feirmeoirí sin ina n-oibrithe maithe.
32. An bhfuil tú i do cheoltóir maith?
33. An bhfuil sibh in bhur ndaoine uaisle?
34. An bhfuil na hamadáin sin ar na daoine is míchiallmhaire ar domhan?
35. Nach bhfuil tú i do cheoltóir?
36. Nach bhfuil sibh in bhur n-amadáin chríochnaithe?
37. Nach bhfuil na cailíní sin ar na daoine is cliste sa scoil?
38. Is dóigh leis an bhfear sin go bhfuil tú i do chailín álainn.
39. Deirimse go bhfuil sibh in bhur bhfeirmeoirí maithe.
40. Tá mé den bharúil go bhfuil na páistí sin ar na daoine is múinte sa scoil.
41. Is dóigh liom nach bhfuil tusa ar an amhránaí is measa.
42. Deir sí nach bhfuil sí ina hambasadóir.
43. Sílim nach bhfuil an duine sin ina dhlíodóir.
44. Creidim nach bhfuil tusa ar an duine is laige dá bhfuil ann.
45. Má tá sí ina héan, cén fáth nach féidir léi eitilt?
46. Má tá an cailín sin ina falsóir, níl mé sásta í a fhostú.
47. Má tá tusa ar an duine is airde, b'fhéidir go mbeidh tú in ann an bosca a thógáil anuas den tseilf.
48. Mura bhfuil sí ina héan, ní bheidh sí in ann eitilt.
49. Mura bhfuil an altra ina duine cúramach, ná lig di aire a thabhairt dom.
50. Mura bhfuil mé i mo dhlíodóir, níl mé i mo bhreitheamh ach oiread.

An Chopail 'Is' – Aimsir Chaite agus Modh Coinníollach

Aonad 23

- Is iad seo a leanas gnáthfhoirmeacha 'is' san Aimsir Chaite agus sa Mhodh Coinníollach:

	Roimh <u>chonsan</u> nó roimh 'fl-', 'fr-'	Roimh <u>ghuta</u> nó roimh 'f' + guta
Dearfach	Ba	B'
Diúltach	Níor	Níorbh
Ceisteach Dearfach	Ar?	Arbh?
Ceisteach Diúltach	Nár	Nárbh
Claoninsint Dhearfach	Gur	Gurbh
Claoninsint Dhiúltach	Nár	Nárbh
'If' (Aimsir Chaite)	Má ba	Má b'
'If' (Modh Coinníollach)	Dá mba	Dá mb'
'If not'	Murar	Murarbh

Samplaí

An Fhoirm Dhearfach
Ba bhuachaill dathúil é.
Ba fhliuch an lá é.
Ba fhreagra maith é sin.
B'aoibhinn an lá é.
B'fhuar an lá é.

An Fhoirm Dhiúltach
Níor bhuachaill dathúil é.
Níor fhliuch an lá é.
Níor fhreagra maith é sin.
Níorbh aoibhinn an lá é.
Níorbh fhuar an lá é.

An Fhoirm Cheisteach Dhearfach
Ar bhuachaill dathúil é?
Ar fhliuch an lá é?
Ar fhreagra maith é sin?
Arbh aoibhinn an lá é?
Arbh fhuar an lá é?

An Fhoirm Cheisteach Dhiúltach
Nár bhuachaill dathúil é?
Nár fhliuch an lá é?
Nár fhreagra maith é sin?
Nárbh aoibhinn an lá é?
Nárbh fhuar an lá é?

Claoninsint Dhearfach
Dúirt sé gur bhuachaill dathúil é.
Dúirt sé gur fhliuch an lá é.
Dúirt sé gur fhreagra maith é sin.
Dúirt sé gurbh aoibhinn an lá é.
Dúirt sé gurbh fhuar an lá é.

Claoninsint Dhiúltach
Dúirt sé nár bhuachaill dathúil é.
Dúirt sé nár fhliuch an lá é.
Dúirt sé nár fhreagra maith é sin.
Dúirt sé nárbh aoibhinn an lá é.
Dúirt sé nárbh fhuar an lá é.

Má + 'Is' – Aimsir Chaite
Má ba bhuachaill dathúil é…
Má ba fhliuch an lá é…
Má ba fhreagra maith é sin…
Má b'aoibhinn an lá é…
Má b'fhuar an lá é…

Dá mba – Modh Coinníollach
Dá mba bhuachaill dathúil é…
Dá mba fhliuch an lá é…
Dá mba fhreagra maith é sin…
Dá mb'aoibhinn an lá é…
Dá mb'fhuar an lá é…

Murar/Murarbh – Aimsir Chaite agus Modh Coinníollach
Murar bhuachaill dathúil é…
Murar fhliuch an lá é…
Murar fhreagra maith é sin…
Murarbh aoibhinn an lá é…
Murarbh fhuar an lá é…

Le Foghlaim

Rialacha ('Is' – Aimsir Chaite agus Modh Coinníollach)

a Cuirtear **séimhiú** ar an bhfocal a leanann an chopail san aimsir chaite agus sa mhodh coinníollach.

b Úsáidtear **ba** roimh fhocail a thosaíonn ar **chonsan** nó ar '**fl-**' nó ar '**fr-**'.

c Úsáidtear **b'** roimh fhocail a thosaíonn ar **ghuta** nó ar '**f**' + **guta**.

d Úsáidtear **ba, níor, ar?, nár?, gur, nár, má ba, dá mba** agus **murar** roimh fhocail a thosaíonn ar **chonsan** nó ar '**fl-**', nó ar '**fr-**'.

e Úsáidtear **b', níorbh, arbh?, nárbh?, gurbh, nárbh, má b', dá mb'**, agus **murarbh** roimh fhocail a thosaíonn ar **ghuta** nó ar '**f**' + **guta**.

An Chopail 'Is' – Aimsir Chaite agus Modh Coinníollach
Maidir leis na habairtí go léir anseo thíos, athscríobh gach ceann díobh, ach cuir an chopail '**is**' in áit an bhriathair '**bí**'.
Sampla: Bhí an fear sin ina dhlíodóir = Ba dhlíodóir an fear sin.

1. Bhí mé i mo cheoltóir.
2. Bheadh Seán ar an duine ab fhearr sa rang dá mbeadh an seans aige.
3. Ní rabhamar inár gceoltóirí maithe nuair a bhíomar óg.
4. An raibh mé i m'amhránaí maith nuair a bhí mé óg?
5. An raibh Antaine ar an duine ab fhearr sa rang?
6. Nach rabhamar ar na scoláirí ab fhearr sa rang?
7. Deir sé go mbeinn i mo scoláire maith dá ndéanfainn mo cheachtanna.

8. Cheap sé go raibh Seán ar an duine ba dheise ar fad.
9. Is dóigh liom nach raibh sé ina phleidhce.
10. Is oth liom a rá nach raibh sé sin ar an gceacht ab fhearr.
11. Dá mbeidís ina mbuachaillí maithe, ba chóir dúinn a bheith go deas leo.
12. Mura mbeadh sé ina asal, bheadh sé ina chapall.
13. Mura mbeadh muintir na Gaeltachta ina nGaeilgeoirí maithe, bheadh deireadh leis an nGaeilge mar theanga.
14. Bheadh sibh in bhur ndea-shampla dúinn go léir dá ndéanfadh sibh an obair i gceart.
15. Ní bheifeá i do cheoltóir maith fiú amháin dá gcleachtófá ceol ó mhaidin go hoíche.
16. Ní raibh na feirmeoirí sin ina n-oibrithe maithe.
17. An raibh an cailín sin ina falsóir sular tháinig sí go dtí an scoil seo?
18. Nach mbeifeá i do phleidhce dá ndéanfá é sin?
19. Nach raibh na cailíní sin ar na daoine ba chliste sa scoil anuraidh?
20. Dúirt mé go raibh sibh in bhur bhfeirmeoirí maithe.
21. Shíl sé nach raibh tusa ar an amhránaí ba mheasa.
22. Sílim nach raibh an duine sin ina dhlíodóir.
23. Dá mbeadh sí ina héan, cén fáth nach bhféadfadh sí eitilt?
24. Dá mbeifeása ar an duine ab airde, bheifeá in ann an bosca a thógáil anuas den tseilf.
25. Mura mbeadh an altra ina duine cúramach, ní ligfinn di aire a thabhairt dom.
26. Bheadh sé ina dhuine maith dá ndéanfadh sé é sin.
27. Bheadh sé sin ar an bpeann ab fhearr dá dtabharfá aire mhaith dó.
28. Ní bheidís ina bpáistí dána dá gcoimeádfadh a dtuismitheoirí súil cheart orthu.
29. An raibh an fear sin ina údar?
30. An raibh sé sin ar an leabhar ab fhearr dá raibh agat?
31. Nach raibh siad ina ndochtúirí?
32. Dúirt sé go raibh Seán ina amadán.
33. Dúirt siad go raibh sí go hálainn mar chailín.
34. Tá mé den tuairim nach raibh siad ina ndaoine deasa.
35. Dá mbeinn i mo dhuine cliste, bheinn in ann an ceacht a dhéanamh.

Cúrsa Gramadaí do Mheánscoileanna

36. Dá mbeadh Max ar an duine ab airde, bheadh air na bróga a bhaint de.
37. Mura mbeadh Éamann ar an duine ba chliste, ní bheadh seans ar bith aige.
38. Bhí sí ina haisteoir.
39. Bhí tusa ar an duine ba chliste sa rang.
40. Ní raibh an bhean sin ina falsóir.
41. An raibh sí ina hasal?
42. An raibh tusa ar an duine ab airde sa rang?
43. Nach raibh an cailín sin ina falsóir?
44. Cheap Máire go raibh Bríd ina cailín cliste.
45. Déarfainn go mbeadh sé go hálainn mar dhuine.
46. Is dóigh liom nach raibh sibh in bhur ndaltaí scoile ag an am sin.
47. Dá mbeifeá i do dhuine uasal, bheifeá sásta leis an méid airgid a thabharfaí duit.
48. Dá mbeadh na daoine sin ar na daoine ab fhearr, bheinn ag súil go ndéanfaidís an scrúdú.
49. Mura mbeadh sé aoibhinn mar lá, d'fhanfaimis sa seomra ranga.
50. An raibh an bhean sin ina ceoltóir nuair a bhí sí óg?

Ceacht eile duit!

Aistrigh na habairtí agus na leaganacha seo a leanas go Gaeilge agus bíodh an chopail 'is' i ngach aon cheann de na habairtí/leaganacha sin agat.

1. I am a good musician (ceoltóir).
2. I was a good musician (ceoltóir).
3. Am I a good musician (ceoltóir)?
4. If I were a good musician (ceoltóir)…
5. I am not a good musician (ceoltóir).
6. Seán is the best musician (ceoltóir) in the class.
7. Seán was the best musician (ceoltóir) in the class.
8. Seán says I am a good musician (ceoltóir).
9. Seán said I was a good musician (ceoltóir).
10. Seán says I am not a good musician (ceoltóir).
11. Seán said I was not a good musician (ceoltóir).
12. If I am a good musician (ceoltóir)…

Aonad 23

13. If I am not a good musician (ceoltóir)…
14. I am an engineer (innealtóir).
15. I was an engineer (innealtóir).
16. Am I an engineer (innealtóir)?
17. If I were an engineer (innealtóir)…
18. I am not an engineer (innealtóir).
19. Seán is the best engineer (an t-innealtóir is fearr) in Ireland.
20. Seán was the best engineer (an t-innealtóir ab fhearr) in Ireland.
21. Seán says I am an engineer (innealtóir).
22. Seán said I was an engineer (innealtóir).
23. Seán says I am not an engineer (innealtóir).
24. Seán said I was not an engineer (innealtóir).
25. If I am an engineer (innealtóir)…
26. If I am not an engineer (innealtóir)…
27. Máire is a farmer (feirmeoir).
28. Máire was a farmer (feirmeoir).
29. Is Máire a farmer (feirmeoir)?
30. If Máire were a farmer (feirmeoir)…
31. Máire is not a farmer (feirmeoir).
32. Máire is the best farmer (an feirmeoir is fearr) in Ireland.
33. Máire was the best farmer (an feirmeoir ab fhearr) in Ireland.
34. He says Máire is a farmer (feirmeoir).
35. He said Máire was a farmer (feirmeoir).
36. He says Máire is not a farmer (feirmeoir).
37. He said Máire was not a farmer (feirmeoir).
38. If Máire is a farmer (feirmeoir)…
39. If Máire is not a farmer (feirmeoir)…
40. He is a good footballer (peileadóir).
41. He was a good footballer (peileadóir).
42. Is he a good footballer (peileadóir)?
43. If he were a good footballer (peileadóir)…
44. He is not a good footballer (peileadóir).
45. Seán is the best footballer (an peileadóir is fearr) in the class.
46. Seán was the best footballer (an peileadóir ab fhearr) in the class.
47. Seán says I am a good footballer (peileadóir).

48. Seán said I was a good footballer (peileadóir).
49. Seán says I am not a good footballer (peileadóir).
50. Seán said I was not a good footballer (peileadóir).
51. If he is a good footballer (peileadóir)…
52. If he is not a good footballer (peileadóir)…
53. I am a poet (file).
54. Máirtín Ó Direáin was a good poet (file).
55. Is Séamas Heaney a good poet (file)?
56. If I were a poet (file)…
57. I am not a poet (file).
58. Seán is the best poet (an file is fearr) in the class.
59. Seán was the best poet (an file ab fhearr) in the class.
60. Bríd says I am a good poet (file).
61. Bríd said I was a good poet (file).
62. Bríd says I am not a good poet (file).
63. Bríd said I was not a good poet (file).
64. If I am a good musician (ceoltóir)…
65. If I am not a good poet (file)…
66. We are fools (amadáin).
67. We are teachers (múinteoirí).
68. He is a fool (amadán).
69. I am a fool (amadán).
70. Daragh is an artist (ealaíontóir).
71. Mary is a teacher (múinteoir).
72. They are teachers (múinteoirí).
73. Jamie is a teacher (múinteoir).
74. She is a teacher (múinteoir).
75. You are a teacher (múinteoir).
76. You are teachers (múinteoirí).
77. She is a doctor (dochtúir).
78. He is a doctor (dochtúir).
79. I am a doctor (dochtúir).
80. My mother is a nurse (altra).
81. We are nurses (altraí).
82. I am a student (mac léinn).

83. She is a student (mac léinn).
84. They are students (mic léinn).
85. You are students (mic léinn).
86. Nora is a student (mac léinn).
87. He is an Irishman (Éireannach).
88. I am an Irishman (Éireannach).
89. You are a clever girl (cailín cliste).
90. They are clever girls (cailíní cliste).
91. You are a thief (gadaí).
92. She is a thief (gadaí).
93. I am a thief (gadaí).
94. You are thieves (gadaithe).
95. He is a driver (tiománaí).
96. She is a driver (tiománaí).
97. We are drivers (tiománaithe).
98. I am a singer (amhránaí).
99. She is a singer (amhránaí).
100. You are singers (amhránaithe).

24 Aonad: Inscne agus Tuisil

Inscne (*Gender*)

- Dhá inscne atá sa Ghaeilge, **firinscne(ach)** agus **baininscne(ach)**.
  Samplaí   **Firinscneach:** Seán, Mícheál, athair, fear.
  Baininscneach: Máire, Úna, máthair, bean.
- Cabhróidh na nótaí seo thíos leat inscne na n-ainmfhocal a aithint.

  a **Firinscneach**
  (i) An chuid is mó de na hainmfhocail a chríochnaíonn ar **chonsan leathan**.
      Samplaí: amadán, cnoc, doras, clós.
      Bíonn na hainmfhocail seo **sa chéad díochlaonadh**.
  (ii) Ainmfhocail (a bhaineann le slite beatha nó le daoine) a chríochnaíonn ar **-óir, -éir, -úir, -eoir**.
      Samplaí: cuntasóir, báicéir, dochtúir, feirmeoir.
      Bíonn na hainmfhocail seo **sa tríú díochlaonadh**.
  (iii) Ainmfhocail aonsiollacha *(monosyllabic)* a chríochnaíonn ar **-(e)acht**.
      Samplaí: acht, fuacht, ceacht, smacht.
      Bíonn na hainmfhocail seo **sa tríú díochlaonadh**.
  (iv) Ainmfhocail a chríochnaíonn ar **-ín**.
      Samplaí: cailín, gairdín, ispín, sicín.
      Bíonn na hainmfhocail seo **sa cheathrú díochlaonadh**.

  b **Baininscneach**
  (i) An chuid is mó de na hainmfhocail a chríochnaíonn ar **chonsan caol**.
      Samplaí: aois, ceist, duais, tír.
      Bíonn na hainmfhocail seo **sa dara díochlaonadh**.
  (ii) Ainmfhocail a chríochnaíonn ar **-óg** nó ar **-eog**.
      Samplaí: fuinneog, leadóg, milseog, póg.
      Bíonn na hainmfhocail seo **sa dara díochlaonadh**.
  (iii) Gach ainmfhocal a chríochnaíonn ar **-lann** más **áit** a bhíonn i gceist. Tá roinnt eile ar nós clann, dialann, lann, olann, etc. atá baininscneach freisin.
      Samplaí: bialann, clann, saotharlann, uachtarlann.
      Bíonn na hainmfhocail seo **sa dara díochlaonadh**.

(iv) Ainmfhocail a chríochnaíonn ar **-in, -ir, -il**.
Samplaí: cáin, eochair, cathair, litir.
Bíonn na hainmfhocail seo **sa chúigiú díochlaonadh**.

(v) Ainmfhocail ilsiollacha *(polysyllabic)* a chríochnaíonn ar **-(a)íocht, -(e)acht**.
Samplaí: amhránaíocht, camógaíocht, beannacht, gluaiseacht.
Bíonn na hainmfhocail sin sa tríú díochlaonadh.

Ceacht eile duit!

Scrúdaigh na hainmfhocail seo thíos agus déan amach
(a) liosta de na hainmfhocail fhirinscneacha agus
(b) liosta de na hainmfhocail bhaininscneacha atá ann:

amadán	scamhóg	sióg
aisteoir	báisín	eidhneán
amhránaíocht	naipcín	rothaíocht
cailín	beagán	cuileog
arán	pictiúrlann	dialann
aeróg	clann	coileán
amharclann	ciotóg	scannán
árasán	bainisteoir	feirmeoir
bádóir	ceoltóir	saotharlann
bialann	lúthchleasaíocht	leabharlann
ceardlann	iománaíocht	nóinín
ardán	spúnóg	fiaclóir
camán	cearnóg	foclóir
leadóg	préachán	ispín
biorán	cuspóir	stán
báicéir	dlíodóir	biabhóg
camógaíocht	sicín	féasóg
bábóg	coinín	tíreolaíocht

Le Foghlaim

Na Tuisil (*The Cases*)

- Tá cúig thuiseal sa Ghaeilge. Insíonn an tuiseal dúinn cén gnó atá ag an ainmfhocal san abairt.

- Is iad seo a leanas na tuisil:
An Tuiseal Ainmneach	*The Nominative Case*
An Tuiseal Cuspóireach	*The Objective (Accusative) Case*
An Tuiseal Tabharthach	*The Dative Case*
An Tuiseal Ginideach	*The Possessive (Genitive) Case*
An Tuiseal Gairmeach	*The Vocative Case*

An Tuiseal Ainmneach

- Bíonn an t-ainmfhocal sa tuiseal ainmneach **nuair is é an t-ainmní** *(subject)* san abairt é.

- Bíonn an t-ainmfhocal sa tuiseal ainmneach **nuair a leanann sé an briathar**.

    Samplaí:
    Bhuail **Seán** an cailín.
    Thit **an buachaill** den chrann.
    D'ól **Síle** cupán tae.
    Óladh **an tae**.
    Tá **foireann** an-mhaith ag Éirinn.

An Tuiseal Cuspóireach

- Bíonn an t-ainmfhocal sa tuiseal cuspóireach **nuair a bhíonn sé ina chuspóir** *(object)* **ag briathar aistreach** *(transitive verb)*.

    Samplaí:
    Bhuail Seán **an cailín**.
    D'ól mé **bainne**.
    Bhuail an cailín **an madra**.
    Scríobh Peadar **aiste** inné.
    Ghortaigh mé **mo lámh**.

An Tuiseal Tabharthach

- Bíonn an t-ainmfhocal sa tuiseal tabharthach **nuair a leanann sé an réamhfhocal simplí**, de ghnáth.

- Is iad seo a leanas na réamhfhocail shimplí:

ag	faoi	ó
ar	faoin	ón
as	gan	roimh
chuig	go	sa
de	i	san
den	in	thar
do	le	trí
don	mar	um

Samplaí:
Bhuail Seán an cailín le **cloch**.
Chonaic mé tú ar **an teilifís** inné.
Léim mé thar **an ngeata**.

Shuigh an cailín ar **an bhféar**.
Tá an cupán sa **chófra**.

An Tuiseal Ginideach

- Bíonn an t-ainmfhocal sa tuiseal ginideach **nuair a leanann sé ainmfhocal eile.**

  Samplaí:
  fear **an phoist**; fear **an tí**; teach **scoile**; deirfiúr **Mháire**.

- Bíonn an t-ainmfhocal sa tuiseal ginideach **nuair a leanann sé an t-ainm briathartha** – féach Aonad 19.

  Samplaí:
  ag imirt **peile**; ag ól **uisce**; ag déanamh **mo dhíchill**;
  ag tarraingt **téide**.

- Bíonn an t-ainmfhocal sa tuiseal ginideach **nuair a leanann sé an réamhfhocal comhshuite** – féach an liosta thíos.

  Samplaí:
  i lár **an lae**; ar fud **na háite**; ar feadh **coicíse**; i rith **na seachtaine**.

An Réamhfhocal Comhshuite (*The Compound Preposition*)

- Réamhfhocal comhshuite = réamhfhocal simplí agus ainmfhocal le chéile.

  Samplaí:
  ar aghaidh *opposite*
  ar chúl *behind*
  ar feadh *during, throughout*
  i gcomhair *for the purpose of*
  i lár *in the middle of*
  i láthair *in the presence of*

ar fud *throughout*
ar son *for the sake of, on behalf of*
de bharr *as a result of*
de bhrí *because of, on account of*
de réir *according to*
faoi choinne *for*
faoi dhéin *towards*
go ceann *for the duration of*
i dtaobh *about, concerning*
i gceann *at the end of*
(*usually a period of time*)

i measc *among*
in aice *beside*
i ndiaidh *after*
i rith *in the course of, throughout*
i dtreo *in the direction of*
le haghaidh *for the purpose of*
le hais *beside*
le linn *during*
os cionn *above*
os comhair *opposite, in front of*
tar éis *after*

- Bíonn an t-ainmfhocal sa tuiseal ginideach **nuair a leanann sé** aon cheann de na réamhfhocail seo a leanas:

chun *to, towards, for*
timpeall *round*
cois *beside*

trasna *across*
dála *as regards*

An Tuiseal Gairmeach

- Úsáidimid an tuiseal gairmeach nuair a bhímid ag caint le duine ar bith nó, ar ndóigh, le rud ar bith!

Samplaí:
A Sheáin! A Mháire! A bhuachaill! A dhuine uasail! A phleidhce!

Ceacht eile duit!

Léigh na habairtí seo thíos. Cuir líne faoi gach ceann de na hainmfhocail atá iontu agus scríobh síos i do chóipleabhar an tuiseal ina bhfuil na hainmfhocail sin.

1. Bhuail Seán a dheirfiúr leis an gcamán.
2. Bhuail m'athair le fear an phoist ag an ngeata.
3. Chuaigh Seán go dtí teach a aintín.
4. Chaill mo dheartháir uaireadóir an chailín sa pháirc.
5. Rith na cailíní trasna na páirce le muintir na scoile.
6. Chaith an buachaill cloch leis an madra beag.
7. Canfaidh na scoláirí amhrán don mhúinteoir inniu.
8. Cíorann Mamaí gruaig na bpáistí le cíor gach lá.
9. A Sheáin, tabhair dom an leabhar sin, le do thoil.
10. Coimeádann an múinteoir cóipleabhair na scoláirí sa chófra.
11. Bhí Séamas ina sheasamh os comhair na scoile.

12. Cuireann Máire a rothar ar chúl an tí nuair a thagann sí abhaile ón scoil.
13. D'fhan na fir sa pháirc i rith an lae, ach tháinig siad amach as an bpáirc ansin, agus shiúil siad trasna an bhóthair.
14. Dúnann an leabharlannaí doras na leabharlainne ag an am céanna gach lá.
15. Éistfidh an fear leis an nuacht ar an teilifís anocht.
16. Tá mo dheartháir ag ullmhú an dinnéir do na daoine go léir.
17. Fágann Seán a rothar ar bharr an chnoic gach lá.
18. Fanann na buachaillí i dteach na scoile go dtí go gcloiseann siad an príomhoide ag bualadh an chloig.
19. Inis dom conas a chaill tú do chuid éadaigh, a dhuine.
20. Tar anseo, a bhuachaill.
21. Níonn an búistéir fuinneoga an tsiopa gach maidin sula n-osclaíonn sé an doras.
22. Ghoid Síle rothar an chailín inné.
23. Ní oireann an cóta sin don chailín.
24. Tuigeann Séamas an cheist, ach níl sé in ann an freagra ceart a scríobh sa chóipleabhar.
25. Cheangail na buachaillí an madra den gheata.

An tAinmfhocal sa Chéad Díochlaonadh

Aonad 25

N.B. Aithnímid díochlaonadh an ainmfhocail ón Tuiseal Ginideach, Uimhir Uatha.

Le Foghlaim

An Chéad Díochlaonadh

- Tá na hainmfhocail go léir sa chéad díochlaonadh **firinscneach**.
- Críochnaíonn na hainmfhocail go léir sa chéad díochlaonadh **ar chonsan leathan**.
- Caolaítear an consan deiridh chun an Tuiseal Ginideach, Uimhir Uatha a fháil.

   Samplaí: cnoc → cnoic; bád → báid; clós → clóis; fear → fir.

Samplaí d'ainmfhocail sa chéad díochlaonadh

	Uimhir Uatha	Uimhir Iolra
T. Ainm.	Tá **an ceantar** seo go hálainn.	Tá **na ceantair** seo go hálainn.
T. Cusp.	D'fhág na daoine **an ceantar**.	D'fhág na daoine **na ceantair**.
T. Tabh.	Tá clú ar **an gceantar** seo.	Tá clú ar **na ceantair** seo.
T. Gin.	Tá muintir **an cheantair** go deas.	Tá muintir **na gceantar** go deas.
T. Ainm.	Thit **an fear**.	Thit **na fir**.
T. Cusp.	Bhuail mé **an fear**.	Bhuail mé **na fir**.
T. Tabh.	Tá slaghdán ar **an bhfear**.	Tá slaghdán ar **na fir**.
T. Gin.	Cé a ghoid mála **an fhir**?	Cé a ghoid málaí **na bhfear**?

Ainmfhocail ag tosú ar 's'

	Uimhir Uatha	Uimhir Iolra
T. Ainm.	Tá **an sailéad** go blasta.	Tá **na sailéid** go blasta.
T. Cusp.	D'ith mé **an sailéad**.	D'ith mé **na sailéid**.
T. Tabh.	Bhain mé taitneamh as **an sailéad**.	Bhain mé taitneamh as **na sailéid**.
T. Gin.	Tá mé ag ithe **an tsailéid**.	Tá siad ag ithe **na sailéad**.
T. Ainm.	Níl **an sagart** sa bhaile.	Níl **na sagairt** sa bhaile.
T. Cusp.	Bhuail mé **an sagart**.	Bhuail mé **na sagairt**.
T. Tabh.	Bhí mé ag caint leis **an sagart**.	Bhí mé ag caint leis **na sagairt**.
T. Gin.	Éist le seanmóir **an tsagairt**.	Éist le seanmóirí **na sagart**.

Ainmfhocail ag tosú ar ghuta (a, e, i, o, u)

	Uimhir Uatha	Uimhir Iolra
T. Ainm.	Tá **an t-amadán** sa bhaile.	Tá **na hamadáin** sa bhaile.
T. Cusp.	Chuala mé **an t-amadán**.	Chuala mé **na hamadáin**.
T. Tabh.	Ná héist leis **an amadán**.	Ná héist leis **na hamadáin**.
T. Gin.	Ná héist le scéal **an amadáin**.	Ná héist le scéalta **na n-amadán**.
T. Ainm.	Tá **an t-asal** sin leisciúil.	Tá **na hasail** sin leisciúil.
T. Cusp.	Ná buail **an t-asal**.	Ná buail **na hasail**.
T. Tabh.	Tá sé ag marcaíocht ar **an asal**.	Tá siad ag marcaíocht ar **na hasail**.
T. Gin.	Tá eireaball **an asail** gortaithe.	Tá eireabaill **na n-asal** gortaithe.

Ainmfhocail ag críochnú ar '-(e)ach'

	Uimhir Uatha	Uimhir Iolra
T. Ainm.	Tá **an cléireach** ag obair san oifig.	Tá **na cléirigh** ag obair san oifig.
T. Cusp.	Chonaic mé **an cléireach**.	Chonaic mé **na cléirigh**.
T. Tabh.	Labhair mé leis **an gcléireach**.	Labhair mé leis **na cléirigh**.
T. Gin.	Tá peann **an chléirigh** caillte.	Tá pinn **na gcléireach** caillte.
T. Ainm.	Tá **an bacach** ag gol.	Tá **na bacaigh** ag gol.
T. Cusp.	Ná buail **an bacach**.	Ná buail **na bacaigh**.
T. Tabh.	Tá Pól ag caint leis **an mbacach**.	Tá Pól ag caint leis **na bacaigh**.
T. Gin.	Tá cóta **an bhacaigh** stróicthe.	Tá cótaí **na mbacach** stróicthe.

Ainmfhocail ag críochnú ar '-íoch'

	Uimhir Uatha	Uimhir Iolra
T. Ainm.	Tá **an beithíoch** sin ramhar.	Tá **na beithígh** sin ramhar.
T. Cusp.	Bhuail sé **an beithíoch**.	Bhuail sé **na beithígh**.
T. Tabh.	Tá galar ar **an mbeithíoch**.	Tá galar ar **na beithígh**.
T. Gin.	Tá cluasa **an bheithígh** salach.	Tá cluasa **na mbeithíoch** salach.
T. Ainm.	Fear cróga is ea **an gaiscíoch**.	Fir chróga is ea **na gaiscígh**.
T. Cusp.	Ghortaigh sé **an gaiscíoch**.	Ghortaigh sé **na gaiscígh**.
T. Tabh.	Tá slaghdán ar **an ngaiscíoch**.	Tá slaghdán ar **na gaiscígh**.
T. Gin.	Tá lámh **an ghaiscígh** gortaithe.	Tá lámha **na ngaiscíoch** gortaithe.

Ainmfhocail ag críochnú ar '-eadh'

	Uimhir Uatha	Uimhir Iolra
T. Ainm.	Tá **an cuireadh** agam i mo phóca.	Tá **na cuirí** agam i mo phóca.
T. Cusp.	Sheol sé **an cuireadh** chugam.	Sheol siad **na cuirí** chugainn.
T. Tabh.	Tá mé sásta leis **an gcuireadh**.	Tá mé sásta leis **na cuirí**.
T. Gin.	Tá sé ag tabhairt **an chuiridh** dom.	Tá sé ag tabhairt **na gcuirí** dom.

T. Ainm.	Tá **an cogadh** ar siúl anois.	Tá **na cogaí** ar siúl anois.
T. Cusp.	Bhuamar **an cogadh**.	Bhuamar **na cogaí** go léir.
T. Tabh.	Tá deireadh leis **an gcogadh**.	Tá deireadh leis **na cogaí**.
T. Gin.	Maraíodh Seán le linn an **chogaidh**.	Maraíodh iad le linn **na gcogaí**.

Le Foghlaim

Tréaniolraí agus Lagiolraí

- Foghlaim an riail thábhachtach seo a leanas.
    - a Tugtar **tréaniolraí** ar iolraí na n-ainmfhocal go léir a chríochnaíonn ar -(e)anna, -(e)acha, -í, -na, -ta, -tha, -te, -the.
    - b Ní athraítear foirm na dtréaniolraí riamh, fiú amháin sa Tuiseal Ginideach.
    - c Is **lagiolraí** iad iolraí na n-ainmfhocal go léir eile.
    - d Bíonn Tuiseal Ginideach na lagiolraí cosúil leis an Tuiseal Ainmneach, Uimhir Uatha.

Roghnaigh deich gcinn ar bith de na hainmfhocail sa liosta atá thíos faoi seo agus déan amach greille *(grid)* do gach aon cheann díobh, faoi mar atá léirithe sa sampla seo thíos.

	Uimhir Uatha	Uimhir Iolra
T. Ainm.	Tá **an bád** go deas.	Tá **na báid** go deaas.
T. Cusp.	Ghoid siad **an bád**.	Ghoid siad **na báid**.
T. Tabh.	Tá an seol ar **an mbád**.	Tá na seolta ar **na báid**.
T. Gin.	Tá seol **an bháid** briste.	Tá seolta **na mbád** briste.

ábhar	bullán	easpag
agallamh	capall	eitleán
aifreann	casúr	eolas
amadán	ceantar	focal
amhrán	cineál	gabhar
asal	ciseán	gearán
bacach	clós	gluaisteán
beacán	cnoc	leabhar
béal	coileach	mac
bord	corn	marcach
botún	costas	naomh
brat	cupán	oileán
bréagán	diabhal	post
buicéad	éan	sorn

An tAinmfhocal sa Dara Díochlaonadh

Aonad 26

Le Foghlaim

An Dara Díochlaonadh
- Tá na hainmfhocail go léir sa dara díochlaonadh **baininscneach**.
- Críochnaíonn na hainmfhocail go léir sa dara díochlaonadh **ar chonsan**.
- Caolaítear an consan deiridh (más gá) agus cuirtear 'e' leis an ainmfhocal chun an Tuiseal Ginideach, Uimhir Uatha a fháil.
  Samplaí: fuinneog → fuinneoige; seachtain → seachtaine; cailc → cailce; áit → áite.

Samplaí d'ainmfhocail sa dara díochlaonadh

	Uimhir Uatha	Uimhir Iolra
T. Ainm.	Tá **an bhábóg** go hálainn.	Tá **na bábóga** go hálainn.
T. Cusp.	Ghoid Seán **an bhábóg**.	Ghoid Seán **na bábóga**.
T. Tabh.	Tá sé ag caint **faoin mbábóg**.	Tá sé ag caint faoi **na bábóga**.
T. Gin.	Tá gúna **na bábóige** caillte.	Tá gúnaí **na mbábóg** caillte.
T. Ainm.	Tá **an choill** go hálainn.	Tá **na coillte** go hálainn.
T. Cusp.	Chonaic mé **an choill**.	Chonaic mé **na coillte**.
T. Tabh.	Tháinig sé amach as **an gcoill**.	Tháinig siad amach as **na coillte**.
T. Gin.	Tá siad ag dó **na coille**.	Tá siad ag dó **na gcoillte**.

Ainmfhocail ag tosú ar 's'

	Uimhir Uatha	Uimhir Iolra
T. Ainm.	D'imigh **an tsióg** as radharc.	D'imigh **na sióga** as radharc.
T. Cusp.	Ghortaigh sé **an tsióg**.	Ghortaigh sé **na sióga**.
T. Tabh.	Tá ocras ar **an tsióg**.	Tá ocras ar **na sióga**.
T. Gin.	Tá gruaig **na sióige** an-fhada.	Tá gruaig **na sióg** an-fhada.

	Uimhir Uatha	Uimhir Iolra
T. Ainm.	Bhí **an tsochraid** an-bhrónach.	Bhí **na sochraidí** an-bhrónach.
T. Cusp.	Chonaic mé **an tsochraid**.	Chonaic mé **na sochraidí** go léir.
T. Tabh.	Bhí mé ag **an tsochraid**.	Bhí mé ag **na sochraidí** go léir.
T. Gin.	Bhí mé ag guí le linn **na sochraide**.	Bhí mé ag guí le linn **na sochraidí**.

Cúrsa Gramadaí do Mheánscoileanna

Ainmfhocail ag tosú ar ghuta (a, e, i, o, u)

	Uimhir Uatha	Uimhir Iolra
T. Ainm.	Tá **an áit** plódaithe.	Tá **na háiteanna** plódaithe.
T. Cusp.	Chuardaigh siad **an áit**.	Chuardaigh siad **na háiteanna**.
T. Tabh.	Níl duine ar bith **san áit**.	Níl duine ar bith **sna háiteanna**.
T. Gin.	Tá mé ag cuardach **na háite**.	Tá mé ag cuardach **na n-áiteanna**.
T. Ainm.	Tá **an eaglais** lán.	Tá **na heaglaisí** lán.
T. Cusp.	Dhún siad **an eaglais**.	Dhún siad **na heaglaisí**.
T. Tabh.	Tá sé **san eaglais**.	Tá siad **sna heaglaisí**.
T. Gin.	Tá muintir **na heaglaise** go deas.	Tá muintir **na n-eaglaisí** go deas.

Ainmfhocail ag críochnú ar '-(e)ach'

	Uimhir Uatha	Uimhir Iolra
T. Ainm.	Tá **an chláirseach** briste.	Tá **na cláirseacha** briste.
T. Cusp.	Bhris sé **an chláirseach**.	Bhris siad **na cláirseacha**.
T. Tabh.	Sheinn sé ar **an gcláirseach**.	Sheinn siad ar **na cláirseacha**.
T. Gin.	Tá ceol **na cláirsí** go hálainn.	Tá ceol **na gcláirseach** go hálainn.
T. Ainm.	Tá **an bhaintreach** ag caoineadh.	Tá **na baintreacha** ag caoineadh.
T. Cusp.	Phós sé **an bhaintreach**.	Phós siad **na baintreacha**.
T. Tabh.	Labhair mé leis **an mbaintreach**.	Labhair mé leis **na baintreacha**.
T. Gin.	Tá mac **na baintrí** tinn.	Tá mic **na mbaintreach** tinn.

Roghnaigh deich gcinn ar bith de na hainmfhocail sa liosta atá thíos faoi seo agus déan amach greille *(grid)* do gach aon cheann díobh, faoi mar atá léirithe sa sampla seo thíos.

	Uimhir Uatha	Uimhir Iolra
T. Ainm.	Tá **an bhróg** go hálainn.	Tá **na bróga** go hálainn.
T. Cusp.	Thóg Seán **an bhróg**.	Thóg Seán **na bróga**.
T. Tabh.	Tá sé ag caint **faoin mbróg**.	Tá sé ag caint faoi **na bróga**.
T. Gin.	Tá mé ag caitheamh **na bróige**.	Tá mé ag caitheamh **na mbróg**.

Aonad 26

adharc	dallóg	leadóg
áis	dealbh	liathróid
aisling	dealg	maidin
aois	deoir	muc
argóint	duais	neantóg
bábóg	eaglais	obráid
bratach	fáinleog	ordóg
caibidil	féasóg	paidir
cearnóg	fuaim	páirt
ceist	fuinneog	scoil
cloch	géag	seachtain
coill	girseach	spúnóg
contúirt	glúin	sráid
cuileog	iris	tír

27. An tAinmfhocal sa Tríú Díochlaonadh

Le Foghlaim

An Tríú Díochlaonadh
- Críochnaíonn ainmfhocail sa tríú díochlaonadh **ar chonsan**.
- Leathnaítear an consan deiridh (más gá) agus cuirtear **'a'** leis an ainmfhocal chun an Tuiseal Ginideach, Uimhir Uatha a fháil.
- Tá trí chineál ainmfhocail sa tríú díochlaonadh:
  a   ainmfhocail (a bhaineann le slite beatha nó le daoine) a chríochnaíonn ar **-óir, -éir, -úir, -eoir**.
      Bíonn na hainmfhocail seo **firinscneach**.
  b   ainmfhocail a chríochnaíonn ar **-(e)acht** agus ar **-(a)íocht**. Bíonn na cinn aonsiollacha *(monosyllabic)* **firinscneach** agus bíonn na cinn ilsiollacha *(polysyllabic)* **baininscneach**.
  c   roinnt ainmfhocal eile a chríochnaíonn **ar chonsan leathan** nó **ar chonsan caol**. Bíonn na cinn a chríochnaíonn ar chonsan leathan firinscneach agus tá na cinn a chríochnaíonn ar chonsan caol baininscneach.

Samplaí d'ainmfhocail sa tríú díochlaonadh

Ainmfhocail ag críochnú ar -óir, -éir, -úir, -eoir

	Uimhir Uatha	Uimhir Iolra
T. Ainm.	D'imigh **an dochtúir**.	D'imigh **na dochtúirí**.
T. Cusp.	Bhuail sé **an dochtúir**.	Bhuail sé **na dochtúirí**.
T. Tabh.	Bhuail sé leis **an dochtúir**.	Bhuail sé leis **na dochtúirí**.
T. Gin.	Tá cóta **an dochtúra** caillte.	Tá cótaí **na ndochtúirí** caillte.

	Uimhir Uatha	Uimhir Iolra
T. Ainm.	Tá **an bádóir** láidir.	Tá **na bádóirí** láidir.
T. Cusp.	Chonaic mé **an bádóir**.	Chonaic mé **na bádóirí**.
T. Tabh.	Cuir ceist ar **an mbádóir**.	Cuir ceist ar **na bádóirí**.
T. Gin.	Tá seol **an bhádóra** stróicthe.	Tá seolta **na mbádóirí** stróicthe.

	Uimhir Uatha	Uimhir Iolra
T. Ainm.	Níl **an búistéir** sa bhaile.	Níl **na búistéirí** sa bhaile.
T. Cusp.	Ghortaigh sé **an búistéir**.	Ghortaigh sé **na búistéirí**.
T. Tabh.	Chuir mé fáilte roimh **an mbúistéir**.	Chuir mé fáilte roimh **na búistéirí**.
T. Gin.	Tá scian **an bhúistéara** briste.	Tá sceana **na mbúistéirí** briste.

Ainmfhocail ag críochnú ar -eacht agus ar -íocht

	Uimhir Uatha	Uimhir Iolra
T. Ainm.	Bhí **an ceacht** sin an-deacair.	Bhí **na ceachtanna** sin an-deacair.
T. Cusp.	D'fhoghlaim mé **an ceacht**.	D'fhoghlaim mé **na ceachtanna**.
T. Tabh.	Leag sé béim ar **an gceacht**.	Leag sé béim ar **na ceachtanna**.
T. Gin.	Bhí mé ag ullmhú **an cheachta**.	Bhí mé ag ullmhú **na gceachtanna**.

	Uimhir Uatha	Uimhir Iolra
T. Ainm.	Tá **an chumhacht** ag Meiriceá.	Tá **na cumhachtaí** ag Meiriceá.
T. Cusp.	Chaill siad **an chumhacht**.	Chaill siad **na cumhachtaí**.
T. Tabh.	Tá deireadh leis **an gcumhacht**.	Tá deireadh leis **na cumhachtaí**.
T. Gin.	Tá leath **na cumhachta** agamsa.	Tá formhór **na gcumhachtaí** acu.

	Uimhir Uatha	Uimhir Iolra
T. Ainm.	Tá **an fhilíocht** ar eolas agam.	_____
T. Cusp.	D'fhoghlaim mé **an fhilíocht**.	_____
T. Tabh.	Tá mé go maith ag **an bhfilíocht**.	_____
T. Gin.	Tuigim brí **na filíochta**.	_____

Ainmfhocail ag críochnú ar chonsan leathan

	Uimhir Uatha	Uimhir Iolra
T. Ainm.	Tá **an cath** ar siúl.	Tá **na cathanna** ar siúl.
T. Cusp.	Bhuamar **an cath**.	Bhuail mé leat roimh **na cathanna**.
T. Tabh.	Bhuail mé leat roimh **an gcath**.	Bhuamar **na cathanna**.
T. Gin.	Chonaic mé thú i lár **an chatha**.	Chailleamar leath **na gcathanna**.

	Uimhir Uatha	Uimhir Iolra
T. Ainm.	Tá **an fíon** go deas.	Tá **na fíonta** go deas.
T. Cusp.	D'ól mé **an fíon**.	D'ólamar **na fíonta** go léir.
T. Tabh.	Bhí mé sásta leis **an bhfíon**.	Bhíomar sásta leis **na fíonta**.
T. Gin.	Bhí mé ag ól **an fhíona**.	Bhíomar ag ól na **bhfíonta**.

Ainmfhocail ag críochnú ar chonsan caol

	Uimhir Uatha	Uimhir Iolra
T. Ainm.	Bhí **an fheoil** go deas.	Bhí **na feolta** go deas.
T. Cusp.	D'ith mé **an fheoil**.	D'ith siad **na feolta** go léir.
T. Tabh.	Chuir sé a lámh ar **an bhfeoil**.	Chuir siad a lámha ar **na feolta**.
T. Gin.	Tá siad ag ithe **na feola**.	Tá siad ag ithe **na bhfeolta**.

Roghnaigh deich gcinn ar bith de na hainmfhocail sa liosta atá thíos faoi seo agus déan amach greille *(grid)* do gach aon cheann díobh, faoi mar atá léirithe sa sampla seo thíos.

	Uimhir Uatha	Uimhir Iolra
T. Ainm.	Labhair **an cainteoir** liom.	Labhair **na cainteoirí** linn.
T. Cusp.	Chuala mé **an cainteoir**.	Chuala mé **na cainteoirí**.
T. Tabh.	Labhair mé leis **an gcainteoir**.	Labhair mé leis **na cainteoirí**.
T. Gin.	Chuala mé óráid **an chainteora**.	Chuala mé óráidí **na gcainteoirí**.

am
áth
bainisteoir
béas
bláth
buachaill
cath
ceoltóir
cith
clódóir
codladh
crios
cuspóir
dlíodóir
dochtúir
dream
éacht
éisteoir
fáth
feirmeoir
fiaclóir
fíon
foclóir
fuacht
gleann
greim
grósaeir
iarrthóir
loch
modh
moltóir
múinteoir
péintéir
rang
rás
rinceoir
roth
siopadóir
siúinéir
smacht
snáth
sruth
sos
tarracóir
úinéir
anáil
beannacht
bliain
casacht
cuid
cumhacht
éifeacht
feoil
filíocht
fuil
iarracht
móin
nuacht
olann
síocháin
toil
tóin
troid
aisteoir
báicéir
uaireadóir

An tAinmfhocal sa Cheathrú Díochlaonadh

Aonad 28

Le Foghlaim

An Ceathrú Díochlaonadh
- Tá an chuid is mó de na hainmfhocail sa cheathrú díochlaonadh **firinscneach**.
- Críochnaíonn siad ar ghuta nó ar **ín** san uimhir uatha.
- Ní athraítear foirm an ainmfhocail i dtuiseal ar bith.
- Is **tréaniolraí** iad na hainmfhocail go léir sa cheathrú díochlaonadh.

Samplaí d'ainmfhocail sa cheathrú díochlaonadh

	Uimhir Uatha	Uimhir Iolra
T. Ainm.	Tá **an bairille** lán.	Tá **na bairillí** lán.
T. Cusp.	Fuair mé **an bairille**.	Fuair mé **na bairillí**.
T. Tabh.	D'ól mé fíon as **an mbairille**.	D'ól mé fíon as **na bairillí**.
T. Gin.	Tá clúdach **an bhairille** caillte.	Tá clúdaigh **na mbairillí** caillte.
T. Ainm.	Níl **an cailín** sásta.	Níl **na cailíní** sásta.
T. Cusp.	Phóg Seán **an cailín**.	Phóg Seán **na cailíní**.
T. Tabh.	Tá gúna ar **an gcailín**.	Tá gúnaí ar **na cailíní**.
T. Gin.	Tá cóta **an chailín** caillte.	Tá cótaí **na gcailíní** caillte.
T. Ainm.	Tá **an contae** ar an léarscáil.	Tá **na contaetha** ar an léarscáil.
T. Cusp.	Shroich mé **an contae**.	Chonaic mé **na contaetha**.
T. Tabh.	Bhí mé **sa chontae** sin.	Bhí mé **sna contaetha** sin.
T. Gin.	Tá muintir **an chontae** saibhir.	Tá muintir **na gcontaetha** sin go deas.
T. Ainm.	Tá **an moncaí** go hálainn.	Tá **na moncaithe** go hálainn.
T. Cusp.	Ná buail **an moncaí**.	Ná buail **na moncaithe**.
T. Tabh.	Ná suigh ar **an moncaí**!	Ná suigh ar **na moncaithe**!
T. Gin.	Tá eireaball **an mhoncaí** fada.	Tá eireabaill **na moncaithe** fada.

Cúrsa Gramadaí do Mheánscoileanna

Roghnaigh deich gcinn ar bith de na hainmfhocail sa liosta atá thíos faoi seo agus déan amach greille *(grid)* do gach aon cheann díobh, faoi mar atá léirithe sa sampla seo thíos.

	Uimhir Uatha	Uimhir Iolra
T. Ainm.	Tá **an gúna** go hálainn.	Tá **na gúnaí** go hálainn.
T. Cusp.	Chonaic mé **an gúna**.	Chonaic mé **na gúnaí**.
T. Tabh.	Féach ar **an ngúna**.	Féach ar **na gúnaí**.
T. Gin.	Tá Cáit ag caitheamh **an ghúna**.	Tá siad ag caitheamh **na ngúnaí**.

ainm	cófra	halla
ainmhí	coinín	hata
anraith	coláiste	iascaire
babhta	comhrá	ispín
baile	cóta	lampa
bainne	croí	liosta
báisín	cú	madra
balla	dalta	máistir
bata	damhsa	mála
béile	dáta	míle
bia	dráma	nóinín
bosca	dréimire	nóta
bríste	duine	oibrí
bua	féasta	oráiste
cailín	féilire	páiste
caipín	file	paróiste
cárta	freagra	peata
ceapaire	gadaí	píosa
céilí	gairdín	planda
ceirnín	gáire	pláta
cigire	garáiste	póca
císte	garda	pointe
cleasaí	geata	raidió
cluiche	giota	rí
cnó	gunna	rince

An tAinmfhocal sa Chúigiú Díochlaonadh

Le Foghlaim

An Cúigiú Díochlaonadh

- Tá an chuid is mó de na hainmfhocail sa chúigiú díochlaonadh **baininscneach**.
- Críochnaíonn siad **ar chonsan caol** (-il, -in, -ir) nó **ar ghuta**.
- Chun an tuiseal ginideach uatha de na hainmfhocail a chríochnaíonn **ar chonsan caol** a fháil cuirtear **-(e)ach** leo, de ghnáth.
- Chun an tuiseal ginideach uatha de na hainmfhocail a chríochnaíonn **ar ghuta** a fháil cuirtear **-n** leo nuair a bhíonn siad baininscneach.
- Cuirtear **-na** leis na hainmfhocail a chríochnaíonn **ar ghuta** chun an uimhir iolra a fháil.
- Is **tréaniolraí** iad na hainmfhocail sa díochlaonadh seo.

Samplaí d'ainmfhocail sa chúigiú díochlaonadh

	Uimhir Uatha	Uimhir Iolra
T. Ainm.	Tá **an triail** seo an-deacair.	Tá **na trialacha** seo an-deacair.
T. Cusp.	Rinne mé **an triail** inné.	Rinneamar **na trialacha** inné.
T. Tabh.	Theip orm **sa triail**.	Theip orainn **sna trialacha**.
T. Gin.	Tá mé ag déanamh **na trialach**.	Táimid ag déanamh **na dtrialacha**.
T. Ainm.	Tá **an chráin** sin salach.	Tá **na cránacha** sin salach.
T. Cusp.	Ghortaigh sé **an chráin**.	Ghortaigh siad **na cránacha**.
T. Tabh.	Tá cuma ainnis ar **an gcráin**.	Tá cuma ainnis ar **na cránacha**.
T. Gin.	Tá eireaball **na cránach** salach.	Tá eireaboill **na gcránacha** salach.
T. Ainm.	Tá **an chathaoir** go hálainn.	Tá **na cathaoireacha** go hálainn.
T. Cusp.	Bhris sé **an chathaoir**.	Bhris siad **na cathaoireacha**.
T. Tabh.	Shuigh mé ar **an gcathaoir**.	Shuigh siad ar **na cathaoireacha**.
T. Gin.	Tá cos **na cathaoireach** briste.	Tá cosa **na gcathaoireacha** briste.
T. Ainm.	Tá **an chomharsa** imithe.	Tá **na comharsana** imithe.
T. Cusp.	Chonaic sí **an chomharsa**.	Chonaiceamar **na comharsana**.
T. Tabh.	Tá slaghdán ar **an gcomharsa**.	Tá slaghdán ar **na comharsana**.
T. Gin.	Tá cóta **na comharsan** caillte.	Tá cótaí **na gcomharsan** caillte.

Ainmfhocail Eile sa Chúigiú Díochlaonadh

T. Ainm.	Bhí **an t-athair** ag caint.	Bhí **na haithreacha** ag caint.
T. Cusp.	Chonaic mé **an t- athair**.	Chonaiceamar **na haithreacha**.
T. Tabh.	Tá slaghdán ar **an athair**.	Tá slaghdán ar **na haithreacha**.
T. Gin.	Bhuail mé le mac **an athar**.	Ghoid siad cótaí **na n-aithreacha**.
T. Ainm.	Tá **an ionga** briste.	Tá **na hingne** briste.
T. Cusp.	Ghearr sé **an ionga**.	Ghearr sé **na hingne**.
T. Tabh.	Chuir mé vearnais ar **an ionga**.	Chuir mé vearnais ar **na hingne**.
T. Gin.	Tá barr **na hiongan** briste.	Tá barra **na n-ingne** briste.
T. Ainm.	Tá **an cara** sa chistin.	Tá **na cairde** sa chistin.
T. Cusp.	Bhuail Seán **an cara**.	Bhuail siad **na cairde**.
T. Tabh.	Bhí mé ag caint leis **an gcara**.	Bhí mé ag caint leis **na cairde**.
T. Gin.	Tá cóta **an charad** caillte.	Tá cótaí **na gcairde** caillte.
T. Ainm.	Tá **an mháthair** go brónach.	Tá **na máithreacha** go brónach.
T. Cusp.	Chonaic mé **an mháthair**.	Chonaic mé **na máithreacha**.
T. Tabh.	Tá slaghdán ar **an máthair**.	Tá slaghdán ar **na máithreacha**.
T. Gin.	Tá sláinte **na máthar** go dona.	Tá sláinte **na máithreacha** go dona.
T. Ainm.	Tá **an deartháir** go brónach.	Tá **na deartháireacha** go brónach.
T. Cusp.	Chonaic mé **an deartháir**.	Chonaic mé **na deartháireacha**.
T. Tabh.	Tá slaghdán ar **an deartháir**.	Tá slaghdán ar **na deartháireacha**.
T. Gin.	Tá cóta **an dearthár** salach.	Tá cótaí **na ndeartháireacha** salach.
T. Ainm.	Tá **an namhaid** ag teacht.	Tá **na naimhde** ag teacht.
T. Cusp.	Chonaic mé **an namhaid**.	Chonaic mé **na naimhde**.
T. Tabh.	Tá fearg ar **an namhaid**.	Tá fearg ar **na naimhde**.
T. Gin.	Tá cos **an namhad** briste.	Tá cosa **na naimhde** briste.

Roghnaigh deich gcinn ar bith de na hainmfhocail sa liosta atá thíos faoi seo agus déan amach greille *(grid)* do gach aon cheann díobh, faoi mar atá léirithe sa sampla seo thíos.

	Uimhir Uatha	Uimhir Iolra
T. Ainm.	Tá **an bheoir** go blasta.	Tá **na beoracha** go blasta
T. Cusp.	D'ól mé **an bheoir**.	D'ól siad **na beoracha**.
T. Tabh.	Bhlais mé **den bheoir**.	Bhlais siad de **na beoracha**.
T. Gin.	Is maith liom dath **na beorach**.	Is maith liom dath **na mbeoracha**.

Aonad 29

abhainn	coróin	litir
cabhair	cráin	monarcha
cáin	eochair	pearsa
cara	ionga	namhaid
cathair	lacha	riail
cathaoir	láir	traein
comharsa	lasair	uimhir

Aonad 30: Ainmfhocail Neamhrialta

- Tá roinnt bheag ainmfhocal **neamhrial**ta sa Ghaeilge.
  Tá samplaí de na cinn is coitianta le feiceáil anseo thíos.

	Uimhir Uatha	**Uimhir Iolra**
T. Ainm.	Tá **an bhean** ag ól.	Tá **na mná** ag ól.
T. Cusp.	Chonaic mé **an bhean**.	Chonaic mé **na mná**.
T. Tabh.	Tá slaghdán ar **an mbean**.	Tá slaghdán ar **na mná**.
T. Gin.	Ghoid sé cóta **na mná**.	Ghoid sé cótaí **na mban**.
T. Ainm.	Tá **an lá** go hálainn.	Tá **na laethanta** go hálainn.
T. Cusp.	Roghnaigh sé **an lá**.	Roghnaigh siad **na laethanta**.
T. Tabh.	Chonaic mé Seán ar **an lá** sin.	Chonaic mé Seán ar **na laethanta** sin.
T. Gin.	Bhí mé ann i lár **an lae**.	Thaitin formhór **na laethanta** liom.
T. Ainm.	Tá **an bhó** sa pháirc.	Tá **na ba** sa pháirc.
T. Cusp.	Chonaic mé **an bhó**.	Chonaic mé **na ba**.
T. Tabh.	Tá adharca fada ar **an mbó**.	Tá adharca fada ar **na ba**.
T. Gin.	Tá Séamas ag crú **na bó**.	Tá Séamas ag crú **na mbó**.
T. Ainm.	Tá **an leaba** compordach.	Tá **na leapacha** compordach.
T. Cusp.	Chóirigh mé **an leaba**.	Chóirigh mé **na leapacha**.
T. Tabh.	Bhí mé i mo luí ar **an leaba**.	Bhí siad ina luí ar **na leapacha**.
T. Gin.	Tá Bríd ag cóiriú **na leapa**.	Tá Bríd ag cóiriú **na leapacha**.
T. Ainm.	Tá **an chaora** sa pháirc.	Tá **na caoirigh** sa pháirc.
T. Cusp.	Chonaic mé **an chaora**.	Chonaic mé **na caoirigh**.
T. Tabh.	Tá tuirse ar **an gcaora**.	Tá tuirse ar **na caoirigh**.
T. Gin.	Tá dath bán ar olann **na caorach**.	Tá dath bán ar olann **na gcaorach**.
T. Ainm.	Tá **an mhí** seo beagnach thart.	Beidh **na míonna** seo leadránach.
T. Cusp.	Chaith mé **an mhí** sin sa bhaile.	Chaith mé **na míonna** sin sa bhaile.
T. Tabh.	Níl ach tríocha lá **sa mhí** seo.	Is maith liom cuid de **na míonna** sin.
T. Gin.	Rinne mé an obair i lár **na míosa**.	Bhí formhór **na míonna** sin an-fhuar.

	Uimhir Uatha	**Uimhir Iolra**
T. Ainm.	Tá **an deoch** sin go deas.	Tá **na deochanna** sin go deas.
T. Cusp.	D'ól mé **an deoch**.	D'ól mé **na deochanna**.
T. Tabh.	Bhí mé ag súil leis **an deoch** sin.	Bhí mé ag súil leis **na deochanna** sin.
T. Gin.	Bhí mé ag ól **na dí**.	Bhíomar ag ól **na ndeochanna**.
T. Ainm.	Tá **an talamh** sin go maith.	Tá **na tailte** sin go maith.
T. Cusp.	Chonaic mé **an talamh**.	Chonaic mé **na tailte**.
T. Tabh.	Táimid ag brath ar **an talamh**.	Táimid ag brath ar **na tailte**.
T. Gin.	Tá siad ag goid **an talaimh**. (Tá siad ag goid **na talún**).	Tá siad ag goid **na dtailte**.
T. Ainm.	Tá **an deirfiúr** ag caint.	Tá **na deirfiúracha** ag caint.
T. Cusp.	Chonaic mé **an deirfiúr**.	Chonaic mé **na deirfiúracha**.
T. Tabh.	Tá slaghdán ar **an deirfiúr**.	Tá slaghdán ar **na deirfiúracha**.
T. Gin.	Tá gúna **na deirféar** stróicthe.	Tá gúnaí **na ndeirfiúracha** stróicthe.
T. Ainm.	Tá **an teach** go hálainn.	Tá **na tithe** go hálainn.
T. Cusp.	Chonaic mé **an teach**.	Chonaic mé **na tithe**.
T. Tabh.	Bhí mé **sa teach**.	Bhí mé **sna tithe**.
T. Gin.	Tá mo charr os comhair **an tí**.	Tá fuinneoga **na dtithe** briste.

Díochlaontaí na nAidiachtaí

Le Foghlaim

Cathain a Chuirtear Séimhiú ar an Aidiacht?

Uimhir Uatha
- Sa **tuiseal ginideach firinscneach** (agus sa tuiseal gairmeach firinscneach).

    Samplaí: hata an fhir mhóir; a fhir mhóir; eireaball an chapaill bháin; a chapaill bháin.

- Sa **tuiseal ainmneach baininscneach**, sa **tuiseal cuspóireach baininscneach**, sa **tuiseal tabharthach baininscneach** (agus sa tuiseal gairmeach baininscneach).

    Samplaí: an bhábóg bhán (ainmneach agus cuspóireach); ar an mbábóg bhán; a bhábóg bhán.

Uimhir Iolra
- Sa **tuiseal ainmneach**, sa **tuiseal cuspóireach firinscneach** agus sa **tuiseal tabharthach firinscneach** má chríochnaíonn an t-ainmfhocal roimhe ar **chonsan caol**.

    Samplaí: na pictiúir mhóra (ainmneach agus cuspóireach); ar na pictiúir mhóra.

Tá trí dhíochlaonadh ag an aidiacht.
- **An Chéad Díochlaonadh:** Aidiachtaí a chríochnaíonn ar **chonsan** (ach amháin na cinn a chríochnaíonn ar **-úil** agus **-ir**).
- **An Dara Díochlaonadh:** Aidiachtaí a chríochnaíonn ar **-úil** agus ar **ir**.
- **An Tríú Díochlaonadh:** Aidiachtaí a chríochnaíonn ar **ghuta**.

An Aidiacht sa Chéad Díochlaonadh
(ag críochnú ar chonsan)

Le Foghlaim

Uimhir Uatha
- Caolaítear an consan deiridh (más gá) chun an **Tuiseal Ginideach Firinscneach** a fháil. (Athraítear **-ach** go **-aigh**.)
  Samplaí: mór – móir; feargach – feargaigh; maith – maith; brónach – brónaigh.

- Caolaítear an consan deiridh (más gá) agus **cuirtear '-e' leis** an aidiacht chun an **Tuiseal Ginideach Baininscneach** a fháil. (Athraítear **-ach** go **-aí**.)
  Samplaí: mór – móire; feargach – feargaí; maith – maithe; brónach – brónaí.

Uimhir Iolra
- Cuirtear **-a** leis na haidiachtaí a chríochnaíonn ar chonsan leathan agus cuirtear **-e** leis na cinn a chríochnaíonn ar chonsan caol. Bíonn an fhoirm chéanna acu i ngach ceann de na tuisil, **ach amháin nuair a bhíonn iolra lag ag an ainmfhocal.**

Samplaí Firinscneacha

	Uimhir Uatha	Uimhir Iolra
T. Ainm.	Tá an fear **mór** ag troid.	Tá na fir **mhóra** ag troid.
T. Cusp.	Bhuail mé an fear **mór**.	Bhuail mé na fir **mhóra**.
T. Tabh.	Bhuail mé leis an bhfear **mór**.	Bhuail mé leis na fir **mhóra**.
T. Gin.	Tá cóta an fhir **mhóir** caillte.	Tá cótaí na bhfear **mór** caillte.
T. Gairm.	A fhir **mhóir**.	A fheara **móra**.
T. Ainm.	Tá an fear **maith** ag troid.	Tá na fir **mhaithe** ag troid.
T. Cusp.	Bhuail mé an fear **maith**.	Bhuail mé na fir **mhaithe**.
T. Tabh.	Bhuail mé leis an bhfear **maith**.	Bhuail mé leis na fir **mhaithe**.
T. Gin.	Tá cóta an fhir **mhaith** caillte.	Tá cótaí na bhfear **maith** caillte.
T. Gairm.	A fhir **mhaith**.	A fheara **maithe**.
T. Ainm.	Tá an fear **brónach** ag troid.	Tá na fir **bhrónacha** ag troid.
T. Cusp.	Bhuail mé an fear **brónach**.	Bhuail mé na fir **bhrónacha**.
T. Tabh.	Bhuail mé leis an bhfear **brónach**.	Bhuail mé leis na fir **bhrónacha**.
T. Gin.	Tá cóta an fhir **bhrónaigh** caillte.	Tá cótaí na bhfear **brónach** caillte.
T. Gairm.	A fhir **bhrónaigh**.	A fheara **brónacha**.

Samplaí Baininscneacha

	Uimhir Uatha	Uimhir Iolra
T. Ainm.	Tá an choill **mhór** go hálainn.	Tá na coillte **móra** go hálainn.
T. Cusp.	Dhóigh siad an choill **mhór**.	Dhóigh siad na coillte **móra**.
T. Tabh.	Táimid sa choill **mhór**.	Táimid sna coillte **móra**.
T. Gin.	Táimid i lár na coille **móire**.	Táimid i lár na gcoillte **móra**.
T. Gairm.	A choill **mhór**.	A choillte **móra**.

T. Ainm.	Tá an choill **mhaith** go hálainn.	Tá na coillte **maithe** go hálainn.
T. Cusp.	Dhóigh siad an choill **mhaith**.	Dhóigh siad na coillte **maithe**.
T. Tabh.	Táimid sa choill **mhaith**.	Táimid sna coillte **maithe**.
T. Gin.	Táimid i lár na coille **maithe**.	Táimid i lár na gcoillte **maithe**.
T. Gairm.	A choill **mhaith**.	A choillte **maithe**.

T. Ainm.	Tá an choill **bhaolach** go hálainn.	Tá na coillte **baolacha** go hálainn.
T. Cusp.	Dhóigh siad an choill **bhaolach**.	Dhóigh siad na coillte **baolacha**.
T. Tabh.	Táimid sa choill **bhaolach**.	Táimid sna coillte **baolacha**.
T. Gin.	Táimid i lár na coille **baolaí**.	Táimid i lár na gcoillte **baolacha**.
T. Gairm.	A choill **bhaolach**.	A choillte **baolacha**.

T. Ainm.	Tá an fhuinneog **mhór** briste.	Tá na fuinneoga **móra** briste.
T. Cusp.	Bhris sé an fhuinneog **mhór**.	Bhris sé na fuinneoga **móra**.
T. Tabh.	Shuigh sé ar an bhfuinneog **mhór**.	Shuigh siad ar na fuinneoga **móra**.
T. Gin.	Tá sé ag ní na fuinneoige **móire**.	Tá sé ag ní na bhfuinneog **mór**.
T. Gairm.	A fhuinneog **mhór**.	A fhuinneoga **móra**.

An Aidiacht sa Dara Díochlaonadh
(ag críochnú ar -úil agus ar -ir)

Le Foghlaim

- Ní dhéantar athrú ar bith ar na haidiachtaí seo san uimhir uatha firinscneach.
- Chun an tuiseal ginideach uatha baininscneach a fháil, leathnaítear an consan deiridh agus cuirtear **-a** leis an aidiacht (e.g. cáiliúil – cáiliúla).
- Chun an uimhir iolra (gach tuiseal) a fháil, leathnaítear an consan deiridh agus cuirtear **-a** leis. **Cloítear le riail na lagiolraí** sa ghinideach iolra, áfach.

Aonad 31

Samplaí Firinscneacha

	Uimhir Uatha	Uimhir Iolra
T. Ainm.	Tá an fear **cáiliúil** marbh.	Tá na fir **cháiliúla** marbh.
T. Cusp.	Ghortaigh siad an fear **cáiliúil**.	Ghortaigh siad na fir **cháiliúla**.
T. Tabh.	Tá brón ar an bhfear **cáiliúil**.	Tá brón ar na fir **cháiliúla**.
T. Gin.	Tá uncail an fhir **cháiliúil** imithe.	Tá uncailí na bhfear **cáiliúil** imithe.
T. Gairm.	A fhir **cháiliúil**.	A fheara **cáiliúla**.

T. Ainm.	Tá an fear **cóir** marbh.	Tá na fir **chóra** marbh.
T. Cusp.	Ghortaigh siad an fear **cóir**.	Ghortaigh siad na fir **chóra**.
T. Tabh.	Tá brón ar an bhfear **cóir**.	Tá brón ar na fir **chóra**.
T. Gin.	Tá uncail an fhir **chóir** imithe.	Tá uncailí na bhfear **cóir** imithe.
T. Gairm.	A fhir **chóir**.	A fheara **córa**.

T. Ainm.	Tá an ceacht **deacair** ar siúl.	Tá na ceachtanna **deacra** ar siúl.
T. Cusp.	Mhúin sé ceacht **deacair**.	Mhúin sé na ceachtanna **deacra**.
T. Tabh.	Ghlac mé páirt sa rang **deacair**.	Ghlacamar páirt sna ranganna **deacra**.
T. Gin.	Stop sé i lár an cheachta **dheacair**.	Stop sé i lár na gceachtanna **deacra**.
T. Gairm.	A cheacht **dheacair**.	A cheachtanna **deacra**.

Samplaí Baininscneacha

	Uimhir Uatha	Uimhir Iolra
T. Ainm.	Tá an bhean **cháiliúil** ag caint.	Tá na mná **cáiliúla** ag caint.
T. Cusp.	Bhuail sí an **bhean cháiliúil**.	Bhuail siad na mná **cáiliúla**.
T. Tabh.	Tá slaghdán ar an mbean **cháiliúil**.	Tá slaghdán ar na mná **cáiliúla**.
T. Gin.	Tá fear na mná **cáiliúla** marbh.	Tá fir na mban **cáiliúil** marbh.
T. Gairm.	A bhean **cháiliúil**.	A mhná **cáiliúla**.

T. Ainm.	Tá an bhean **chóir** marbh.	Tá na mná **córa** marbh.
T. Cusp.	Bhuail sí an bhean **chóir**.	Bhuail siad na mná **córa**.
T. Tabh.	Tá slaghdán ar an mbean **chóir**.	Tá slaghdán ar na mná **córa**.
T. Gin.	Tá fear na mná **córa** marbh.	Tá fir na mban **cóir** marbh.
T. Gairm.	A bhean **chóir**.	A mhná **córa**.

T. Ainm.	Tá an aiste **dheacair** scríofa agam.	Tá na haistí **deacra** scríofa agam.
T. Cusp.	Scríobh mé an aiste **dheacair**.	Scríobh mé na haistí **deacra**.
T. Tabh.	Tá suim aige san aiste **dheacair**.	Tá suim aige sna haistí **deacra**.
T. Gin.	Scríobh mé leath na haiste **deacra**.	Scríobh mé leath na n-aistí **deacra**.
T. Gairm.	A aiste **dheacair**.	A aistí **deacra**.

An Aidiacht sa Tríú Díochlaonadh
(ag críochnú ar ghuta)

Le Foghlaim

- Críochnaíonn na haidiachtaí seo ar **ghuta**.
- Ní athraítear iad ó thuiseal go tuiseal ná idir uatha agus iolra.

Samplaí Firinscneacha

		Uimhir Uatha	Uimhir Iolra
T. Ainm.		Tá an cluiche **fada** thart.	Tá na cluichí **fada** thart.
T. Cusp.		Chonaic mé an cluiche **fada**.	Chonaiceamar na cluichí **fada**.
T. Tabh.		Ghlac mé páirt sa chluiche **fada**.	Ghlacamar páirt sna cluichí **fada**.
T. Gin.		Tá sé ag imirt an chluiche **fhada**.	Tá siad ag imirt na gcluichí **fada**.
T. Gairm.		A chluiche **fhada**.	A chluichí **fada**.

Sampla Baininscneach

		Uimhir Uatha	Uimhir Iolra
T. Ainm.		Tá an fhuinneog **fhada** ar oscailt.	Tá na fuinneoga **fada** ar oscailt.
T. Cusp.		Bhris sé an fhuinneog **fhada**.	Bhris sé na fuinneoga **fada**.
T. Tabh.		Shuigh sé ar an bhfuinneog **fhada**.	Shuigh siad ar na fuinneoga **fada**.
T. Gin.		Tá gloine na fuinneoige **fada** briste.	Tá gloine na bhfuinneog **fada** briste.
T. Gairm.		A fhuinneog **fhada**.	A fhuinneoga fada.

Tabhair aire faoi leith do na haidiachtaí seo thíos!

Aidiacht	Ginideach Uatha Firinscneach	Ginideach Uatha Baininscneach	Uimhir Iolra
álainn	álainn	áille	áille
breá	breá	breá	breátha
deas	deas	deise	deasa
fionn	fionn	finne	fionna
fliuch	fliuch	fliche	fliucha
gearr	gearr	giorra	gearra
mall	mall	maille	malla
te	te	te	teo
trom	trom	troime	troma

Aonad 31

Ceacht ar na haidiachtaí duit!

Athscríobh gach ceann de na habairtí seo thíos agus cuir isteach an fhoirm cheart de na haidiachtaí atá idir lúibíní iontu.

1. Tá an sparán (mór) go deas.
2. Tá mo lámh ar an sparán (mór).
3. Tá sí ag oscailt an sparáin (mór).
4. Tá na sparáin (mór) go léir folamh.
5. Tá siad ag oscailt na sparán (mór).
6. D'imigh an préachán (gránna).
7. D'éist mé leis an bpréachán (gránna).
8. Tá sciathán an phréacháin (gránna) briste.
9. D'imigh na préacháin (gránna).
10. Tá sciatháin na bpréachán (gránna) briste.
11. Tá an abairt (casta) á scríobh agam.
12. Tá cúpla botún san abairt (casta) sin.
13. Tá mé ag scríobh na habairte (casta) anois.
14. Tá na habairtí (casta) á scríobh agam anois.
15. Tá mé ag scríobh na n-abairtí (casta) anois.
16. Tá an bhróg (beag) á caitheamh aige.
17. Tá sé ag caint faoin mbróg (beag).
18. Tá iall na bróige (beag) á ceangal aige.
19. Tá na bróga (beag) go hálainn.
20. Tá mé ag caitheamh na mbróg (beag).
21. Labhair an cainteoir (clúiteach) liom.
22. Labhair mé leis an gcainteoir (clúiteach).
23. D'éist mé le hóráid an chainteora (clúiteach).
24. Labhair na cainteoirí (clúiteach) liom.
25. D'éist mé le hóráidí na gcainteoirí (clúiteach).
26. Labhair an t-aisteoir (maith) liom.
27. Labhair mé leis an aisteoir (maith).
28. D'éist mé le hóráid an aisteora (maith).
29. Labhair na haisteoirí (maith) liom.
30. D'éist mé le caint na n-aisteoirí (maith).
31. Tá an gúna (fada) á chaitheamh aici.
32. Féach ar an ngúna (fada).

33. Tá sí ag caitheamh an ghúna (fada).
34. Tá na gúnaí (fada) go hálainn.
35. Tá siad ag caitheamh na ngúnaí (fada).
36. Tá an crúiscín (álainn) ar an sorn.
37. Ná bí ag ól as an gcrúiscín (álainn).
38. Tá sí ag líonadh an chrúiscín (álainn).
39. Tá na crúiscíní (álainn) sa chistin.
40. Tá siad ag líonadh na gcrúiscíní (álainn).
41. Tá an bhean (álainn) ag gearán.
42. Labhair mé leis an mbean (álainn).
43. Tá mac na mná (álainn) imithe amach.
44. Tá na mná (álainn) ag gearán arís.
45. Tá mic na mban (álainn) imithe amach.
46. Tá an bosca (trom) sa chúinne.
47. Leag sé a lámh ar an mbosca (trom).
48. Tá siad ag tógáil an bhosca (trom) den talamh anois.
49. Tá na boscaí (trom) sa chúinne.
50. Tá siad ag tógáil na mboscaí (trom) den talamh anois.
51. Tá an mháthair (brónach) san ospidéal.
52. Tá slaghdán ar an máthair (brónach).
53. Tá iníon na máthar (brónach) ag dul amach.
54. Tá na máithreacha (brónach) ag dul amach.
55. Tá iníonacha na máithreacha (brónach) ag dul amach.
56. Tá an t-asal (leisciúil) sa pháirc.
57. Tá úinéir an asail (leisciúil) sa teach tábhairne.
58. Bhí mé ag marcaíocht ar an asal (leisciúil).
59. Tá na hasail (leisciúil) sa pháirc.
60. Tá úinéirí na n-asal (leisciúil) sa teach tábhairne.
61. Tá an chláirseach (binn) á seinm aige.
62. Tá ceol na cláirsí (binn) go hálainn.
63. Tá siad ag éisteacht leis an gcláirseach (binn).
64. Tá na cláirseacha (binn) á seinm acu.
65. Tá ceol na gcláirseach (binn) go hálainn.
66. Tá an dochtúir (ciallmhar) ag obair inniu.
67. Ghoid sé steiteascóp an dochtúra (ciallmhar).

Aonad 31

68. Thugamar cuairt ar an dochtúir (ciallmhar).
69. Tá na dochtúirí (ciallmhar) imithe.
70. Dódh tithe na ndochtúirí (ciallmhar).
71. Troideadh an cath (fíochmhar) inné.
72. Chonaic mé i lár an chatha (fíochmhar) é.
73. Bhíomar ag troid sa chath (fíochmhar).
74. Troideadh na cathanna (fíochmhar) anuraidh.
75. Chailleamar leath na gcathanna (fíochmhar).
76. Tá an cailín (staidéarach) sa chistin anois.
77. Tá cóipleabhar an chailín (staidéarach) caillte.
78. Tá imní ar an gcailín (staidéarach).
79. Tá na cailíní (staidéarach) ag imeacht anois.
80. Scríobhamar i gcóipleabhair na gcailíní (staidéarach).
81. Dhreap an moncaí (greannmhar) an crann.
82. Chonaic mé eireaball an mhoncaí (greannmhar).
83. Sheas sé ar an moncaí (greannmhar).
84. Dhreap na moncaithe (greannmhar) na crainn.
85. Chonaic mé eireabaill na moncaithe (greannmhar).
86. Chuaigh an t-athair (brónach) abhaile.
87. Chonaic mé mac an athar (brónach).
88. Bhí imní ar an athair (brónach).
89. Chuaigh na haithreacha (brónach) abhaile.
90. Tá mic na n-aithreacha (brónach) i láthair anois.
91. Bhí an deirfiúr (óg) ag an gceolchoirm aréir.
92. Tá gruaig na deirféar (óg) an-fhada.
93. D'imigh sé in éineacht lena dheirfiúr (óg).
94. Bhí na deirfiúracha (óg) ag an gceolchoirm aréir.
95. Tá gruaig na ndeirfiúracha (óg) an-fhada.
96. Lá (brothallach) a bhí ann.
97. Bhí an ghrian ag taitneamh i lár an lae (brothallach).
98. Ní dhéanfaidh mé dearmad ar an lá (brothallach).
99. Bhí laethanta (brothallach) againn anuraidh.
100. Ní dhéanfaidh mé dearmad ar na laethanta (brothallach).

Aonad 32: An Aidiacht Bhriathartha

Le Foghlaim

- Úsáidimid an aidiacht bhriathartha nuair a bhímid ag rá go mbíonn an gníomh *(deed)* déanta *(done)* nó thart *(over)*.
- Anseo thíos, tá roinnt samplaí den aidiacht bhriathartha.

An Aidiacht Bhriathartha – An Chéad Réimniú

Bain – bainte	Iarr – iarrtha	**ag críochnú**
Braith – braite	Íoc – íoctha	**ar '-igh'**
Buail – buailte	Lean – leanta	Báigh – báite
Caill – caillte	Ól – ólta	Brúigh – brúite
Caith – caite	Pós – pósta	Buaigh – buaite
Can – canta	Rith – rite	Cloígh – cloíte
Cas – casta	Sábháil – sábháilte	Cráigh – cráite
Cíor – cíortha	Scríobh – scríofa	Crúigh – crúite
Coimeád – coimeádta	Séid – séidte	Dóigh – dóite
Croith – croite	Seinn – seinnte	Fuaigh – fuaite
Cuir – curtha	Siúil – siúlta	Glaoigh – glaoite
Dún – dúnta	Sroich – sroichte	Léigh – léite
Fág – fágtha	Taispeáin – taispeánta	Luaigh – luaite
Fan – fanta	Tit – tite	Nigh – nite
Fill – fillte	Tóg – tógtha	Pléigh – pléite
Glan – glanta	Tuig – tuigthe	Sáigh – sáite
Goid – goidte	Úsáid – úsáidte	Suigh – suite

An Aidiacht Bhriathartha – An Dara Réimniú

Admhaigh – admhaithe
Aistrigh – aistrithe
Brostaigh – brostaithe
Bunaigh – bunaithe
Cabhraigh – cabhraithe
Ceannaigh – ceannaithe
Cóirigh – cóirithe
Cónaigh – cónaithe
Cosain – cosanta
Críochnaigh – críochnaithe
Cronaigh – cronaithe
Cuardaigh – cuardaithe
Éirigh – éirithe

Fiafraigh – fiafraithe
Foghlaim – foghlamtha
Imigh – imithe
Imir – imeartha
Inis – inste
Iompair – iompraithe
Labhair – labhartha
Mothaigh – mothaithe
Oibrigh – oibrithe
Oscail – oscailte
Roghnaigh – roghnaithe
Tosaigh – tosaithe
Tuirling – tuirlingthe

An Aidiacht Bhriathartha – Na Briathra Neamhrialta

Abair – ráite
Beir – beirthe
Bí – beite
Clois – cloiste

Déan – déanta
Faigh – faighte
Feic – feicthe
Ith – ite

Tabhair – tugtha
Tar – tagtha
Téigh – dulta

Aonad 33

An Forainm Coibhneasta
The Relative Pronoun

Le Foghlaim

Spleách agus Neamhspleách
(Dependent and Independent)

- Bíonn an briathar san **fhoirm neamhspleách** nuair nach mbíonn aon mhionfhocal (an, ní, nach, etc.) roimhe.
- Leanann an **fhoirm neamhspleách** na mionfhocail seo a leanas:
  cad, cathain, cé, céard, conas, má, nuair, ó.
- Leanann an **fhoirm spleách** na mionfhocail seo a leanas:
  an, cá, dá, go, mura, nach, ní agus ar, cár, gur, murar, nár, níor.
- Bíonn litriú an bhriathair mar an gcéanna san fhoirm spleách agus san fhoirm neamhspleách (i.e. ní athraítear an litriú) ach amháin sna cásanna eisceachtúla seo a leanas (agus is briathra neamhrialta iad seo go léir):

Spleách	Neamhspleách
Tá	Níl (Ní fhuil)/An bhfuil?
Gheobhaidh	Ní bhfaighidh/An bhfaighidh?
Gheobhainn	Ní bhfaighinn/An bhfaighinn?
Chuaigh	Ní dheachaigh/An ndeachaigh?
Rinne	Ní dhearna/An ndearna?
Dúirt	Ní dúirt/An ndúirt?
Chonaic	Ní fhaca/An bhfaca?
Fuair	Ní bhfuair/An bhfuair?
Bhí	Ní raibh/An raibh?

An Forainm Coibhneasta
(Who, Which, That)

Le Foghlaim

- Bíonn foirm ar leith ag an bhforainm coibhneasta san fhoirm dhearfach agus san fhoirm dhiúltach.

An Fhoirm Dhearfach

Tuiseal Ainmneach	'a' + séimhiú + an fhoirm neamhspleách
Tuiseal Cuspóireach	
Tuiseal Ginideach	'a' + urú + an fhoirm spleách
Tuiseal Tabharthach	'ar' san aimsir chaite; fágtar an d' ar lár

An Fhoirm Dhiúltach

- Cloítear leis na leaganacha seo a leanas sna tuisil go léir:

  'nach' + urú + an fhoirm spleách

  'nár' san aimsir chaite; fágtar an d' ar lár

Samplaí – An Tuiseal Ainmneach

Is iad na daoine láidre **a bhuann** na cluichí.
Is iad na buachaillí dána **a bhíonn** i dtrioblóid.
Caithfidh aon duine **nach mbíonn** i láthair an obair a dhéanamh amárach.
Is míchiallmhar an duine **nach n-itheann** bia folláin.
Ba mhíchiallmhar an duine **nár ól** an tae.
Sin é an fear **nár chríochnaigh** a chuid oibre.

Samplaí – An Tuiseal Cuspóireach

Sin é an leabhar **a léann** na buachaillí go léir.
Sin é an rud **a dhéanann** sé i gcónaí.
Ní hé sin an rud **a dúirt** sé.
Níorbh é sin an ceacht **a mhúin** sé.
Sin é an leabhar **nach léann** duine ar bith.
Sin é an cineál fíona **nach n-ólann** siad.
Sin í an obair **nach ndearna** duine ar bith.
Is é seo an ceacht **nár chríochnaigh** mé.

Samplaí – An Tuiseal Ginideach
Bhí mé ag caint leis an bhfear **a gcaitheann** a mhac clocha.
Cé hí an cailín **a mbíonn** a dearthráir ag imirt peile?
Sin í an cailín **nach mbíonn** a máthair riamh sa bhaile.
Sin é an fear **ar cheannaigh** mé bronntanas dá mhac.
Bhuail mé leis an mbuachaill **a ndearna** a dheirfiúr an obair go léir.
Sin é an fear **nár ith** a bhean chéile an t-arán.

Samplaí – An Tuiseal Tabharthach
Labhraím go minic leis an bhfear **a dtugtar** airgead dó ó am go chéile.
Sin é an múinteoir **nach n-éisteann** duine ar bith leis.
An é sin an leabhar **a raibh** mé ag caint faoi?
Nach é sin an fear **ar thug** mé an t-airgead dó?
Labhair mé leis na daoine **nár tugadh** aon rud le hithe dóibh.
Sin é an fear **a bhfuair** mé an t-airgead uaidh.

An Forainm Coibhneasta leis an gCopail

Le Foghlaim

Bíonn foirm ar leith ag an bhforainm coibhneasta san fhoirm dhearfach agus san fhoirm dhiúltach.

A An Tuiseal Ainmneach
Aimsir Láithreach:
  '**is**' san fhoirm dhearfach.
  '**nach**' san fhoirm dhiúltach.

Samplaí:
Tig leat rud ar bith **is mian** leat a dhéanamh.
Ní ithimse rud ar bith **nach maith** liom.

Aimsir Chaite agus Modh Coinníollach:
  '**ba**' ('**ab**') san fhoirm dhearfach.
  '**nár**' san fhoirm dhiúltach.

Samplaí:
Ba é Liam an duine **ba dheise** sa rang.
Ba é sin an t-amhrán **ab aoibhne** ar fad.
Ba é Liam an duine **nár cheart** a bhualadh.

B An Tuiseal Ginideach agus an Tuiseal Tabharthach

Aimsir Láithreach:
>'ar'/'arb' san fhoirm dhearfach.
>'nach' san fhoirm dhiúltach.

Samplaí:
Is í sin an bhean **ar** Garda a mac.
Is minic a fheicim an bhean **arb é** a mac a bhuaigh an corn.
Is í sin an bhean **nach é** a mac a bhíonn i dtrioblóid.
An í sin an cailín **ar léi** an gúna nua?
An í sin an cailín **arb eagal** di mé a bheith ag caint léi?
An é sin an fear **nach mian** leis teacht linn?

Aimsir Chaite agus Modh Coinníollach:
>'ar'/'arbh' san fhoirm dhearfach.
>'nár'/'nárbh' san fhoirm dhiúltach.

Samplaí:
Bhuail mé leis an bhfear **ar ghadaí** a mhac.
Bhuail mé le fear **arbh amadán** a mhac.
B'fhéidir go mbuailfinn le fear **nár ghadaí** a mhac.
Ba í sin an cailín **arbh óinseach** a deirfiúr.
Bhuail mé leis an gcailín **ar léi** an gúna nua.
Labhair mé leis an mbuachaill **arbh eagal** dó an múinteoir.
Bhuail mé leis an gcailín **nár léi** an gúna.
B'fhéidir go mbuailfinn le cailín **nárbh eol** di rud ar bith.

Nóta Tábhachtach

Anseo thíos, tá cúpla sampla ar cóir duit breathnú orthu. Déan staidéar orthu anois agus feicidh tú gur féidir dul amú a bheith orainn ó am go chéile maidir leis an bhforainm coibhneasta.

(i) 'Sin é an buachaill a bhuail an cailín.'
(ii) 'Is maith liom an cailín a ghortaigh Seán.'

In abairt (i) thuas, níl sé soiléir cé a rinne an 'bualadh' – an buachaill nó an cailín; níl sé soiléir, ach oiread, cé a rinne an gortú in abairt (ii).

Chun míchinnteacht den chineál seo a sheachaint, tig linn an dá abairt thuas a scríobh mar seo a leanas:

(i) 'Sin é an buachaill ar bhuail an cailín é.'
(ii) 'Is maith liom an cailín ar ghortaigh Seán í.'

Athscríobh na péirí abairtí go léir anseo thíos, ach bíodh an forainm coibhneasta mar cheangal idir gach péire díobh.

1. Buailfidh mé le cailín. Bíonn sí sa siopa gach lá.
2. Is maith liom an fear. Bhuail Seán é.
3. Sin é an fear. Bíonn a mhac ag imirt peile sa chlós.
4. Sin í an cailín. Faighim milseáin uaithi gach lá.
5. Buailfidh mé leis an gcailín. Ní bhíonn sí sa siopa gach lá.
6. Aithním an cailín. Tá sí go hálainn.
7. Sin í an cailín. Níl sí macánta.
8. Ní maith liom an duine sin. Ní cheannaíonn sé bronntanais dom.
9. Ní maith liom an duine sin. Buailim go minic é.
10. Ní maith liom an duine sin. Ní bhíonn a bhéasa róthaitneamhach.
11. Sin é an fear. Thit a mhac den rothar.
12. Sin í an bhean. Ghlac mé le seic uaithi.
13. D'imigh an t-óganach. Níor chan sé an t-amhrán dúinn.
14. Chonaic mé an fear. Ní fhaca tusa é.
15. Sin é an fear. Níor thit a mhac den rothar in aon chor.
16. Sin í an bhean. Ní bhfuair mé seic uaithi.
17. Sin í an cailín. Is maith léi a bheith ag léamh.
18. Sin í an cailín. Ní maith léi bheith ag léamh.
19. Sin é an buachaill. Is aoibhinn leis bheith ag éisteacht le ceol.
20. Sin é an buachaill. Is maith lena dheartháir a bheith ag pleidhcíocht.
21. Breathnaigh ar an mbuachaill. Deir sé go bhfuil áthas air.
22. Sin í an traein. Tagann sí anseo gach lá.
23. Sin é an bus. Téann sé go Corcaigh gach lá.
24. Chonaic mé an buachaill. Faigheann sé litreacha go minic.
25. Is iad sin na rudaí. Faighim go minic iad.
26. Sin í an bhean. Faighim litreacha uaithi ó am go chéile.
27. Sin é an buachaill. Faigheann a dheartháir marcanna maithe sa stair.
28. Breathnaigh ar an mbuachaill sin. Ní deir sé aon rud.
29. Sin í an traein. Ní thagann sí anseo rómhinic.
30. Sin é an bus. Ní théann sé go Corcaigh.
31. Sin é an buachaill. Gheobhaidh a dheartháir cothrom na Féinne.
32. Breathnaigh ar an mbuachaill sin. Ní déarfaidh sé rud ar bith.
33. Sin í an traein. Ní thiocfaidh sé anseo arís amárach.

Aonad 33

34. Sin é an bus. Ní rachaidh sé go Corcaigh.
35. Feicfidh mé an buachaill. Ní bhfaighidh sé marcanna arda.
36. Is iad sin na rudaí. Ní bhfaighimid arís iad.
37. Sin í an bhean. Ní bhfaighimid bronntanas uaithi.
38. Sin é an buachaill. Ní bhfaighidh a dheartháir cothrom na Féinne.
39. Breathnaigh ar an mbuachaill sin. Dúirt sé a phaidreacha.
40. Sin í an traein. Tháinig sí isteach inné.
41. Sin í an bhean. Ní bhfuair mé bronntanas ar bith uaithi.
42. Sin é an buachaill. Ní bhfuair a dheartháir cothrom na Féinne.
43. Bím ag caint go minic leis an gcailín. Déanann sí a cuid oibre go slachtmhar.
44. Is maith liom na milseáin sin. Déantar i gCorcaigh iad.
45. Ní maith liom an leanbh. Déanann sé gol go minic.
46. Sin é an bainisteoir. Déanaim an-chuid oibre dó.
47. Sin í an bainisteoir. Déanann a foireann an obair go léir di.
48. Bím ag caint go minic leis an gcailín. Ní dhéanann sí obair ar bith.
49. Ní maith liom na milseáin sin. Ní dhéantar i gCorcaigh iad.
50. Is maith liom an leanbh. Ní dhéanann sé gol rómhinic.
51. Sin é an bainisteoir. Ní dhearna mé obair ar bith dó.
52. Sin í an bainisteoir. Ní dhearna a foireann oibre faic.
53. Is maith liom an gluaisteán. Tá sé go hálainn.
54. Is maith liom an buachaill. Tá slaghdán air.
55. Is maith liom an cailín. Tá a máthair an-chairdiúil.
56. Ní maith liom an gluaisteán. Níl sé ró-iontach.
57. Is maith liom an buachaill. Níl mórán cairde aige.
58. Is maith liom an cailín. Níl a cuid oibre déanta aici.
59. Chonaic mé an fear. Beidh sé anseo amárach.
60. Chonaic mé na daoine. Beidh díomá orthu.
61. Seo iad na páistí. Beidh a n-uncail anseo amárach.
62. Chonaic mé an fear. Ní bheidh sé anseo amárach.
63. Chonaic mé na daoine. Ní bheidh díomá orthu.
64. Seo iad na páistí. Ní bheidh a n-uncail ag teacht.
65. Bhí mé ag caint leis na daoine. Bhí siad ag canadh.
66. Bhí ocras ar na daoine. Bhí siad ag obair ó mhaidin.
67. Ba dhaoine bochta iad. Bhí a dtuismitheoirí dífhostaithe.

68. Bhí mé ag caint leis na daoine. Ní raibh siad róchairdiúil.
69. Ní rachadh na páistí a chodladh. Ní raibh tuirse orthu.
70. Bhí na daltaí as láthair. Ní raibh a gcuid oibre déanta acu.
71. Sin í an bhean. Feicim gach lá í.
72. Sin í an bhean. Feiceann sí gach rud a dhéanaimid.
73. Sin í an bhean. Feiceann a mac a bhfuil ar siúl agaibh.
74. Sin í an bhean. Ní fheicim rómhinic í.
75. Sin í an bhean. Ní fheiceann sí aon rud.
76. Sin í an bhean. Ní fheiceann a mac mé.
77. Bhí mé ag caint leis an mbuachaill. Ní fhaca mé inné é.
78. Bhí mé ag caint leis an mbuachaill. Ní fhaca sé mé.
79. Bhí mé ag caint leis an mbuachaill. Ní fhaca a dheirfiúr mé.
80. Labhair mé leis an mbuachaill. Chonaic sé mé.

Forainm Coibhneasta an Méid

34

Le Foghlaim

Tuigfidh tú cad tá i gceist le **forainm coibhneasta an méid** má scrúdaíonn tú na habairtí seo a leanas. Seasann '**a**' sa dara habairt i ngach cás **d'fhorainm coibhneasta an méid**.

(i)   Thuig mé an méid a dúirt sé = Thuig mé a ndúirt sé.
(ii) Thug sé an méid a bhí aige dom = Thug sé a raibh aige dom.

Tá na rialacha simplí go leor:
- '**a**' + **urú** [+ **an fhoirm spleách**], ach amháin san aimsir chaite.
- '**ar**' san aimsir chaite.
- '**ar**' leis an gcopail.
- **Ní athraíonn forainm coibhneasta an méid ó thuiseal go tuiseal.**

Samplaí:
Itheann sé **a gceannaíonn** sé.
Ghoid sé **ar cheannaigh** mé.
Íosfaidh mé **a bhfaighidh** mé.
Déanann sé gach **ar cóir** dó a dhéanamh.

Nóta 1

Má bhíonn '**gach**' nó focal ar bith a chiallaíonn <u>an t-iomlán</u> roimh an ainmfhocal, cuirtear '**de**' roimh fhorainm coibhneasta an méid.

['de' + 'a' = 'dá'; 'de' + 'ar' = 'dár']

Samplaí:
Thuig mé an uile fhocal **dá ndúirt** sé.
Goideadh gach rud **dár cheannaigh** mé.

Nóta 2

In ainneoin na rialacha go léir a bhaineann leis an bhforainm coibhneasta (agus le forainm coibhneasta an méid), sáraítear an riail san aimsir chaite (i.e. '**ar**') sna cásanna seo a leanas:

| a ndeachaigh | a ndearna | a ndúirt |
| a bhfaca | a bhfuair | a raibh |

Aonad 35: Céimeanna Comparáide na nAidiachtaí

Le Foghlaim

- Is ionann foirm don aidiacht sa Tuiseal Ginideach Uathu Baininscneach agus sa Bhreischéim.
- Is ionann foirm don Bhreischéim agus don tSárchéim.

Samplaí:
(Úsáidtear na foirmeacha idir lúibíní san Aimsir Chaite agus sa Mhodh Coinníollach.)

An Bhunchéim	An Bhreischéim	An tSárchéim
bán	níos báine (ní ba bháine)	is báine (ba bháine)
cáiliúil	níos cáiliúla (ní ba cháiliúla)	is cáiliúla (ba cháiliúla)
ciúin	níos ciúine (ní ba chiúine)	is ciúine (ba chiúine)
dian	níos déine (ní ba dhéine)	is déine (ba dhéine)
dearg	níos deirge (ní ba dheirge)	is deirge (ba dheirge)
deas	níos deise (ní ba dheise)	is deise (ba dheise)
fearúil	níos fearúla (ní b'fhearúla)	is fearúla (ab fhearúla)
fliuch	níos fliche (ní ba fhliche)	is fliche (ba fhliche)
géar	níos géire (ní ba ghéire)	is géire (ba ghéire)
misniúil	níos misniúla (ní ba mhisniúla)	is misniúla (ba mhisniúla)
sean	níos sine (ní ba shine)	is sine (ba shine)
searbh	níos seirbhe (ní ba sheirbhe)	is seirbhe (ba sheirbhe)

Aonad 35

Aidiachtaí Neamhrialta

An Bhunchéim	An Bhreischéim	An tSárchéim
beag	níos lú (ní ba lú)	is lú (ba lú)
breá	níos breátha (ní ba bhreátha)	is breátha (ba bhreátha)
cóir	níos córa (ní ba chóra)	is córa (ba chóra)
deacair	níos deacra (ní ba dheacra)	is deacra (ba dheacra)
fada	níos faide (ní b'fhaide)	is faide (ab fhaide)
furasta *easca*	níos fusa (ní b'fhusa)	is fusa (ab fhusa)
gearr	níos giorra (ní ba ghiorra)	is giorra (ba ghiorra)
iomaí	níos lia (ní ba lia)	is lia (ba lia)
ionúin	níos ansa (níb ansa)	is ansa (ab ansa)
maith	níos fearr (ní b'fhearr)	is fearr (ab fhearr)
mór	níos mó (ní ba mhó)	is mó (ba mhó)
olc	níos measa (ní ba mheasa)	is measa (ba mheasa)
socair	níos socra (ní ba shocra)	is socra (ba shocra)
te	níos teo (ní ba theo)	is teo (ba theo)
tiubh	níos tibhe (ní ba thibhe)	is tibhe (ba thibhe)
tréan	níos treise (ní ba threise)	is treise (ba threise)
gar	*níos gaire*	*is gaire*

Cúrsa Gramadaí do Mheánscoileanna

Bain úsáid as na haidiachtaí atá idir lúibíní chun na habairtí seo a leanas a aistriú go Gaeilge.

1. John has the whitest shirt (bán).
2. Peter has the blackest hair (dubh).
3. The grass is greener in Ireland (glas).
4. That dress is bluer than this one (gorm).
5. Mary has the reddest coat (dearg).
6. Bono is the most famous singer in the world (cáiliúil).
7. Dublin is nicer than Cork (deas).
8. This is the sharpest knife (géar).
9. Mary is the most courageous person (misniúil).
10. Bríd has the longest hair (fada).
11. This is the wettest towel (fliuch).
12. John is older than Fionnuala (sean).
13. Vinegar *(fínéagar)* is more bitter than wine *(searbh)*.
14. The *Renault* is smaller than the *Mercedes* (beag).
15. The pen is handier than the pencil (áisiúil).
16. You are more beautiful than I (álainn).
17. That law is the fairest one (cóir).
18. Irish is easier than French (furasta).
19. John is taller than Séamas (ard).
20. You are worse than I (olc).
21. Mary is better than Margaret (maith).
22. England is warmer than Ireland (te).
23. That is the finest sight I have ever seen (breá).
24. Peig is the quietest person (ciúin).
25. Your hair is shorter than mine (gearr).

Nótaí Tábhachtacha ar an Ainm Teibí

Aonad 36

- **Méid na Cáilíochta**

  Nuair a chuirimid an aidiacht shealbhach 'a' roimh an ainm teibí, tugann sé sin méid na cáilíochta dúinn. Sa chás seo, úsáidtear breischéim na haidiachta mar ainm teibí.

  ## Samplaí:
  Bhí ionadh orm **a shine** a bhí sé. *I was amazed at **how old** he was.*
  B'ionadh liom **a dhéine** a d'oibrigh sé. *I was amazed at **how hard** he worked.*

- **Dá + an tAinm Teibí ('dá' = 'do' + 'a'):**

  Má chuirimid **'dá'** roimh an ainm teibí, cabhraíonn sé sin linn chun méid na cáilíochta a chur i gcomparáid.

  ## Samplaí:
  Dá fheabhas Seán ag an iománaíocht, is fearr Peadar.
  Dá dhonacht an scannán, is measa an leabhar.

  Anseo thíos, tá roinnt samplaí d'ainmfhocail teibí a n-úsáidtear an riail seo leo:

áilleacht	fusacht	leithead
aoibhneas	feabhas	liacht
aibíocht	giorracht	méad
cráifeacht	glaise	milseacht
críonnacht	gliceas	olcas
fad	laghad	

Cúrsa Gramadaí do Mheánscoileanna

Nótaí

Cúrsa Gramadaí do Mheánscoileanna

Nótaí

Cúrsa Gramadaí do Mheánscoileanna

Nótaí

Cúrsa Gramadaí do Mheánscoileanna

Nótaí

Cúrsa Gramadaí do Mheánscoileanna

Nótaí

Cúrsa Gramadaí do Mheánscoileanna

Nótaí

Cúrsa Gramadaí do Mheánscoileanna